本书为教育部思政精品项目"坚持育心与育人相结合心理素质提升体系"心理育人项目重要

大学生
心理健康教育

········· 编委会 ·········

主　编◎胡尚峰

副主编◎罗　琳　王红梅

编　委◎杨雪梅　王　彬　邹晓丹　沈清华
　　　　魏　欢　高　玮　许　旭　许　敏

北京师范大学出版集团
BEIJING NORMAL UNIVERSITY PUBLISHING GROUP
北京师范大学出版社

图书在版编目(CIP)数据

　大学生心理健康教育/胡尚峰主编 . —北京：北京师范大学出版社，2024.7
　ISBN 978-7-303-28921-9

　Ⅰ.①大…　Ⅱ.①胡…　Ⅲ.①大学生-心理健康-健康教育-高等学校-教材　Ⅳ.①G444

中国国家版本馆 CIP 数据核字(2023)第 020823 号

教材意见反馈　gaozhifk@bnupg.com　010-58805079

DAXUESHENG XINLI JIANKANG JIAOYU

出版发行：北京师范大学出版社　www.bnupg.com
　　　　　北京市西城区新街口外大街 12-3 号
　　　　　邮政编码：100088
印　　刷：鸿博睿特(天津)印刷科技有限公司
经　　销：全国新华书店
开　　本：787 mm×1092 mm　1/16
印　　张：17
字　　数：335 千字
版　　次：2024 年 7 月第 1 版
印　　次：2024 年 7 月第 1 次印刷
定　　价：48.00 元

策划编辑：周雪梅　　　　　　责任编辑：葛子森
美术编辑：焦　丽　李向昕　　装帧设计：焦　丽　李向昕
责任校对：赵鑫钰　　　　　　责任印制：马　洁

前　言

　　心理健康是健康的重要组成部分，身心健康密切关联、相互影响。党的十八大以来，习近平总书记创造性地把马克思主义基本原理同卫生健康工作相结合，对保障人民心理健康提出了一系列新理念新思想新要求，做出了一系列重大决策部署，为心理健康和精神卫生事业创新发展指明了方向。党的二十大报告明确指出，要"推进健康中国建设"，要"把保障人民健康放在优先发展的战略位置，完善人民健康促进政策"，特别强调要"重视心理健康和精神卫生"。《中华人民共和国精神卫生法》《全国精神卫生工作规划（2015—2020 年）》《"健康中国 2030"规划纲要》《关于加强心理健康服务的指导意见》《"十三五"卫生与健康规划》《中华人民共和国国民经济和社会发展第十四个五年规划和 2035 年远景目标纲要》等多部法律法规和政策纲要的颁布实施，为心理健康体系建设提供了坚实的政策保障。

　　党和国家高度重视大学生心理健康。习近平总书记在 2016 年全国高校思想政治工作会议上指出，"培育理性平和的健康心态"是高校育人的重要方面，强调"要加强人文关怀和心理疏导"，不断提升大学生的心理健康素质。教育部相继出台了加强大学生心理健康教育的文件。2018 年印发了《高等学校学生心理健康教育指导纲要》之后，2021年印发了《教育部办公厅关于加强学生心理健康管理工作的通知》，明确提出要加强心理健康课程建设，发挥课堂教学主渠道作用，把心理健康教育课程纳入学校整体教学计划，原则上应设置 2 个学分的心理健康公共必修课，实现大学生心理健康教育全覆盖。作为一门课程，它对大学生心理健康教育教材的科学性、专业性提出了新的要求。作为心理健康普及课程，其教材更要贴近大学生的学习生活，立足大学生的心理发展与成长需求，指导帮助大学生树立心理健康意识，掌握心理健康知识和技能，提升心理健康素质。

　　现代意义上的心理健康已经不再仅仅关注少数人心理问题的解决，而是更加关注所有人心理素质、心理品质的全面提升和人格的健全与完善。探索建立积极心理学视野下的大学生心理健康教育体制机制，大力实施大学生心理健康促进计划，通过打造心理育人文化生态圈和构建立体的协同工作模式，整合多方资源，变被动为主动，是切实提升心理育人质量和心理健康水平的重要途径。心理健康教育课程教学是提高大学生心理素质的主要阵地和重要环节，旨在普及心理健康知识，强化大学生的心理健康意识，引导大学生正确认识自己；提升大学生的心理健康素质，增强其社会适应能力，开发其自我心理潜能；让大学生能够运用心理调节方法，掌握心理保健技能，提高心理健康水平。本教材共分为8个教学单元，包括自我认识、学习心理、人际交往、恋爱婚姻、人格发展、情绪调适与压力管理、社会与生活适应、生命教育等与当代大学生成长发展联系最为密切的专题，各章有思政课堂、学习目标、导入案例、心理测试、知识链接、练一练等板块，还设置了小故事、成长链接、思考题等栏目，以帮助读者加深知识理解、把握重点和掌握要点，切实提高心理健康素质。

四川师范大学十分重视心理育人工作。2022年，《教育部思想政治工作司关于公布2022年高校思想政治工作有关培育建设项目入选名单的通知》发布，四川师范大学申报的"坚持育心与育人相结合，构建未来教师心理素质提升体系"心理育人项目成功入选。我们正积极探索形成具有可示范、可引领、可辐射、可推广、可持续发展意义的心理育人先进经验和典型做法，推动大学生心理健康教育工作更好地落地落实，促进育人水平迈上新台阶。未来教师的心理素质是其履行职责，完成教育教学任务所必备的素质之一，不但对未来教师的教育教学质量起着关键性作用，还直接影响着大学生的身心发展。未来教师的心理素质在其专业发展过程中形成并发展，它伴随并影响其教育教学活动和行为。教师在促进大学生心理健康方面具有重要的角色期待，教师自身的心理健康素质得到提升，不仅有助于满足教师的发展需求，也有利于满足大学生的心理健康需求，促进大学生成长成才。未来社会将是一个充满变革和未知的社会，未来教师的心理素质是教师素质结构中的核心成分，提升未来教师的心理素质有助于培养适应未来社会的创新型人才和拔尖人才，推动未来教师的心理素质培养是推动未来人才培养的关键因素。因而，未来教师的心理素质如何，关系着未来人才培养质量，关系着教育事业高质量发展，关系着教育强国建设。

本教材以入选教育部高校思想政治工作精品项目为编写契机，紧扣新时代加强和改进大学生心理健康教育工作的现实需要，注重时代发展性、实践应用性、参考指导性，内容科学精练、文字通俗易懂、形式生动活泼，能充分激发大学生的学习兴趣和求知欲望，不仅可供学生学习使用，还可以成为未来教师关注学生成长发展的阅读参考书。

《大学生心理健康教育》在编写中注重理论与实践的结合、讲授与学习的联结、认知与技能的培养，注重具体化、可操作性、实用价值，各章各板块设计的主要思路为：学习心理健康知识—参与心理健康活动体验—掌握心理健康调适方法，做到知识学习环节、活动体验环节、心理训练环节相互联系、环环相扣、逐步递进和螺旋上升。在编写中力求做到科学性和知识性统一，体验性和实践性结合，聚焦知识传授、情感体验、活动参与和技能形成，重视体验式教学、案例教学和互动参与式教学。

《大学生心理健康教育》是由长期在高校心理健康教育和心理咨询领域从事教学、科研、实践工作的同志们编写的。我们有丰富的心理健康教育工作经验，更有对心理健康教育事业的由衷热爱和执着追求。满怀着对大学生健康成长的期盼，始终坚守心理健康工作者的初心使命，我们用心、用情、用爱完成了这本心理健康教育教材的编写。主编胡尚峰提出编写指导思想、编写原则、详细提纲和结构体例，并编撰样稿供各位作者参考。经编写组成员反复讨论斟酌，不断修改完善，最后由编写组成员分工撰写初稿。本教材写作具体分工是：罗琳编写第一章；高玮编写第二章；许旭编写第三章；杨雪梅编写第四章；沈清华编写第五章；邹晓丹编写第六章；许敏、魏欢编写第七章；王彬编写第八章。最后由胡尚峰、王红梅、罗琳对全书进行修订完善和统稿审稿定稿。可以说，本书是集体智慧的结晶，真诚感谢各位编者。

本教材在编撰中参考了诸多心理学家的观点和大量相关研究文献，在此，向各位心理学家前辈和相关研究者等深表谢意。由于编者水平和能力有限，加上时间仓促，书中难免有不足之处，欢迎同行和读者朋友批评指正。

编者

目 录

第一章　走进心理健康

■ 思政课堂

推进健康中国建设。人民健康是民族昌盛和国家强盛的重要标志。把保障人民健康放在优先发展的战略位置，完善人民健康促进政策。……重视心理健康和精神卫生。……深入开展健康中国行动和爱国卫生运动，倡导文明健康生活方式。

——党的二十大报告

■ 学习目标

本章旨在普及心理健康知识，树立心理健康意识。通过本章学习，我们需要了解心理健康的概念和标准是什么，什么是心理行为问题，大学生心理发展的特点和常见的心理行为问题是什么，什么是心理咨询；引导大学生关注自己生理和心理发展的状态，掌握健康的生活方式和自我管理的技能，主动进行心理调适、情绪管理，做积极乐观、善于面对现实的人，实现更好地适应和发展，创造幸福人生。

■ 导入案例

大一新生小敏在高中时学习成绩名列前茅，到了大学，小敏在学习规律和学习方法上仍沿袭中学的思维模式与学习习惯，可是大学教师和中学教师在授课方式上有很大差异，以至于小敏突然对自己的学习不知所措，没有了动力和学习目标，从而成绩一落千丈，这让小敏对自己失去了信心，慢慢变得自卑。

步入大学，寝室成了大学生的第二个家，室友关系变得尤为重要，但是一个寝室里的大学生来自不同的地区，有着不同的生活习惯及价值观，共处一室时难免会产生矛盾。小慧的生活习惯是早睡，而寝室里总有人到晚上快 11 点了还在洗漱或打电话；早上小慧是第一个起床的，起床后洗漱、收拾东西难免会吵醒正在熟睡的其他人。不同的生活习惯使得寝室里的每个人都很不开心，刚开始大家都互相不提，但是时间久了，大家也都会互相抱怨、争吵，寝室里的氛围让人感到压抑，大家回到寝室后情绪都变得非常低落。

人生不如意事，十常八九，我们如何保持良好的心情？当面对烦琐的事情、消极情绪时，我们该怎样处理？我们会不会和案例中的大学生一样，也有关于大学学习适应、宿舍人际关系的烦恼，这是不是心理不正常的表现？什么是心理健康呢？带着这些问题，让我们一起走进这一章。

第一节　心理健康的概念与标准

一、健康新概念

在了解心理健康之前，我们先来探讨一下什么是健康。健康的标准有哪几个维度呢？我们每个人都在追求健康，可见健康对于我们每个人来说都是非常重要的。但是提起健康，我们通常会想到身体健康，其实健康的内涵是非常丰富的，可以包括四个维度。世界卫生组织对健康的定义为：健康不仅仅是没有疾病或虚弱，而是一种身体、心理和社会适应的完美状态。人体结构、生理、心理及社会的特征，决定了人的健康分为形体维度、心理维度、社会维度、道德维度四个维度，这就是健康的四个维度（见表 1-1）。

表 1-1　健康的四个维度

维度	内容
形体	健康的最低维度，指人体的五脏六腑等器官，都是结构完备、发育良好、功能旺盛的。
心理	"是以志闲而少欲，心安而不惧。"心理健康的人具有同情心和爱心，情绪稳定，具有责任心和自信心，热爱生活，善于交往，有较强的社会适应能力，知足常乐。
社会	"故美其食，任其服，乐其俗，高下不相慕，其民故曰朴。"个体融入社会，与社会和谐相处，尽自己所能为社会做贡献。
道德	道德健康以生理健康、心理健康为基础，并高于生理健康和心理健康，是生理健康和心理健康的发展。最高标准是无私奉献，基本标准是为己利他，最低标准是不损害他人。

在现实生活中，我们往往会看到在这四个维度上，每个人或多或少都会出现"不健康"的现象。在形体方面"疾病缠身"，在心理方面"迷失自我"，在社会方面"愤世嫉俗"，在道德方面"心术不正"。这些都是极其危险的状态，因为这不但对自己的身心健

康不利，甚至还会对社会产生不良影响。

■ 小贴士

世界卫生组织对健康做出如下定义。

1. 有足够充沛的精力，能从容不迫地应对日常生活和工作的压力而不感到过分紧张。

2. 处事乐观，态度积极，乐于承担责任，事无巨细不挑剔。

3. 善于休息，睡眠良好。

4. 应变能力强，能适应外界环境的各种变化。

5. 能够抵抗一般性感冒和传染病。

6. 体重得当，身材匀称，站立时头、肩、臂位置协调。

7. 眼睛明亮，反应敏锐，眼睑不易发炎。

8. 牙齿清洁，无空洞，无痛感，齿龈颜色正常，无出血现象。

9. 头发有光泽，无头屑。

10. 肌肉、皮肤有弹性。

二、健康从"心"开始

1792 年，皮纳尔（Pinel）医生提出，要使精神病患者得到康复，除了不束缚他们外，还应该让他们从事有益的劳动。人们要以关心的态度来倾听精神病患者的诉说。皮纳尔医生所管辖的精神病院迈出了解放患者的第一步——正确认识精神病和给患者以人道主义待遇，这是当代心理卫生运动的起点。

1908 年，比尔斯（Beers）以自己患精神病后又恢复健康的亲身体验为题材所著的《一颗失而复得的心》又一次使心理卫生运动得到迅速发展。他使人们了解到当时精神病患者被当作疯子，在近乎监狱似的精神病院中遭受的非人待遇，进而结束了这样的"看护"和"管理"。这次心理卫生运动迅速得到医生、心理学家、精神病学家等的广泛支持。世界第一个心理卫生协会"康涅狄格州心理卫生协会"于 1908 年 5 月成立。协会宗旨有 5 项：保持心理健康、防治心理疾病、提高精神病患者的待遇、普及关于心理疾病的正确认识、同与心理卫生有关的机构合作。

心理卫生运动迅速发展，国际心理卫生委员会于 1930 年 5 月 5 日在华盛顿成立。其宗旨是"完全从事于慈善的、科学的、文艺的、教育的活动。尤其关心世界各国人民的心理健康的保持和增进，对心理疾病、心理缺陷的研究、治疗和预防，以及全世界人类幸福的增进"。中国也有代表参加，并于 1936 年 4 月在南京成立了"中国心理卫生协会"，后因日军侵华使活动停顿。1946 年第三届国际心理卫生大会指出：心理健康是指在身体、智能及情感上与他人心理健康不相矛盾的范围内，将个人心境发展到最佳状态。这届大会还提出了心理健康的标准，即身体、智力和情感十分协调，能适应环境，有幸福感，在工作中能发挥自己的能力，过着有效率的生活。有心理学家把心理健康定义为：个体能够积极、正常、平衡地适应当前和发展的社会环境的良好心理状态。心理健康的人不仅有良好的自我意识，能够认识到自己的长处和不足，而且能够与社会和谐相处。

1985年，我国学者在山东泰安召开了中国心理卫生协会成立大会。从此，心理卫生工作和各类学术活动在我国如雨后春笋般普及推广开来，对维护人民健康起到了不可低估的作用。

2001年，世界卫生组织又将心理健康定义为：心理健康是一种健康或幸福状态，在这种情况下，个体得以实现自我，能够应对正常的生活压力，工作富有成效和成果，以及有能力对所在社会做出贡献。

心理健康对个体的成长发展具有重要意义，对于大学生群体来说更是如此，不仅影响大学生的自我发展，还影响其原生家庭及未来新建家庭的和谐幸福。大学生是促进社会和谐发展的新鲜力量，对祖国未来的发展有着重要影响，关注大学生的心理健康是重中之重。

当今社会，交通、通信技术、经济文化飞速发展，人们的世界观、价值观、家庭结构、人际交往方式等都发生了巨大而深刻的变化，这样的时代背景就要求人们具备更强的社会适应能力，具备不断学习与超越自己的能力，能够承受挑战与挫折，获得良好的社会支持，与人有效沟通合作，懂得身心平衡的原则和方法。在这样的时代背景下，大学生的成长发展更是面临着巨大的机遇与挑战。大学生的生理发育已经基本成熟，而心理发育还处于由不成熟的青春期向成熟的成年期过渡的最后阶段。正是因为大学生的学习能力以及接受新事物的能力较强，无论是社会环境还是网络环境都给大学生带来了很大的冲击，影响着大学生的心理健康。大学生要成为高素质人才，必须不断提高心理素质。心理健康教育有助于大学生塑造健全的人格，有助于大学生认识自我，开发自己的潜能，有助于大学生成长为真正符合健康定义的全面健康的人，成为能够创造自身价值，有利于家庭和社会的人才。

■ 知识链接

《中国国民心理健康发展报告（2021～2022）》基于近20万人次的调查结果显示，中国国民抑郁风险检出率为10.6%，焦虑风险检出率为15.8%，抑郁和焦虑水平的影响因素高度相似。青少年组抑郁风险检出率为14.8%。在成年人群中，18～24岁年龄组的抑郁风险检出率达24.1%，显著高于其他年龄组；25～34岁年龄组的抑郁风险检出率为12.3%，显著高于35岁及以上各年龄组。焦虑风险检出率的年龄差异呈现类似趋势。此外，在不同收入群体之间，随着月收入的增加，抑郁风险检出率呈现曲线变化，月收入人民币2000元及以下组的抑郁风险检出率最高，显著高于其他月收入组。

■ 练一练

根据前面所学的内容，结合大学生心理状况的特点和现状，你认为大学生健康心理可以用哪些词语来形容？大学生心理健康应该包含哪些标准？请举例：＿＿＿＿＿

＿＿＿＿＿＿＿＿＿＿＿＿＿＿＿＿＿＿＿＿＿＿＿＿＿＿＿＿＿＿＿＿＿＿＿＿＿＿

＿＿＿＿＿＿＿＿＿＿＿＿＿＿＿＿＿＿＿＿＿＿＿＿＿＿＿＿＿＿＿＿＿＿＿＿＿＿

＿＿＿＿＿＿＿＿＿＿＿＿＿＿＿＿＿＿＿＿＿＿＿＿＿＿＿＿＿＿＿＿＿＿＿＿＿＿

＿＿＿＿＿＿＿＿＿＿＿＿＿＿＿＿＿＿＿＿＿＿＿＿＿＿＿＿＿＿＿＿＿＿＿＿＿＿

三、大学生心理健康的标准

钱铭怡、马悦曾经采用自编"心理健康知识调查表"，以北京市 6 所大学共 464 名大学生为被试，对他们的心理健康认知进行了调查。结果发现，大学生比较关心心理健康知识和心理健康状况，对心理健康有一定的了解，但是也存在着一些认识上的误区。例如，在对"你认为下列哪些情况可能是心理不健康？"这一问题的回答中，选择人数最多的依次是"严重的情绪失常"（76.4%）、"明显的行为反常"（61.4%）、"无法良好地适应社会"（52.5%），29.5% 的大学生选择了"神经症"，34.8% 的大学生选择了"神经病"。在心理障碍和精神病的概念区分上，80.2% 的大学生认为"心理障碍与精神病不同"，但是同时有 68.4% 的大学生认为"心理障碍继续加重，时间长了就会变成精神病"；在精神病和神经病的概念区分上，87.0% 的学生认为"神经病与精神病不同"。

大学生的上述回答正确与否，我们在学习本章之后就能正确地分辨。

（一）心理健康的等级

任何人都有可能在一生中的某个阶段产生一些心理问题，不存在心理永远健康的人。心理健康水平大体可分为四个等级：健康状态、不良状态、心理失调和心理病态。

1. 健康状态

健康状态表现为心情经常愉快，适应能力强，善于与别人相处，能较好地完成同龄人应做的活动，具有调动情绪的能力。

2. 不良状态

不良状态是正常人群中常见的一种亚健康状态，这种状态持续时间较短，损害轻微，处于此类状态的人一般都能够维持日常工作、学习和生活，只是感觉到愉快感小于痛苦感，大部分通过自我调整就能使心理状态得到改善。小部分人若长时间得不到缓解，就可能形成一种相对固定的状态。

3. 心理失调

心理失调主要表现为与他人相处略感困难，在生活自理方面有些吃力，缺乏同龄人应有的愉快情绪，如果主动调节或通过专业人员帮助，就可以恢复常态。

4. 心理病态

心理病态表现为严重的适应失调，不能维持正常的生活、学习和工作，如不及时治疗，则可能恶化成精神病。轻微的心理病态可以依靠药物调节，严重的则需要在医院接受封闭治疗。

(二)心理健康标准的划分依据

心理健康长期以来没有统一的标准，从"预防和治疗心理疾病"到"适应社会"再到"发展自我"，不同学者从不同研究角度出发提出了具有不同侧重点的心理健康标准。综合分析学者对心理健康与否的划分，大都是从以下三个角度来考虑的。

1. 病理学角度

精神科医师和临床心理学家在长期临床实践的基础上，对各种心理疾病的典型症状进行了总结，然后根据症状异常的程度来判断是否患有心理疾病。如果根据医学标准发现某人的表现符合某一种疾病的症状（如出现妄想、第三人称幻听等），则可以判定此人属于心理亚健康状态。

2. 统计学角度

在任何时候，社会中的大多数成员都是心理健康的，心理不健康的永远是少数。人的各项心理学特质（智力、人格特点等）的测量值在人群中呈正态分布。绝大多数人的行为和心理活动有一个平均值，这个平均值就是正常的标准。许多被视为心理异常的现象，在正常人身上也会或多或少地有所表现。正常人和心理异常患者之间，只是在表现程度上存在一点差异而已。

3. 社会学角度

每个社会都有被大多数人接受的行为标准。如果个体能够适应所处的社会环境，言行符合社会道德规范的要求，他就是一个心理健康的人。明显偏离这些社会规范的人就被视为心理不健康，也就是不适应社会。

(三)大学生心理健康的标准

一切成就，一切财富，都始于健康的心理。许多心理学家都曾提出过心理健康的标准，这些标准随着时代的变迁在不断发生变化。根据我国的实际情况，我们认为符合心理健康标准的大学生应该具备以下特点。

1. 智力正常

智力正常是个体一切活动的最基本的心理条件，也是适应周围环境变化所需的心理保证，因此在衡量时，关键在于智力是否正常地、充分地发挥效能，即个体有强烈的求知欲，乐于学习，能够积极参与学习活动。

2. 能保持对学习有较浓厚的兴趣和求知欲望

学习是大学生生活的主要内容。大学生对学习有了浓厚的兴趣，自然会产生探求知识的强烈欲望。而心理健康的大学生珍惜学习机会，求知欲望强烈，能克服学习中的困难，学习成绩稳定，能保持一定的学习效率，在学习中体验满足与快乐。

3. 能正确认识自我和接纳自我

正确的自我评价是大学生心理健康的重要条件。大学生要做到能自我观察、自我认定、自我判断和自我评价。做到自知，恰如其分地认识自己，摆正自己的位置，既不以自己在某些方面高于别人而自傲，也不以自己在某些方面低于别人而自惭。能够自我悦纳，喜欢自己，接受自己，自信乐观，生活目标与理想切合实际，不苛求自己，能扬长避短，积极进取。

4. 能调控自己的情绪和具有良好的情绪状态

情绪影响人的健康，影响人的工作效率，影响人际关系。心理健康的大学生能经常保持愉快、开朗、乐观的心境，对生活和未来充满希望。虽然也有悲、忧、哀、愁等消极体验，但能主动调节，同时能适度表达和控制情绪，喜不狂、忧不绝，胜不骄、败不馁。

5. 具有顽强的意志

意志是人在从事一种有目的的活动时，所进行的选择、决定与执行的心理过程。意志健全者在行动的自觉性、果断性、顽强性和自制力等方面都表现出较高的水平。意志健全的大学生在各种活动中都有自觉的目的性，能适时地做出决定，并运用切实有准备的方式解决所遇到的问题，在困难和挫折面前，能采取合理的反应方式，能在行动中控制情绪，而不是盲目行动、畏惧困难、顽固执拗。

6. 具有完整和谐的健康人格

人格指的是个体比较稳定的心理特征的总和。人格完整是指有健全统一的人格，即个人的所思、所做、所言都是协调一致的。既具有人格结构的完整统一，又具有正确的自我意识，不产生自我同一性混乱，以积极进取的人生观作为人格的核心，并以此为中心把自己的需要、目标和行动统一起来。

7. 能保持和谐的人际关系

人际关系状况最能体现和反映人的心理健康状况。良好而深厚的人际关系是事业成功与生活幸福的前提，其表现为乐于与他人交往，能用尊重、信任、友爱、宽容、理解的态度与人相处，既能建立广泛的人际关系，又有知心朋友；在交往中保持独立而完整的人格，有自知之明，不卑不亢；能客观地评价别人和自己，善取人之长补己之短，宽以待人，乐于助人。

8. 能保持良好的环境适应能力

环境适应能力包括正确认识环境以及处理个人与环境的关系。心理健康的大学生在环境改变时能面对现实，对环境做出客观的认识，使个人行为符合新环境的要求；能和社会保持良好的接触，对社会现状有清晰的认识；能及时修正自己的需要和愿望，使自己的思想、行为与社会协调一致。

9. 心理行为符合年龄特征

人在生命发展的不同年龄阶段，都有相应的心理行为表现。心理健康的人的认识、情感、言行、举止都符合他所处的年龄阶段。心理健康的大学生应该精力充沛、勤学好问、反应敏捷、喜欢探索。过于老成、过于幼稚、过于依赖都是心理不健康的表现。

四、心理活动与体验

（一）大学初印象

来到新的校园，面对新的老师和同学，相信每个大学生都想迫不及待地了解自己的学校，认识新的同学，那就在这种探索、发现的热情中来完成以下两个小任务。

1. 探索校园

在两天时间内，大学生可在校园里逛一逛，打卡 6～10 个校园标志性建筑并摆动作拍照，在班会交流课上展示打卡的照片并讲述自己对整个校园的感受。

2. 寻人游戏

在一个大学里有很多不同的专业，请大学生在一周的时间内认识两个跟自己专业不同的朋友，可以是在操场上遛弯时认识的同学，也可以是在图书馆借书时认识的同学，还可以是在食堂里认识的和你邻座的同学等。请添加新认识的同学的联系方式，在班会交流课上和大家一起分享你认识的新朋友的特点或者谈一谈在你认识新朋友的整个过程中的心理感受。

（二）思考与体验

大学生正处于向成年期过渡的阶段，这个阶段充满着情绪、情感冲突（稳定性与易变性），所以大学生的情绪容易出现波动，而在面对新的学习生活环境时，他们难免会有些适应困难，产生消极的情绪。面对这种情况，大学生应该怎样做呢？

1. 主动锻炼和提高生活自理能力

现在的大学生大多在宠爱中长大，家长在物质上照顾周到，舍不得让孩子做家务，甚至必要的生活事情都代为处理。在集体生活一段时间后，同学间互相影响、互相学习，能够在一定程度上促进大学生生活自理能力的提高。

2. 培养良好的生活习惯

①每天要有严格的作息时间，生活的高度规律性是身体健康的保证。
②坚持锻炼身体。

③保持乐观而平稳的心境，有积极向上的精神。

④积极运用注意转换策略。

■ 练一练

下面是40道有关心理健康的问题。如果你感到"经常是"，画√；"偶尔是"，画△；"完全没有"，画×。所有题做完后，按照后面的测评方法将分数相加，得出最后的分数，并在评价参考中找到对应的等级。

1. 平时不知为什么总觉得心慌意乱，坐立不安。（　　）

2. 上床后，怎么也睡不着，即使睡着也容易惊醒。（　　）

3. 经常做噩梦，惊恐不安，早晨醒来后就感到倦怠无力、焦虑烦躁。（　　）

4. 入睡后经常会醒，醒后很难再入睡。（　　）

5. 学习常使自己感到非常烦躁，讨厌学习。（　　）

6. 读书、看报，甚至在课堂上听讲时都不能专心致志，往往自己也搞不清在想什么。（　　）

7. 遇到不称心的事情便较长时间地沉默寡言。（　　）

8. 感到很多事情让人不称心，无端发火。（　　）

9. 哪怕是一件小事情，也总是很放不下，整日思索。（　　）

10. 感到现实生活中没有什么事情能引起自己的兴趣，郁郁寡欢。（　　）

11. 常常听不懂老师讲课，有时懂得快忘得也快。（　　）

12. 遇到问题时常常举棋不定，迟疑再三。（　　）

13. 经常与人争吵发火，过后又后悔不已。（　　）

14. 经常追悔自己做过的事，有内疚感。（　　）

15. 一遇到考试，即使有准备也感到紧张、焦虑。（　　）

16. 一遇到挫折，便心灰意冷，丧失信心。（　　）

17. 非常害怕失败，在行动前总是提心吊胆，畏首畏尾。（　　）

18. 感情脆弱，稍不顺心，就暗自流泪。（　　）

19. 自己瞧不起自己，觉得别人总在嘲笑自己。（　　）

20. 喜欢跟比自己年幼或能力不如自己的人一起游戏或比赛。（　　）

21. 感到没有人理解自己，烦闷时别人很难使自己高兴。（　　）

22. 发现别人在窃窃私语，便怀疑是在背后议论自己。（　　）

23. 对别人取得的成绩和荣誉常常表示怀疑，甚至嫉妒。（　　）

24. 缺乏安全感，总觉得别人要加害自己。（　　）

25. 参加春游等集体活动时，总有孤独感。（　　）

26. 害怕见陌生人，人多时说话就脸红。（　　）

27. 黑夜行走或独自在家时有恐惧感。（　　）

28. 一旦离开父母，心里就不踏实。（　　　）

29. 经常怀疑自己接触的东西不干净，反复洗手或换衣服，对清洁极端注意。（　　　）

30. 担心没有锁门和忘记拿东西，反复检查，经常躺在床上后又起来确认，或刚一出门又返回来检查。（　　　）

31. 站在沟边、楼顶、阳台上时，有摇摇晃晃要掉下去的感觉。（　　　）

32. 对他人的疾病非常敏感，经常打听，生怕自己也身患相同的病。（　　　）

33. 对特定的事物、交通工具(如公共汽车)、尖状物及白色墙壁或稍微奇怪的东西有恐惧感。（　　　）

34. 经常怀疑自己发育不良。（　　　）

35. 一旦与异性交往就脸红心慌或想入非非。（　　　）

36. 对某个异性伙伴的每一个细微行为都很注意。（　　　）

37. 怀疑自己患了不治之症，反复看医书或去医院检查。（　　　）

38. 有依赖止痛药或镇静药的习惯。（　　　）

39. 经常有离家出走或脱离集体的想法。（　　　）

40. 感到内心痛苦无法解脱，只能自伤或自杀。（　　　）

测评方法：√得2分，△得1分，×得0分。

评价参考：

A：0～8分。心理非常健康，请你放心。

B：9～16分。大致还属于健康的范围，但应有所注意，可以找老师或同学聊聊，保持心情愉快、乐观。

C：17～30分。在心理方面有了一些障碍，应采取适当的方法进行调适，或找心理辅导老师寻求帮助。

D：31～40分。黄牌警告，有可能患了某些心理疾病，应找专门的心理医生进行检查治疗。

E：41分及以上。有较严重的心理障碍，应及时找专门的心理医生治疗。

第二节　心理健康与幸福人生

心理健康是现代人绕不过去的生活主题。所有的物欲追求最终还要落到"你幸福吗？"这种内心的感受或内在的评判上。人生是一段心灵的旅程。在这段旅程中，从何处来，到何处去，如何改善，是每个个体都要面对的问题。心理健康是如何与我们的幸福人生息息相关的呢？

一、自我认识与心理健康

■ 成长案例

丽丽来自一座小山城，从小学开始一直在老师的欣赏和同学的羡慕中长大，在同学关系上也没有遇到过什么挫折。这种天然的优越感使丽丽从来没有体验过失败、成绩不好或者老师不喜欢等滋味，她以为生活可以一直这样阳光灿烂下去。经过高考的洗礼，丽丽怀着喜悦和梦想跨进大学，原以为生活应该比高中时期更轻松自由，可是没想到，新鲜感刚过，她就接连遭遇了一系列令人烦恼的挫折，大学由粉红色一下子变成了灰色。丽丽开始怀疑自己，过去那个自信的自己去哪儿了？自己是不是真的不行？与身边的人相比，"别人读了那么多书，我却没读过什么课外书，知识面很窄，别人谈论的许多话题我自己连听都没听过，有时即使我有想法也怕说出来被人笑话""上铺的英语口语好棒呀""同班的张同学为什么可以那么自信大胆地发言"……再看自己，简直一无是处，中学引以为傲的成绩，现在即使很努力也只能处于中等，难道是自己笨？丽丽越来越怀疑自己，别人一句不经意的话都会使她思虑半天。

一个心理健康的人能体验到自己的存在价值，既能了解自己，又能接受自己，有自知之明，即对自己的能力、性格和优缺点都能做出恰当的、客观的评价；对自己不会提出苛刻的、非分的期望与要求；对自己的生活目标和理想也能确定得切合实际，因而对自己总是满意的；同时，努力发展自身的潜能，即使面对自己无法补救的缺陷，也能安然处之。

自我认识是个体对自己的认知和评价，包括自我感觉、自我观察、自我分析和自我评价等内容，主要回答"我是一个怎样的人""我为什么会成为这样一个人"等问题。个体通过对自己的觉知，形成对自身品行、兴趣爱好、技能专长的判断和评估。比如，对自己的品德的评价，认为自己是个善良的人；又如，对自己的兴趣的分析，认为自己对书法有兴趣。

大学生处于从青春期到成年期过渡的特殊时期，他们的人生画卷正在展开，对蕴藏着各种可能性的未来的探索是该阶段最显著的特征。由于大学生的未来有很多不确定性，因此"认识自己"这样的论题就显得更加迫切、更加重要。

■ 知识链接

乔韩窗口理论

美国心理学家约瑟夫·勒夫特(Joseph Luft)和哈里·英厄姆(Harry Ingham)提出了关于自我认识的窗口理论，被称为"乔韩窗口理论"。每个人的自我都包括4个部分：公开的我、盲目的我、秘密的我和未知的我(如图1-1所示)。通过自我展示可以增加公开的我，减少秘密的我；通过他人的评价和反馈可以减少盲目的我；通过自我探索可以缩减未知的我，个体对自己的理解则能更全面、更正确。

	自己知道	自己不知道
别人知道	A 公开的我	B 盲目的我
别人不知道	C 秘密的我	D 未知的我

图 1-1　乔韩窗口理论

公开的我：自己知道、别人也知道的部分，如学校所在地、性格、兴趣爱好等。

盲目的我：别人知道而自己不知道或者没有意识到在别人面前表现出来的部分，即“当局者迷，旁观者清”。例如，习惯性动作（语速快）、无意识的表情，这些自己察觉不到，但别人能观察到。

秘密的我：自己知道而别人不知道的部分，不愿意或不能在别人面前表露，如个人隐私、内心的伤痛。

未知的我：自己和别人都不知道的部分，也称潜在的我，有待挖掘和开发，如潜在的能力和特性。

常见的大学生自我认识偏差有以下几种。

（一）过于追求完美

追求完美是促使人不断进步的积极心态，但过于追求完美则是一种自我认识偏差。具体表现为：抛开自己的真实状态，期望自己完美无缺，无法忍受自己的不完美，总是对自己不满意，不愿接纳自己的平凡或缺点，导致对自己的认识和适应更加困难，影响身心健康。

（二）过度自卑

过度自卑的人往往只看到自己的缺点和软肋，不喜欢自己，也担心别人不喜欢自己，特别在意别人对自己的评价和与自己的相处体验，小心翼翼地维持与他人的人际关系；经常拿自己的缺点与他人的长处相比，不能冷静地分析自己的失败，总是将失败归因于自己无能；否定自己，不能容忍自己的不完美，感觉自己低人一等，对那些稍做努力就能完成的任务也轻易放弃。

（三）自负

自负是指高估自己，对自己的肯定评价往往过当。具体表现为：夸大自身的长处，甚至将缺点也看作优点；放大他人的短处，奉行"我好，你不好""我行，你不行"的人际交往模式。自负不等同于自信，也不是自尊，自负的人的自我认识过于片面，不能做出客观合理的评价，往往也处理不好人际关系。

(四)自我中心

大学时期是自我认识发展最强烈的阶段，大学生会从自我角度来认识、评价自我，容易出现自我中心倾向，具体表现为：凡事从自我出发，只考虑个人利益，从不顾及他人的需要和感受；以领导者自居，对他人指指点点，奉行"我对，你们都错"的处事原则，将个人意志强加于他人身上；人际关系紧张，为人处世容易遭遇挫折。

■ 练一练

每个人都有自己的理想和潜能，都有自己的独特之处。不妨先给自己做一个规划，如何才能实现自己的潜能，追求更好、更高的自我。请将答案依次填入表1-2。

表1-2 探寻未来之我

序号	方向	我可以怎样做？
1	我的理想与目标(希望大学毕业后做什么，成为一个什么样的人？)	
2	兴趣发展(如果要达到自我实现，需要培养哪些兴趣？通过什么途径来完成？)	
3	知识技能(要实现目标的话，需要掌握哪些方面的知识、技能？通过什么途径来完成？)	
4	能力培养(哪些能力是可以提高的，通过什么途径来完成？)	
5	人格优化(哪些行为或习惯是可以改善的？哪些人格可以优化，分别通过什么途径去优化？)	
6	其他	

二、人际交往与心理健康

人际交往也称人际沟通，是指个体通过语言、文字、动作、表情等表达手段，将某种信息传递给其他个体的过程。人际交往表现为人与人之间的心理距离，是社会生活中人与人之间的信息交流、心理交流及其相互作用的过程，反映着人们寻求需要满足的心理相互作用形成的情感联系。人际交往是人的基本需求，也是每个人必备的社会生存能力。良好的人际关系是个体健康成长和获得幸福的重要因素，犹如空气之于人、水之于鱼一般不可或缺。在日常生活中，一个人除8小时的睡眠时间以外，其余约70%的时间在进行着人际交往。

人际交往是一门学问，更是一门艺术。很多大学生愿意与他人交往，希望多一些朋友，却不善于与他人交往，他们在人际交往中缺乏必要的人际交往技巧和方法，在交往中既不了解自己，也不了解别人，最终导致交往失败。比如，有些大学生在交谈的过程中过于生硬、木讷、刻板，不知如何表达；有些大学生不注意沟通的技巧、方式和原则，显得过于殷勤、热情；有些大学生不注意区分时间和场合，乱开玩笑，不懂得给人留面子，对别人不够尊重；还有些大学生言语粗鲁，伤了他人的自尊心。这些都是不善于与人交往的具体表现。因此，大学生要学会人际交往的基本技巧和技能，做到与他人互相尊重、相互理解，这样才能一步步建立融洽的人际关系。

■ 经典实验

1954年，加拿大心理学家贝克斯顿领衔实施了一项感觉剥夺实验。在实验中，他付给被试每天20美元的报酬，让他们待在一个封闭的、缺乏刺激的环境中。贝克斯顿给被试戴上半透明的护目镜，使其难以产生视觉；空气调节器发出的单调声音限制被试的听觉；给被试的手臂戴上纸筒套袖和手套，用夹板固定其腿脚，限制其触觉。实验一开始是非常愉快的，许多被试在开始阶段都是呼呼大睡，或者利用这难得的闲暇时光考虑学期论文的写作思路。然而，两三天后，他们感到无聊、焦躁不安和恐慌……决意要摆脱这单调乏味的环境。在实验过后的几天里，被试仍会感到紧张、焦虑、恐惧，他们注意力涣散，思维受到干扰，不能进行明晰的思考，甚至出现幻觉等。这个实验说明，正常个体不能独处太久，人际交往不仅是个体所必需的，而且对维系个体机体的正常运行至关重要。

（参见葛明贵：《感觉剥夺实验研究述评》，载《安徽师大学报（哲学社会科学版）》，1994，22(3)：269-271。）

■ 成长案例

自从读大学以来，诗雨和班上的同学相处得一直很不融洽，跟舍友也发生过几次冲突，关系相当紧张。后来她搬出宿舍，住在校外，基本上不和班上的同学来往，也很少参加集体活动，与同学的感情淡漠，这导致她与班上同学的隔阂进一步加深。她认为自己没有一个知心朋友，常常感到特别孤独。长期的苦恼和焦虑使她患上了神经衰弱症。她的心境和体质越来越差，开始厌倦学习，厌恶同学和班集体，甚至一天也不愿意在学校待下去了。她听不进老师的劝告，也不顾家长的劝阻，坚持要求休学。

表1-3是人际交往能力自测表，可以帮助你了解自己的人际交往情况。

表 1-3　人际交往能力自测表

序号	题目	完全符合	基本符合	难以判断	基本不符合	很不符合
1	我上朋友家做客，首先要问有没有不熟悉的人出席。如有，我的热情就会明显下降	2	1	0	−1	−2
2	我在陌生人面前常常觉得无话可说	2	1	0	−1	−2
3	在陌生的异性面前，我常感到手足无措	2	1	0	−1	−2
4	我不喜欢在大庭广众下讲话	2	1	0	−1	−2
5	我的文字表达能力远比口头表达能力强	2	1	0	−1	−2
6	在公共场合讲话时，我不敢看听众的眼睛	2	1	0	−1	−2
7	我不喜欢广交朋友	2	1	0	−1	−2
8	我的好朋友很少	2	1	0	−1	−2
9	我只喜欢同我谈得来的人接近	2	1	0	−1	−2
10	到了一个新环境，我可以好几天不说话	2	1	0	−1	−2
11	如果没有熟人在场，我感到很难找到彼此交谈的话题	2	1	0	−1	−2
12	如果要在"主持会议"与"做会议记录"这两项工作中挑一项，我肯定挑选后者	2	1	0	−1	−2
13	参加一次新的集会，我不会结识很多人	2	1	0	−1	−2
14	别人请求帮助而我无法满足对方的要求时，我常感到很难对人开口	2	1	0	−1	−2
15	不到万不得已，我绝不求助于人，这倒不是因为我个性好强，而是因为我感到很难对人开口	2	1	0	−1	−2
16	我很少主动到同学、朋友家串门	2	1	0	−1	−2
17	我不习惯和别人聊天	2	1	0	−1	−2
18	当领导、老师在场时，我讲话特别紧张	2	1	0	−1	−2

序号	题目	完全符合	基本符合	难以判断	基本不符合	很不符合
19	我不善于说服人，尽管有时我觉得自己很有道理	2	1	0	−1	−2
20	当有人对我不友好时，我常常找不到恰当的对策	2	1	0	−1	−2
21	我不知道怎样与嫉妒我的人相处	2	1	0	−1	−2
22	我同别人的友谊的发展，多数是别人采取主动态度的	2	1	0	−1	−2
23	我最怕在社交场合中碰到令人尴尬的事情	2	1	0	−1	−2
24	我不善于赞美别人，感到很难把话说得亲切自然	2	1	0	−1	−2
25	当别人话中带刺揶揄我时，除了生气外，我别无他法	2	1	0	−1	−2
26	我最怕做接待工作、与陌生人打交道	2	1	0	−1	−2
27	在参加集会时，我总是坐在熟人旁边	2	1	0	−1	−2
28	我的朋友都是同我年龄相仿的人	2	1	0	−1	−2
29	我几乎没有异性朋友	2	1	0	−1	−2
30	我不喜欢与能力比我强的人交往，我感到这种交往很拘束、很不自由	2	1	0	−1	−2

评分说明

【计分】完全符合得2分，基本符合得1分，基本不符合得−1分，很不符合得−2分，最后计算总分。

【解释】如果你的总分在30分以上，那么你的人际交往能力存在一定的困难；如果总分在0～30分，说明你的人际交往能力还有待进一步提高，你在人际交往中还有些拘谨；如果总分在−20～0分，则意味着你的人际交往能力一般；如果总分低于−20分，则说明你是一个善于交往的人。

■ 练一练

心理学研究发现，每个成年人通常需要与120个人维持不同程度的人际关系，其中包括2～50个关系比较密切的人。人际关系过疏或过密都容易引发心理问题，或孤独无助，或自我迷失。你的人际关系现状如何呢？试着整理一下自己的人际关系图，反思自己在人际交往中的表现和特点。

活动：准备一张纸和一支笔。首先在白纸的中央画一个圆圈代表自己，然后尽量回忆进入大学后你的人际关系网，用不同的圆圈代表不同的人际交往对象类型（见图1-2），并予以注明（如父母、恋人、朋友、老师、同学、熟人、偶尔联系的人和陌生人等）。不同圆圈上任意一点到代表"我"的圆圈中心点的距离表示心理距离，用于表示彼此关系的亲疏。将亲朋好友的名字写在图上，名字越靠近中心点，表明他（她）与你的关系越亲密。

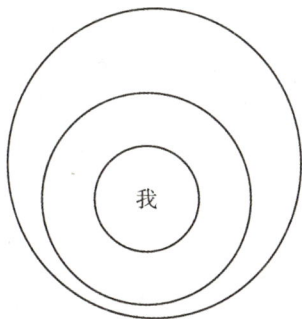

（图：同心圆，中心标注"我"）

图1-2　人际关系图

完成人际关系图后，请思考以下问题。

（1）审视自己所绘制的人际关系图，判断自己的人际交往圈是否合理。是什么原因造成了你目前的这种交际圈？

（2）你的人际交往圈是否需要改进？如果需要，如何改进？

（3）你有几种不同类型的人际交往关系网？你与不同对象的人际交往方式有何区别？

三、情绪管理与心理健康

现代医学认为，良好的情绪可以使机体的生理机能处于最佳状态，使免疫系统发挥最大效应，抵抗疾病的侵袭。有的心理学家把情绪称为"生命的指挥棒""健康的寒暑表"。有研究发现：人在激动时皮肤会潮红发热，在紧张或愤怒时皮肤会苍白冰冷。人的情绪如果发生剧变，还可导致皮肤过敏，甚至会因此而影响到毛发。愉快、喜悦等情绪还可以使得伤口加快愈合，促进疾病痊愈。

情绪可以改变内分泌和神经系统功能，影响精神健康。经常紧张忙碌、不顺心会使人体出现失眠、脱发甚至神经衰弱等神经系统失调的症状。强烈、突然或持久的精神打击会诱发精神障碍。古人总结了情绪对身心健康的作用："怒则气上，喜则气缓，悲则气消，恐则气下，惊则气乱，劳则气耗，思则气结。"情绪对人的成长和成功的重要性越来越受到人们的普遍关注。良好的情绪管理能促进身心健康，情绪失调或情绪管理不佳会破坏身心健康。

■ 练一练

在很久很久以前，当人还是赤着双脚走路的时候，有一个国王，因为他要到偏远的乡间去旅行，路面不平，硌得他的脚又痛又麻。国王勃然大怒，回到皇宫之后，他下了一道命令，要将全国所有的道路都铺上一层牛皮，不要让每一个人的脚被刺痛，他认为这样做不仅为自己，还造福于人民，让老百姓走路的时候不再受刺痛之苦。可是，即使他杀尽了国内所有的牛也凑不够足够的牛皮，而花费的金钱、动用的人力不计其数。有一名聪明的仆人大胆地向国王提出建议："国王啊，您为什么要兴师动众，花费那么多金钱用牛皮铺路呢？您不能用两片牛皮来包住您的脚吗？"国王听了非常惊讶，当下领悟，于是立刻收回成命，采纳了这个建议。

想一想：

1. 国王都有哪些情绪体验？

2. 产生这些情绪体验的原因是什么？

3. 他都用了哪些方法来进行情绪管理呢？

■ 小贴士

坏情绪来了，你可以尝试这样做来改善情绪。

1. 闻一闻（最快的方法）。

熏香、果香、花香……

2. 做自己喜欢的事：听音乐、运动、睡一觉……

3. 和朋友一起聊天，诉说。

4. 做一件好事，并记录下来。

5. 深呼吸。

6. 冥想。

四、生涯规划与心理健康

生涯规划，也可以是生涯发展设计，是指在个人发展和组织发展相结合的基础上，个人通过对生涯发展的主客观因素分析、总结和测定，确立个人的生涯奋斗目标，并为实现这一目标而预先进行生涯发展系统安排的活动或过程。

生涯规划作为一种体现人的主动性、创造性的动态过程，已经成为实现心理健康的计划、蓝图和行动方针，其根本任务是有效适应社会、构建完整人格，终极目标是自我实现。生涯规划与心理健康相互依存、相互促进，生涯规划有助于健全个体发展、自我成长的调节机制，还有助于个体的终身发展和全面发展。

提升心理健康水平的小妙招。

1. 找到自己的兴趣爱好。

2. 将职业生涯规划好，有目标、有方向、有意义、有使命感。

3. 管理好自己的情绪和健康。

4. 坚持一项适合自己的运动。

5. 助人为乐。

■ 心理测试

大学生幸福感量表

以下问卷题目涉及你在生活中所遇到的一些情况、你的一些做法或看法。请仔细阅读每道题目，并根据自己的第一感觉尽快做出回答。请选择最符合你的情况的答案代码。

①很不同意　②不同意　③一般　④有点同意　⑤非常同意

1. 我能很好地适应我周围的环境。

①　②　③　④　⑤

2. 我有一个和睦的家庭。

①　②　③　④　⑤

3. 我喜欢和我的朋友们在一起。

①　②　③　④　⑤

4. 我每天都过得很充实。

①　②　③　④　⑤

5. 父母给我营造了一个好的家庭氛围。

①　②　③　④　⑤

6. 我有一些知心的朋友。

①　②　③　④　⑤

7. 我是一个愿意接受改变、不断得到成长的人。

①　②　③　④　⑤

8. 我满意现在的学习、生活环境。

①　②　③　④　⑤

9. 总起来说，我对自己是肯定的，并对自己充满信心。

①　②　③　④　⑤

10. 随着时间的流逝，我不断地加深对自己的认识。

①　②　③　④　⑤

11. 相信毕业后我能找一个让我满意的工作。
① ② ③ ④ ⑤

12. 无论做什么事情，父母都能理解并支持我。
① ② ③ ④ ⑤

13. 我和朋友之间能够互相理解。
① ② ③ ④ ⑤

14. 每天醒来，我都感觉浑身上下充满着力量。
① ② ③ ④ ⑤

15. 当我有困难的时候，朋友总能及时地帮助我。
① ② ③ ④ ⑤

16. 我对自己的学业充满了信心。
① ② ③ ④ ⑤

17. 我不保守，是一个愿意接受新鲜事物的人。
① ② ③ ④ ⑤

18. 一提到爱情我就会高兴。
① ② ③ ④ ⑤

19. 我周围有好的学习氛围。
① ② ③ ④ ⑤

20. 我清楚自己的人生目标是什么。
① ② ③ ④ ⑤

21. 我能很好地融入我周围的环境。
① ② ③ ④ ⑤

22. 任何年龄的人都应该成长与发展。
① ② ③ ④ ⑤

23. 我对未来充满了干劲儿。
① ② ③ ④ ⑤

24. 一回到家我就有一种安全感。
① ② ③ ④ ⑤

25. 我的生活环境很糟糕。
① ② ③ ④ ⑤

26. 我能积极主动地完成自己制订的计划。
① ② ③ ④ ⑤

27. 我觉得世界上没有真正的友谊。
① ② ③ ④ ⑤

28. 一想到爱情我就觉得很渺茫。

　　① ② ③ ④ ⑤

29. 和家人在一起时我感到无比的幸福。

　　① ② ③ ④ ⑤

30. 我从友谊中获益匪浅。

　　① ② ③ ④ ⑤

31. 我感到自己在感情上很空虚。

　　① ② ③ ④ ⑤

32. 我不得过且过，真正思考过未来。

　　① ② ③ ④ ⑤

33. 生活需要我不断学习、变化和成长。

　　① ② ③ ④ ⑤

34. 我和我的朋友们互相信任。

　　① ② ③ ④ ⑤

35. 我的家人都很健康、快乐。

　　① ② ③ ④ ⑤

36. 我相信爱情。

　　① ② ③ ④ ⑤

37. 我的人生有方向和目标。

　　① ② ③ ④ ⑤

38. 我能很好地安排我的学习。

　　① ② ③ ④ ⑤

39. 我的家人都非常关心我。

　　① ② ③ ④ ⑤

评分说明

　　请按照每个因子所对应的题号进行计分，①②③④⑤分别计1分、2分、3分、4分和5分，其中，25题、28题、31题反向计分，即①②③④⑤分别计5分、4分、3分、2分和1分。

　　1. 环境适应性：包括1，8，21，25四道题，主要体现为你对自己生活的内外部环境的适应能力。8分以下说明你对外部环境的适应能力不强，需要多学习适应环境的方法与技巧；9～14分说明你的环境适应能力较强；15分以上说明你的环境适应能力很强，有很好的心理承受能力来应对复杂的环境变化。

　　2. 家庭满意度：包括2，5，12，24，29，35，39七道题，主要体现为对自己所处的家庭地位、关系以及对生活细节的满意程度。12分以下说明满意程度不高，需要针对具体问题进行家庭关系修复；13～24分说明你比较满意你的家庭状况，还需要进一步提高家庭成员的认同度；25分以上说明你很满意你的家庭，氛围融洽，生活很幸福。

3. 友谊满意度：包括3，6，13，15，27，30，34七道题，主要体现为你对人际交往和人际关系的满意程度。12分及以下说明你对你的人际交往状况很不满意，缺乏人际信任，交往的圈子很窄，需要努力拓宽你的交际面；13～24分说明你的人际交往一般，有一定的人际圈，但数量并不多，对熟悉的人较信任，对不熟悉的人则不太信任；25分及以上说明你的人际交往很广，重视友谊，能很好地取得朋友的信任。

4. 生活充实感：包括4，14，19，26，38五道题，主要体现为对生活事件的满意程度。10分及以下说明你感到生活很无聊，得过且过，这需要你积累生活经验，掌握生活技巧，寻找生活乐趣；11～17分说明你对生活有一定的兴趣，还需要进一步完善；18分及以上说明你的生活独立能力很强，对各种生活事件都充满热情，能很好地体验生活的快乐。

5. 个人成长：包括7，17，22，33四道题，主要体现为对自己生理和心理成长变化的认可程度。8分及以下说明你对自己的成长变化不认可，受过去事件的影响较深，需要加强自我成长训练，寻求心理援助；9～14分说明你比较认同自己的成长，但易受现实突发事件的影响，需要学习应对成长烦恼的方法与技巧；15分及以上说明你对自己的个人成长经历很满意，能很好地应对各种烦恼。

6. 自我信心：包括9，10，11，16，23五道题，主要体现为对处理问题和应对挫折能力的自信程度。10分及以下说明你的自信心不足，你在生活中对很多事持比较悲观的态度，缺乏处理和应对问题的勇气，需要锻炼毅力，增强自信，学习解决问题的方法与技巧；11～17分说明你有一定自信，但还不全面完善，需要增加多种兴趣爱好和提升各种能力，进一步增强自己的人格魅力；18分及以上说明你很自信，有自己独特的人格魅力。

7. 爱情满意度：包括18，28，31，36四道题，主要体现为你对爱情、恋爱的看法及满意程度。8分及以下说明你不太相信爱情，不太满意自己的爱情和恋爱现状，需要从基本人际交往开始，在交往中增进感情，并学习处理好各种分歧矛盾的方法，避免恋爱偏见；9～14分说明你有一些让自己满意的感情状况，但易受恋爱感情分歧影响，除学习恋爱方法外，还需要有真诚、宽容的心态；15分及以上说明你很满意你的爱情和恋爱状况。

8. 目标感：包括20，32，37三道题，主要体现为你对各种学习、生活目标的方向感。6分及以下说明你没有目标方向感，对各种事情不能有明确、清晰的认识，空虚感很强；7～11分说明你有一些目标，但易受任务的困难阻碍，会半途而废；12分及以上说明你的目标比较明确。

总分：将所有题的分数进行汇总得出总分，可以反映你的总体幸福感。65分及以下说明你的总体幸福感很弱，需要从各方面进行调整；66～140分说明你的总体幸福感一般，有一些幸福感受，也有一些记忆深刻的痛苦经历，需要处理好愉悦与困惑之间矛盾心理的平衡，不必过于纠缠在某一事件上；141 分及以上说明你的总体幸福感很强，愉悦心情较多。

第三节　大学生心理发展的特点与影响因素

"可爱、可信、可为"是新一代青年大学生的显著特征。大学生有着思维活跃、自信求新、个性突出的人格和情感丰富等鲜明特点。在大学里，他们会学到许多的知识，会初尝踏入社会的新鲜感，或许还会遇到一个可以从星星、月亮聊到诗词歌赋的好朋友，又或者是一段交织着甜蜜与辛酸的恋爱。不论如何，这段时光是属于每个人最独特的体验，是成长中非常重要的一部分。在大学中，我们或许会完成从一个稚气未脱的中学生到独当一面的成年人的转变，那么，这段时期的大学生都有什么样的心理发展特点？又会受到哪些因素的影响呢？

一、大学生心理发展的特点

我国大学生年龄一般在 18～24 岁，很多人也把这个阶段划分为青年中期，霍尔(Hall)认为这个阶段是从"疾风怒涛"状态向"相对平稳"状态过渡的时期，是人的"第二次诞生"。在这一时期，大学生的人格形成，自我意识蓬勃发展，社会生活领域迅速扩大。大学生可以在这一时期暂时合法地延缓偿付必须承担的社会责任和义务，故这一时期又被称为"心理的延续偿付期"。这个时期的大学生个体生理发育已经基本成熟，心理发展正迅速走向成熟但又未真正完全成熟，表现出"生理早熟、心理晚熟"的身心不平衡性。

(一)精力充沛、心态积极，但有时行为过激

"走自己的路，让别人说去吧"成为当今大学生喜欢的名言，大学生在身体成长和心理机能发育上处于人生的巅峰，具有旺盛的体力和勇往直前的气魄。大学生的思想独立性强、开放性高、性格率真，他们毫不掩饰地表现自我，但是，无论是在社会认知、情感还是自我意识方面，他们都处在趋于成熟但又未完全成熟的过渡期，在做出决定和采取行动的过程中，往往不考虑现实的情境和具体的条件，表现出决策草率、行为过激的不足。例如，不大注意理解别人，常因一两句话而闹矛盾，陷入人际交往的苦闷失落中。

(二)认知水平提高、思维活跃，但存在认知偏差

韦克斯勒智力量表的得分显示智力发展的顶点在 20～25 岁。大学生的智力发展进

入高峰期。他们从更广、更深的角度去观察事物，更为敏锐、主动、多维、系统、谨慎。在信息时代成长起来的大学生有着强烈的独立意识，接受的海量信息使他们的思想更为早熟，他们思维活跃、善于表达，积极主动地参与科研和社会实践活动。但由于大学生自我中心意识较强，具有乐意表现自我的个性特点，加上社会实践经验不丰富、基础知识不广博以及事物本身的客观规律和思维的复杂性，因此他们在认识与分析问题时，容易将问题绝对化，有时明知道不对，却喜欢一意孤行，在下结论时显得过于主观、狭隘、偏颇。

(三)情感丰富、反映强烈，但情绪不稳定

"我喜欢的我就要"反映了大学生关注时尚与追逐潮流的需求。需要是情绪与情感产生的基础，大学生精力充沛、感知敏捷、情绪奔放，心理需要复杂多样，这些复杂强烈的需要使大学生的情绪与情感带有浓厚的感情色彩。由于追求理想，崇尚完美，大学生容易对情感缺乏控制，不善于控制自己的情绪，易偏激，从而在情感上常常表现出不稳定性的特征。随着年龄增长，尤其是受教育的影响，大学生将逐渐在情感体验中加入更多的理性因素，从而在情感的倾向、广度和深度、稳定性和效能性等方面健康发展。

(四)自我意识增强

"我的事情我来做"，这不再是出自孩童口中任性的语言。在大学生的心目中，这是独立、自信、成熟的标志。自我意识是人对自身及自身与周围世界关系的认识。大学生有着强烈的独立意识，他们对事物、社会现象都有自己的看法和想法，他们开始思考人生的价值，自我实现的愿望十分强烈，注重塑造自身形象，渴望得到尊重和理解。虽然大学生的自我意识发展正逐步走向成熟与完善，但也容易出现一些偏差，如自我认同危机，不能正确认识自己，遇到挫折时就会自卑、自疑、自贬，甚至产生嫉妒心理，丧失信心。

(五)性心理的不成熟以及正确婚恋观的欠缺

处于青年中期的大学生渴望与年龄相当、情投意合的异性交往，希望获得对方的青睐。多数大学生能正确地选择恋爱的时机，处理好爱情与学业的相互关系，恋爱的观念和方式文明健康。然而，部分大学生由于对性知识、性道德知之甚少，缺乏正确的恋爱观，对异性的追求带有盲目性和随意性等，会使恋爱出现一系列问题，有的身心受到严重影响，有的甚至荒废了学业，这些对大学生成长是极为不利的。由此可见，性心理的不成熟、正确婚恋观的缺欠已构成了尖锐的矛盾，迫切需要引导和教育。

二、大学生心理发展的影响因素

心理科学和现代医学研究表明，影响人们心理健康的因素十分复杂，心理发展是多重因素相互作用、共同影响个体的结果。心理学家布朗芬布伦纳（Bronfenbrenner）提出了生态系统理论，他认为，发展的个体处在从家庭这样的直接环境到社会、文化这样的间接环境的系统中，个体的发展受到环境因素和个体因素的交互作用。处在特殊年龄阶段和特殊学习环境中的大学生也不例外，影响其心理健康的既有个体自身的内部因素，也有周围环境的外部因素。

（一）个体因素

1. 生理因素

（1）遗传因素

对部分精神疾病（如双相情感障碍、精神分裂症）的家系调查显示，患者的亲属患病率明显高于其他人，且血缘关系越近，患病风险越高。双生子调查也显示，同卵双生子的同病率明显高于异卵双生子。这些研究都证明了遗传因素对心理健康的影响作用。

（2）神经生化因素

外伤、出血、肿瘤、中毒、感染和精神活性物质等因素，均可直接或间接损害人脑的生理结构和功能。某些躯体疾病导致的内分泌激素异常也与精神疾病有关。例如，去甲肾上腺素（norepinephrine，NE）和五羟色胺（5-hydroxytryptamine，5-HT）与情感性精神障碍关系密切，在 5-HT 系统功能低下时，NE 功能低下表现为抑郁，NE 功能亢进表现为躁狂。研究还发现，情感精神障碍的人会出现下丘脑—垂体—肾上腺素轴（hypothalamie-pituitary-adrenalaxis，HPA）、下丘脑—垂体—甲状腺素轴（hypothalamic-pituitary-thyroxine axis，HPT）功能异常，并且与免疫系统—内分泌系统—中枢神经系统的双向调节机制有关。

2. 心理因素

（1）认知因素

对于同一应激源，人们的认知评价不同，心理的反应差异很大。例如，如果沙漠中只有半杯水，人们的反应基本上会有两种：一种人感到庆幸，庆幸在如此荒芜的沙漠中居然还能找到救命的半杯水；另一种人感到沮丧，抱怨已经很渴了，怎么只有半杯水。两种人的认知不同，其情绪体验和行为表现也完全不同。受到年龄及生活阅历的影响，大学生的辩证逻辑思维尚不牢固，在观察分析问题时容易出现主观化、片面化、绝对化等不合理的信念，在现实中往往不能恰当处理自我和外界环境、理想与现实、现在和未来的关系。

（2）情绪因素

大学生开始逐渐走出内心动荡的青春期，进入成人早期阶段。一方面，他们的情绪体验日渐丰富、深刻，情绪调控的能力有所加强。另一方面，他们的价值观的不稳定、对新环境的不适应、学习就业等方面的压力都会给他们带来紧张与焦虑情绪，这些负性情绪过于激烈，或持续过长时间得不到排解，就可能会对心理健康产生影响。

（3）意志因素

与中学阶段相比，大学生的意志品质渐趋成熟，自我管理能力有了一定程度的提高，他们开始有了行动的计划性和对计划的执行控制能力。但同时，大学生的意志品质也存在坚韧性不够、自控力不强等问题。例如，计划多、执行少，知行不一；遇到挫折时抗压能力差；随波逐流，人云亦云，缺乏独立主见等。

（4）个性因素

对于同样的环境、同样的应激源，不同个性的人会有不同的反应模式。常见的个性缺陷有过度内向、偏执多疑、过分被动依赖、过分苛求完美、过分自我、情绪极不稳定和易冲动等。这些个性的缺陷容易造成大学生人际关系的紧张和生活适应的困难，从而影响其心理健康。

（二）外部因素

1. 家庭因素

"孩子没有问题，如果孩子有问题，那一定是父母的问题。"这是心理治疗师和家庭治疗师维吉尼亚·萨提亚（Virginia Satir）的经典名言。家庭是人生的第一所学校，是孩子成长的基石。父母是孩子的第一任老师，父母的教养方式、职业性质、个性特征、经济状况等都会对孩子的心理健康产生影响。家庭的氛围很重要，如果一个孩子从小生活在父母经常吵架、相互敌对甚至离异的家庭氛围中，就容易形成自卑、冷漠孤僻、猜疑等个性特征，这些不良的个性特征会影响他未来的人际关系和学习生活。

一些研究结果表明，在孩子的早期成长过程中，父母的爱和鼓励、支持可以使他们建立起安全感和信任感，孩子长大成人后容易与他人建立良好的人际关系。因此，家庭因素对个人心理健康的影响尤为显著。大学生虽然在时空上已经脱离了家庭，但家庭对其心理健康的影响仍然在延续，且影响深远。媒体经常报道一些优秀少年的成长经历和家庭背景，虽然他们各自的家庭环境和成长历程不同，但基本上都与民主、和谐的家庭氛围密不可分。

2. 学校因素

学校是学生学习、生活的主要场所。学校的学风与校风、教师的素质、教育条件、生活条件、师生关系、同学关系、教学水平等都会影响学生的心理健康。无论是课上还是课余，教师若能充分尊重学生的主体地位，一切以促进学生的健康成长为出发点，公平公正地对待学生，学生就能有较高的自尊和价值感，学习和发展的动力就很强。

优良的学风与校风也会引领学生积极向上、刻苦勤勉，清晨琅琅的读书声、图书馆里废寝忘食的苦读都会形成一股无形的正能量，给学生以激励。大学校园是大学生生活的直接场所，对大学生心理健康的影响是直接的。中小学校园也对大学生的成长和心理健康有着不可忽略的作用。

3. 社会因素

每个人都无法摆脱他所处的社会环境和文化背景的影响。当前我国正处于社会转型时期，这对于处在价值观形成中的大学生来说面临着一定的挑战。当传统观念和现代观念发生冲突时，他们很难做出客观、科学的判断，容易产生心理冲突。一方面，社会上的人们工作压力加大，生活节奏加快，竞争加剧，这种压力也会传递到大学校园；另一方面，新旧文化、中西文化的差异也带来了多元化的价值观。多元化的价值观开阔了大学生的视野，为他们的未来职业发展创造了条件，同时也使大学生的内心经常感到茫然、矛盾、焦虑。

■ 心灵视窗

家庭与心理健康的关系

当我们讨论家庭时，我们在讨论什么？

家庭可以是子女的避风港，也可以是子女的压力源。近年来，原生家庭这个词频频进入人们的认知中，家庭是一个人成长的温床，但是有时又会给子女造成伤害，而这些伤害深深根植于他们的心中，难以得到治愈。原生家庭带来的爱与伤害互相纠缠着，在一些人的生命中生根发芽。

对于大学生而言，原生家庭带来的影响，让一些负面情绪长期积压在大学生心中，导致大学生在学习时或毕业后引发出心理问题。因此，必须明确家庭因素对大学生心理健康造成的实际影响，并找到具体的防治措施，切实改善大学生的心理健康问题。

有人说，一个人的成熟，其实是从告别原生家庭开始的。人要想真正变得成熟，就要学会和原生家庭分离，这才是真正成熟的开始，也是可以自由创造属于自己的人生的开始。

第一，每个人都是独立的个体。

心理学研究发现，刚出生的婴儿和母亲处于母子共生关系，六个月后，婴儿就进入分离与个性化阶段。而儿童到了三岁的时候，就已经是独立的自我。许多人之所以被原生家庭所伤害，主要是因为他在原生家庭中没有建立好和父母之间的合作关系，在面对真实的世界时，他们的自我能力被削弱，迟迟不肯踏入社会，或者在社会环境中感到不自信。

想疗愈原生家庭的伤害，就必须看到原生家庭对我们的塑造，性格成长与思维习惯，都会有它深深的影子。但是我们要从内心中告诉自己，这只是我们曾经生活的一个片段，并不意味着这将永远决定我们的人生，我们是有能力与希望去过好自己的人生的。我们必须了解，原生家庭是原生家庭，我是我，父母是父母，我们超越父母的关键在于我们可以看到父母的思维以及原生家庭对我们的影响。

第二，每个人都有自己的课题。

心理学家阿德勒曾说过，学会区分自己和别人的课题非常重要，这是我们活得幸福的根本。父母的人生是父母的，每个人都有自己的课题。

有一个女人很害怕结婚，原因是在她小时候她的母亲就离婚了，她的母亲一直在她面前诋毁男人，这个女人很害怕自己结婚后会离婚，重复自己母亲的生活。父母的课题是父母的课题，必须由他们解决，我们需要面对自己的课题。我们害怕结婚，本质上是因为我们不敢爱，也是因为我们不懂得爱，我们需要从原生家庭中去发现自己的问题，并切实修复自己在成长中遇到的障碍与困惑，如此，我们才能重获新生。

当我们懂得区分这个界限时，我们就能最大化地获取幸福，用更客观的态度去面对父母的决定和自己的人生。

第三，学会告别自己的原生家庭，是你心智成熟的开始。

我们不想因原生家庭的伤害而影响到我们未来的发展，学会断舍离与告别就非常重要。我们需要从心理上为自己"断奶"，告诉自己：我们的人生由我们自己决定，而不是由原生家庭决定。我们需要丰富自己内在的心灵，不断丰富内在的自己，去追问自己想要的人生是什么，才能重新突破自己。

能影响我们未来的，一定不是原生家庭，而是我们对未来的期许与我们当下的行动。当我们知道原生家庭并不会影响我们的全部的时候，我们就可以从自己内心的角度为自己描绘现实的蓝图，并力求用自己的行动去实现它。

第四节　大学生常见心理问题与调适方法

■ 成长案例

大二男生小磊最近正在被人际交往问题困扰。小磊从小就不善于与人交往，但以前他从来没觉得这是个问题，在中学时代，大家都只顾着学习，认为只要学习好就行，没有想过要发展人际交往的技能。现在进入大学了，和中学时代不一样了，大学生需要建立自己的人际关系网络。小磊本人也想多结交一些朋友，但是他不知道如何与人交往，有时候在陌生人面前甚至连话都说不出来。他想到以后如果不能很好地与人交往，必然会影响到找工作和未来的前途，感到很着急，就前来咨询，寻求帮助。

一、什么是心理问题

在上述案例中，小磊的状况不是简单的心理困扰，而是心理问题。然而，心理正常与心理存在问题是一个连续体，没有明确的界限，也不是黑白分明的。这就使人们在判断一个人的心理或行为是正常的还是出现了问题时，并不容易。

大学阶段是人生的重要转折点，在这个时期，大学生的生理、心理和环境都在经历着新的变化，如果大学生难以适应新的变化，就会出现不同程度的心理问题。马建青教授主编的《大学生心理卫生》指出：根据全国各地对大学生心理健康状况的测评和我们的调查研究，我们认为，多数大学生的心理是比较健康的。大学生心理问题越来越受到学校重视。科学分析、准确把握大学生心理问题的特点，是加强大学生心理健康教育的关键所在，是取得实际效果的关键所在。

心理问题不同于生理疾病。它们是内在精神因素，即大脑中枢神经控制系统引起的一系列问题。心理问题也称心理失衡，会间接地改变人的性格、世界观及情绪等。不能正确认识和解决心理矛盾的心理状况，是正常心理活动中的局部异常状态，不存在心理状态的病理性变化，它具有明显的偶发性和暂时性，常与一定的情境相联系。由现实因素激发，心理问题无褒贬之意，既包括积极的，也包括消极的。

当前，较被认可的三种心理问题的概念如下。第一，心理问题是与心理学相关的问题，涉及心理问题是什么、心身关系、心理与实践、心理学的理论与应用等。第二，心理问题是指心理学研究的问题或心理学工作者研究的问题，如心理学研究什么问题、心理学研究的课题。第三，心理问题是指人们心理上出现的问题，如情绪消沉、焦虑、恐惧等消极的与不良的心理。

二、大学生常见的心理问题

根据心理健康的定义，个体心理问题按不同程度可分为三类：发展性心理问题、适应性心理问题和障碍性心理问题。

(一)发展性心理问题

心理健康影响着大学生学习、生活和社会活动，很多学生因未能及时、正确了解和处理自身心理问题而受到心理困扰的侵害。个体不能正确地认识自我，能力、心理素质等各方面，未能得到正确、有效的指导和开发，阻碍了大学生心理健康的发展。

发展性心理问题强调发展的原则，发展性心理问题的解决重在帮助个体提高心理素质、健全人格，通过有针对性的教育和训练，培养个体形成良好的心理素质，塑造健康、完整的人格，适应现代社会需要。它对个体所做的一切工作包括指导个体调节和控制情绪、改善精神状态、建立自信心等，都是以个体能够更好、更充分地发展为目标的。这也是管理心理学、教育心理学、学习心理学、积极心理学等心理学科研究的范畴。

(二)适应性心理问题

适应是个体通过不断做出身心调整，在现实生活环境中维持一种良好、有效的生存状态的过程。而适应性心理问题则是个人与环境不能取得协调一致所带来的心理困扰。适应性心理问题的解决是个体终生维护心理平衡的持续过程，以无须付出太高的代价去适应一个具有一般性及可预期性的环境。

适应性心理问题有以下几个方面的含义。首先，适应性心理问题的内容侧重于工作指导、交往指导、生活指导等方面，主要解决个体在这些方面所遇到的各种心理问题，并对它们进行分析和研究。其次，强调个体在与环境相互作用中发生改变。人们在谈到适应时，心中想的主要是个体的改变，是个体改变自身去顺应环境的变化；个人与环境的关系体现为一种状态，即个人与环境之间的一种和谐、平衡的状态，这种平衡是机体在不断运动变化中与环境相互作用所取得的。这种平衡不是绝对静止的，某一个水平的平衡成为另一个水平的平衡运动的开始。如果机体与环境失去平衡，就需要改变自身以重建平衡。最后，适应性心理问题的解决，针对的是身心发展正常但带有一定的心理、行为问题的个体，注重个体的正常需要与现实状况之间的矛盾冲突，重视个体自身理性的作用，大部分工作是在个体的认识水平上给予帮助。教育者并不是亲自帮助个体直接去解决问题，满足其需要，而是帮助其分析情况，提出解决的途径和方法；强调发掘、利用其潜在积极因素，引导他自己解决问题。

(三)障碍性心理问题

障碍性心理问题也称"心理障碍""心理疾病"。个体在遭遇人际关系的严重冲突、重大挫折、重大创伤或面临重大抉择时，一般都会表现出情绪焦虑、恐惧或者抑郁，有的表现出沮丧、退缩、自暴自弃或者异常愤怒，甚至冲动报复，有的往往会过度应用防卫机制来自我保护，且表现出一系列适应不良的行为。如果长期持续的心理障碍得不到适当的调适或个体无法从中解脱出来，就容易导致障碍性心理问题。其特征主要包括：个体持久地感受到痛苦(一般以 6 个月为界线)；社会功能受损，表现为人际关系糟糕，容易产生对抗甚至敌对行为；表现出非当地文化类型的特殊行为。

常见的个体障碍性心理问题有以下几种类型。

1. 焦虑性障碍

焦虑是保持对外部事物灵活反应的关键因素，也是人们在危险环境中生存的基础。一定程度的焦虑可以在危险的情况下提供适当的警觉性。大多数时候，焦虑能让人们保持一种微妙而协调的意识变化，从睡眠到警觉性，从焦虑、恐惧到睡眠。不同的人对世界上的事物反应不同。焦虑有不同的耐受性，所以很难确定哪一种是病态的。然而，当一个人在不应该焦虑的时候焦虑，这种焦虑是如此严重，以致持续很长一段时间，干扰日常生活，这可能是一种疾病。焦虑症会导致抑郁，因为它们会引起疼痛并干扰一个人的日常生活。有些人同时感到焦虑和抑郁，而另一些人先感到抑郁，然后感到焦虑。

在焦虑性神经症中，焦虑并不局限于任何特定的外部情境。它以广泛和持续性的焦虑或反复发作的惊恐不安为主要特征，常常伴有自主神经症状、肌肉紧张和不安等症状。临床上主要分为广泛性焦虑、惊恐障碍、混合性焦虑和抑郁障碍等类型。

2. 恐怖性障碍

恐怖性障碍简称恐怖症，又称恐怖性神经症，是由无危险的情境或物体所诱发的焦虑障碍，表现为对这些情境或物体的特征性回避或带着畏惧去忍受。所害怕的客体或处境是外在的，尽管当时并无危险但还是非常惧怕。恐怖发作时往往伴有显著的自主神经症状，患者知道自己的害怕是过分的或不应该的或不合理的，但这种认知并不能防止恐怖发作。根据临床表现，恐怖类型分为广场恐怖、社交恐怖和特定恐惧。

3. 强迫性障碍

强迫性障碍是以反复出现的强迫观念和/或强迫行为为主要特征的神经症性疾病。其强迫观念通常是令人感到不愉快的闯入性思维、情绪、冲动，强迫行为是为减轻强迫观念带来的焦虑痛苦而进行的重复动作或仪式化行为。多数强迫性障碍患者认为这些观念和行为是异常的、没必要的，强迫和反强迫的冲突让患者十分焦虑、痛苦。在全世界中，强迫性障碍的终生患病率为 $1\% \sim 2\%$。患者常有强迫性格，多起病于青春期，无明显诱因缓慢起病，病程常迁延，临床治疗效果欠佳，给患者的生活、工作、学习带来损害，给家庭和社会造成沉重的负担。

临床上，强迫性障碍患者的症状表现差异性很大，诸如怕伤害、怕污染、精确、道德感及闯入性表象等强迫观念都很多见，进而会引发患者对其强迫观念的自我反应，可以表现出如检查、洗涤、整理、精神性仪式、回避诱发强迫观念产生的情境等各种强迫行为，有的患者反复向他人询问以期得到解释与保证，有的患者强烈要求家属按照其要求执行特定的仪式行为。

强迫症状的特点：其思维和动作属于自己；其强迫思维和动作至少有一种仍被患者徒劳地抵制，同时由于抵制不成功而多伴有明显的焦虑；一再出现的想法、表象或冲动令患者十分不愉快，这些症状会使患者终日纠缠于一些毫无意义的观念和行为，妨碍其正常的工作和生活，使患者颇感苦恼。强迫症患者具有强迫特点的病前人格。

三、心理咨询

(一)什么是心理咨询

心理咨询是一种专业的助人方式，概括起来说，就是"帮助个人自助"。心理咨询是一个过程，在这个过程中，一名受过专业训练的心理咨询师，与来访者建立一种治疗性的关系，来协助对方认识自己、接纳自己，进而欣赏自己，以致可以克服成长的障碍，充分发挥个人的潜能，使其人生能有全面而丰富的发展，实现自我价值。

在以上心理咨询的定义中，讲到了几层含义。第一，心理咨询是一个心理转化的过程。来访者一定要经历一个认识自我、改变自我的过程。这个过程有长有短，但来访者一定要经历这个过程，不可能设想有什么灵丹妙药来一下子解决自己的问题。第二，心理咨询是一项专业的助人工作。受过训练的咨询师用专业的理论和方法来帮助来访者，而不仅仅是一般性的谈话和咨询。第三，心理咨询的完成要靠建立一种专业的关系，即咨询师与来访者之间的客观的、尊重的、平等的关系，而非一般的人际关系。第四，心理咨询的目标是协助对方认识自己、接纳自己，进而欣赏自己，以至于可以克服成长的障碍，充分发挥个人的潜能，使人生能有全面而丰富的发展，实现自我价值，而不是咨询师为来访者解决实际的问题。

(二)什么不是心理咨询

谈到心理咨询，很多人的感觉是它离自己的生活既远又近，对它既恐惧，又充满了好奇。其实，大多数人对心理咨询不甚了解，甚至误会极深。正确认识心理咨询，首先需要澄清对心理咨询的几个误解。

1. 心理咨询不是治疗不正常的人

心理咨询工作针对的都是心理正常的人。适合做心理咨询的人群主要有三类：一是自知力相对完整，认识到自己在生活的某些方面遇到难题，主动求助，期望自己得到专业的帮助，并积极配合咨询的人群；二是现实生活中的问题导致内心发生冲突，无法自行化解，需要专业人员的协助才能摆脱其困扰的人群；三是希望深入了解自己，完善自己的人格，挖掘内在潜质，实现自我价值的人群。其实，心理咨询是正常人缓解心理压力与提高心理承受能力的一种好办法，去做心理咨询并不代表你"不正常""脑袋有问题"，也并不"丢人"或"软弱"。就像我们的身体会生病一样，心理也会"感冒"，需要专业的帮助。

2. 心理咨询不是做思想工作

心理咨询和思政教育在理论基础、工作目标、工作内容以及工作方式上都存在不同。心理咨询是基于心理咨询的科学理论，并且在专业并符合伦理的设置下，由接受过系统的专业训练的心理咨询师协助来访者探索自我，理解自我的内在冲突并整合个人资源的一个过程。通过这个过程，来访者可以改善情绪问题，增加对自我的了解，形成更健康的思维模式，完善自己的人格结构，提高对社会的适应能力，实现自我价值，使其在学习和生活中有更高的满意度与幸福感。

3. 心理咨询不是聊天

心理咨询不等于聊天。表面上看，心理咨询的主要方式就是咨询师和来访者的面对面谈话，像是聊天，但这个过程并不是"张嘴就来"的。相比于家人劝解、朋友安慰、领导谈话，这种"聊天"更专业，也更有针对性。一般来说，心理咨询师在了解来访者的一般情况以后，针对不同的情况，还会使用一些量表、测评来评估来访者的主要心理问题。心理咨询师具有深厚的心理学理论知识，熟悉各种心理干预技术，能够通过专业的技术帮助来访者了解内部心理变化，帮助他提高心理能力，培养和发展健康的心理与健全的人格。因此，心理咨询并不能等同于一般的聊天。

4. 心理咨询不是安慰和开导

通常我们在遇到别人有了烦心事时，总会去安慰、开导他。这固然能在一定程度上缓解他的情绪。但那不是心理咨询。因为仅仅安慰和开导，会忽略来访者的真实感受，使他们更加压抑自己的情绪。心理咨询是用专业的理论和方法，协助来访者接纳自我和现实、表达真实情感、达到自我改变的目的。

5. 心理咨询不是同情和怜悯

同情和怜悯似乎也是一种关心，但它体现的是一种强者对弱者的不平等关系，会加重对方的自卑感。在心理咨询中，咨询师通过对来访者表达共情，也叫同感，来理解、体验、接纳来访者的内心，从而达到心理咨询的目标。这并不是传统意义上的同情和怜悯。

6. 心理咨询不是为人解决问题

心理咨询是帮助一个人自助的过程。心理咨询师通过帮助来访者运用自己的资源，解决自己的问题，而不能代替来访者解决问题。

(三)心理咨询与心理治疗的区别

心理治疗的创立是 19 世纪的事情，但心理咨询是 20 世纪四五十年代才开始的事情。它主要受了三股力量的推动：一是人们对精神分析疗法日益不满（如疗期过长、咨访关系完全像医患关系等）；二是 20 世纪二三十年代崛起的职业咨询运动；三是人本主义思潮。

心理咨询和心理治疗之间既有共性又有许多差异。心理咨询与心理治疗之间最大的共同点在于各种技术与方法都源于共同的心理学基本理论，如精神动力流派、人本主义思潮以及认知行为理念等。而在具体的实践过程中，心理咨询基本上是平等的咨询关系，以帮助来询者独立思考和决策为首要目标；心理治疗则更多地体现在医患关系上，以治愈患者的心理障碍或病态行为为首要目标。所以，心理咨询更多地强调咨询师对来访者的尊重和理解，以及彼此的积极互动。

(四)心理咨询是怎样起作用的

心理咨询既然不能直接为来访者解决问题，那它到底怎样起作用？为什么与心理咨询师聊聊天就能解决心理问题？咨询室里的"聊天"和普通聊天是不同的。在与朋友交谈时，心理防御机制会让我们对自己进行一定程度的"保护"，避免不得体或感到羞耻，所以很难做到完全坦诚。而心理咨询之所以能起作用，是因为它重新为我们缔结了一段专业关系。在这段关系中，来访者可以无所不谈。因此每一个咨询师在咨询前期，都会花一定的时间和来访者建立信任关系，让来访者可以信任自己，从而敞开心扉。在这样的敞开之后，咨询师不仅关注到当前的你，也能关注到内心的你。与朋友和亲人相比，咨询师会无条件地关注我们的基本心理需要。咨询师会认真倾听，尊重你的感受，接纳你的一切。他给来访者提供的，就是一种被倾听、被尊重、被理解、被信任和被接纳的关系。换句话说，心理咨询可以让你重新体会到被爱和接纳的感受。在心理咨询中，让咨询更有效的是咨询师与来访者的高质量关系，这种关系被称作治疗联盟。关系缔结，联盟达成，"治疗"也就开始了。

(五)心理咨询的必要性

每个人的人生，在不同的阶段都会遇到各种心理问题，影响程度也各不相同，有的人可以及时有效地通过自身的心态调节等方式调整，有的人却不一定可以通过自身的力量调整过来，反而使得情况加重，在这种情况下就需要求助于心理咨询。心理咨询是一项专业工作，它能帮助人们从多个角度评估问题，是从更深层次解决问题的一种途径，并且能够帮助人们从根本上改变自己的认知和行为。专业心理咨询不是关注问题本身，而是关注问题和行为背后的心理及精神活动，咨询师通过心理咨询可以帮助来访者在生活、学习中建立良好的人际关系，认识内部冲突，深化自我认识等，使来访者积极面对各种问题及机遇，真正帮助到来访者。在心理咨询的过程中，咨询师会帮助来访者纠正错误的认知，这就需要心理咨询师逐步引导来访者进行深层次的自我探索，帮助他们认识真实的自我。来访者发现自己的真正需要，进而科学地规划自己的人生。

(六)大学生心理咨询的途径

以下几种心理咨询的类型可供大学生选择。

1. 个体咨询

个体咨询是心理咨询最主要的形式，它在咨询者与来访者之间建立了一对一的关系。咨询者与来访者之间容易建立信任关系，以便于深入探讨心理问题，协助来访者改变。

2. 团体咨询

团体咨询一般由领导者与团体成员有目的地进行组团。团体心理咨询是在团体情境中提供心理帮助与指导的一种心理咨询与治疗的形式。它是通过团体内的人际交互作用，促使个体在交往中观察、学习、体验，认识自我、探讨自我、接纳自我，调整和改善与他人的关系，学习新的态度与行为方式，以发展良好的生活适应的助人过程。团体心理咨询适合解决多个人共同的问题。团体心理咨询的次数根据实际情况可以分一次、几次或十几次，每次时间为1~2小时。一位或两位领导者依据团体成员问题的相似性或团体成员自发组成课题小组，一起讨论、实践，解决成员间共性的或个性的心理问题。

3. 电话咨询

电话咨询是指来访者通过电话与咨询师交谈的咨询方式。电话咨询具有方便、迅速、及时和保密的特点。电话咨询的局限性在于咨询师不能直接观察和了解来访者的状态。受通话时间限制，咨询不能深入进行。

4. 网络咨询

网络咨询是指来访者通过互联网与咨询者交谈的咨询方式。这种咨询具有隐秘、安全、方便、快捷等特点。目前，网络咨询给咨询师了解来访者的真实情况带来了一定的限制。

由于心理咨询运动的不断深入和发展，心理咨询与心理治疗也日趋分化。概括说来，心理咨询主要为人们在日常生活中出现的心理困惑与烦恼提供咨询，而心理治疗则主要为人们在人格、情绪和行为上的障碍及变态行为提供治疗。两者之间没有截然分明的界限，却有着不同的专业评核和训练要求。

简单来说，心理治疗人员不但要有心理咨询的知识，而且要具备系统的医学知识和经过专业的训练；而心理咨询人员则不必专门获得医学方面的知识和训练。

■ 小贴士

如何判断自己是不是需要去做心理咨询呢？请你留意一下在日常生活中是否有过这样的时候。

1. 在生活、学习或工作中，遭遇一个事件，因受这件事影响而感觉痛苦不堪，并持续一段时间不能自行摆脱。

2. 在人际交往中遇到困难，总是不能与他人建立和谐的人际关系。

3. 家庭成员之间频繁出现矛盾冲突，影响自己和家人的关系，无法自行解决。

4. 面对生活、学习或工作时感觉到巨大压力，但束手无策。

5. 面对情感困惑或经历情感危机，产生造成情绪困扰，影响生活、学习或工作。

6. 经常被恐惧、愤怒、嫉妒、悲伤、仇恨等负面情绪所困扰而不能自拔。

7. 觉得自己自卑、固执、敏感、多疑并感到情绪紧张和不适。

8. 有睡眠、贪食、厌食等行为障碍，经诊断无躯体疾病。

9. 对某种特定的场所、人物、环境、物体、动物等感到恐惧并力图逃避。

10. 总会出现某种明知不正确或无意义的冲动和想法，但又无法停止思想。

11. 产生无法控制地反复关门、反复洗手、反复检查东西等无意义行为，并感到深受困扰。

12. 感到前途迷茫，人生没有方向，出现倦怠、拖延行为。

假如你正在遭遇以上这些情况，不妨尝试求助心理咨询师，坐下来与心理咨询师一起探索一下这些困扰背后的原因，请相信，求助是强者的行为！

第二章　自我的塑造与成长

■ 思政课堂

以习近平新时代中国特色社会主义思想为指导，全面贯彻党的教育方针，坚持为党育人、为国育才，落实立德树人根本任务，坚持健康第一的教育理念，切实把心理健康工作摆在更加突出位置，统筹政策与制度、学科与人才、技术与环境，贯通大中小学各学段，贯穿学校、家庭、社会各方面，培育学生热爱生活、珍视生命、自尊自信、理性平和、乐观向上的心理品质和不懈奋斗、荣辱不惊、百折不挠的意志品质，促进学生思想道德素质、科学文化素质和身心健康素质协调发展，培养担当民族复兴大任的时代新人。

——《全面加强和改进新时代学生心理健康工作专项行动计划(2023—2025年)》

■ 学习目标

通过学习自我意识相关知识，认识自我发展的重要性，了解并掌握自我意识发展的特点，能够识别在自我意识发展过程中出现的偏差及原因，并能够对其进行调适，建立自尊自信的自我意识。

■ 导入案例

康康刚刚从一个普通的小镇考进一线城市的大学，感觉既陌生又新奇，陌生的是自己远离家乡，远离了亲朋好友，新奇的是大学生活如此丰富多彩，让人充满了向往。刚走进寝室，康康面对新的室友大方热情地做了一番自我介绍，但接下来，康康发现，其他室友能歌善舞，兴趣爱好、技能、见识等谈论的话题都让康康感觉难以找到共同点。康康逐渐感到自己好像什么都不会，很没用，在家乡的学校时自己因为学习好，被公认为优秀，可是这一刻让康康觉得自己暗淡了下来，有一些失落。还好，室友都比较热情，暂时让康康放松了下来。他心里暗自猜测，其他室友肯定会觉得他是小地方来的，没见过大世面，觉得他土气……这样的猜想让康康对大学美好的畅想多了一些惆怅。在一段时间的相处中，康康不太敢和室友暴露自己过多的情况，害怕被人看不起，于是整天一个人跑到图书馆学习。室友看到康康非常刻苦努力，十分羡慕，经常会向康康请教，借用康康的笔记。在这样的一来一往中，康康发现自己也不是一无是处，至少自己的学习能力是被室友认可的，而且室友也没有自己想象的那么可怕，虽然有很多不一样的地方，但是他们也总会主动约康康，给康康分享他们的故事，康康也从他们身上看到了多样的世界。于是，康康鼓起勇气，主动请室友帮忙推荐他参加舞蹈社团、轮滑社团……慢慢地，康康变得更加开朗自信起来。相信未来他能够在自己的努力下变得优秀起来。

借由康康的故事我们可以发现，生活的点点滴滴都离不开自己如何看待自己、如何看待他人，乃至如何看待整个生命过程、如何看待社会和世界。康康的自我介绍、成长背景、朴素的个性、学习能力，康康对别人心目中自己形象的猜测、对自己认识的不足、从自卑到自信的转变、对自己和他人的看法与评价……都围绕自我意识的相关内容而展开，因此认识自己是提升自己的前提，认识自己先要培育好自我意识。自我意识有哪些内容呢？带着这些问题，让我们一起走进这一章。

第一节　自我意识

"人是什么？"这是一个古老而又永恒的命题，也是每一个人毕生都在探讨和不断获得不同答案的问题。斯芬克斯最为得意的一个谜语是："在早晨用四只脚走路，当午用两只脚走路，晚间用三只脚走路，在一切生物中，这是唯一的用不同数目的脚走路的生物。脚最多的时候，正是速度和力量最小的时候。"这个谜语的谜底是人，因为"在生命的早晨，人是软弱无助的孩子，他用两脚两手爬行；在生命的当午，他步入壮年，用两脚走路；但到了老年，生命迟暮，他需要扶持，因此拄着拐杖，作为第三只脚"。斯芬克斯之谜、写在太阳神阿波罗神殿上的箴言"认识你自己"和中国人熟知的那句"人贵有自知之明"，都表明人类在认识自然的同时，提出了认识人本身的要求。从某种意义上讲，人认为自己是怎样一个人，比他真正是怎样一个人更重要，因为每个人都是按照他自己认为是怎样的一个人而行动的。大学生只有对自己各方面都有比较明确的了解，才能在环境的适应、个体的发展上获得较满意的结果。正确的自我意识是心理健康的首要条件。

一、自我意识概述

（一）自我意识的含义

自我是心理学的重要内容。精神分析学派创始人弗洛伊德提出了本我、自我和超我的人格三维度来研究自我的发展。他曾用冰山作喻，认为意识是冰山浮出水面的尖峰，而潜意识则是潜藏于海底的冰体，蕴藏深厚，不被看到。弗洛伊德的理论强调了潜意识对人发展的重要性。意识其实是人脑对客观事物的主观反映。人们对外界和自身的觉察与关注程度，是对自我身心活动的觉察，即自己对自己的认识。与意识相对应的是潜意识。美国心理学家詹姆斯（W. James）提出凡属于我或与我有关的事物都是自我的内容，如身体、品质、能力、愿望、家庭等，自我在物质自我、精神自我和社会自我三个层次起作用。社会心理学家库利（C. H. Cooley）指出：自我是一面镜子，它从别人那里反映自己的行为，自我是经历无数次他人评价而形成的社会产物。而米德（G. H. Mead）则认为：自我分为主体我（I）和客体我（me）。主体我代表每个人的自然特性，而客体我代表自我社会的一面；主体我先于客体我形成，客体我的形成需要很长时间，自我意识的发展包含主体我与客体我不断对话。

自我意识（self-consciousness）是意识的核心部分，是个体关于自身特长、能力、外表、社会接受等方面的态度、情感和认知，也就是对自我的认知。自我意识组织着个体如何感知、回忆和评价他人与自身，并回忆过去、评估现在、计划未来，以此为依据做出适应性的行为。它包含自我认知、自我评价和自我控制。这种认识是个体通过观察、分析外部活动及情境，社会比较等途径获得的，是一个多维度、多层次的心理系统，其形成是一个长期复杂的过程，受到扮演的社会角色、在长期生活经验中形成的社会同一性、与别人的比较、获得的成功与失败的经验、其他人的评价以及周围的文化等因素的影响。

（二）自我意识的组成

1. 构成

（1）自我认识——我是一个什么样的人？

自我认识是自己对客观自我的认识，包括自我觉察、自我概念、自我分析、自我评价。自我认识层面包含现实自我与理想自我的冲突。特别是大学生，他们的理想自我一般都比较完美，高于现实自我，在实际中他们就会因对现实自我不满意而表现出自卑甚至自弃。例如，一名大学生在日记中写道："我的理想是做一个有抱负、有成就、成功、非凡的人，可在现实中，我却发现自己意志薄弱、缺乏奋斗精神，而且比较懒散，约束不好自己，每次的决心都在其他巨大的诱惑面前败下阵来。我越来越觉得现实自我距离理想自我越来越遥远，我有时甚至都不敢正视自己。"客观、正确的自我评价是一个复杂、毕生的过程，个体的自我发展也是一个连续的、终生的过程，对自我的认识将是人类永恒的话题。

（2）自我体验——能否悦纳自己？对自我是否满意？

自我体验是主观自我对客观自我产生的情绪体验，是在自我认知基础之上产生的。例如，对自己的能力、品格、身份的内在感受，这种体验会形成自尊与自卑、自爱与自弃等自我的概念。自我认知决定自我体验，而自我体验又强化着自我认知，可以包括义务感、责任感、优越感、荣誉感、羞耻感等。一个学生在盲行体验活动后写下体会："我是一个失去母亲的人，从母亲离开我的那一刻，我总是想命运对我不公平，假如我的母亲还在，我会有更加灿烂的明天，我会活得更加快乐，可命运就像跟我开了一个天大的玩笑。老师在心理互动课上，让我们体验盲行，那一刻，我首先感到的是恐惧，我生活在没有光明的世界里，我忽然失去了最初的安全感与自由感。在老师的牵引下，我一步步地向前，逐步建立起信任，再次相信生活的光明。"这种自我体验具有不可替代性，是独特的。

（3）自我控制或自我调节——我应该成为什么样的人？

自我控制是对自己的行为和思想、言语的控制，以达到自我期望的目标，达到内在的平衡。自我控制包括自我激励、自我暗示、自强自律，就是我们经常讲的自制力。心理学研究表明：自我控制与大脑额叶的发展紧密相关。当我们生理正常时，自我认知与自我体验决定了自我控制，大学生通过主观能动性，选择认识角度，转变认知观念，调整自我认知评价体系，感受积极自我。自我控制是自我意识的关键环节，"思想的巨人与行动的矮子"说的就是知行统一的不容易。例如，早晨起床应当是一件最简单不过的事，但对于懒惰者而言，也是需要意志努力的，特别是在寒冷冬天的早晨，想想被窝里的温暖，再面对起床的痛苦，都要进行思想斗争，而当意志成为一种习惯时，自我控制便转变为"自动化"。成功的人都有较高的自我控制能力。但并非所有的自我控制都是积极的，有的大学生对自己的要求非常高，自我控制能力强，而在实际中却出于主观或客观原因没能达到自己设定的目标，就对自我产生怀疑与否定。

2. 内容

（1）生理自我

生理自我是指个体对自己的生理属性的意识，包括个体对自己的身高、容貌、舒适感、病痛感等方面的意识。它是一个人在与他人交往的过程中通过学习而逐渐形成的，它使一个人把自我和非我区别开来，意识到自己的生存是依托于自己的躯体的。生理自我是与生俱来的，我们只能接受它而不能改变它。随着自我意识的发展，我们逐渐对生理自我有一个明晰的看法与正确的认识，但由于青年时期的不确定性，有的大学生对生理自我产生较高的心理关注。女生关注自己是不是漂亮、迷人、有吸引力，关注自己身体的胖瘦高矮甚至脸上的雀斑；男生关注自己的体形、身高、声音的吸引力等。这些都是因为大学生正处于青年初期，处于高度关注生理自我的时期。

（2）社会自我

社会自我是指个体对自己的社会属性的意识，包括个体对自己在各种社会关系中的角色、权利、义务、人际距离等事物关系的意识。青年男女常用"我已经长大了"来表达自己的社会自我，期望社会给予自己积极的肯定与认可。随着自我意识的发展，个体的社会角色渐渐浮出水面并占据重要位置，与此相应的责任感、义务感、角色感都在增加。

（3）心理自我

心理自我，就是个体对自己的心理属性的意识，包括对自己的人格特征、心理状态、心理过程、行为表现等的意识，包括对自己的感知觉、记忆、思维、能力、性格、气质、爱好、兴趣等的认识和体验。心理自我也伴随着一个人的成长而发展，我们的情感、智力、能力、兴趣、情绪等都会在成长中与日俱增，我们学会评价心理自我、体验心理自我。

自我意识的这三个维度，体现了自我意识的发展历程。个体首先产生对生理自我的认识，其次在社会实践过程中逐渐认识社会自我，最后在生理和心理日渐成熟的时候获得心理自我。生理自我、社会自我与心理自我是密切联系、相互影响的，比例和搭配的不同，构成了个体与个体自我意识之间的差异，也使得每个人都有自己的对人、对己、对社会的独特的看法和体验。

3. 观念

（1）现实自我

现实自我是个体站在现实的角度所认识到的真实的自我，是对个体的现实状况和实际行为的最真实的反映；现实自我指自己目前的状况、现在已经具备的人格特征。

（2）投射自我

投射自我是个体想象中的他人眼中的自我，它与现实自我可能存在差距，对于现实自我的形成却起着非常重要的作用，因为人们总是把他人对自己的看法和评价作为重要参考，来形成对自我的认知。投射自我是因个体想象中的他人对自己的看法而产生的自我感（以为别人怀疑自己而感觉不自在；以为别人讨厌自己而自卑）。

（3）理想自我

理想自我是指个体经由理想或为满足内心需要而在意念中建立起来的有关自己的理想化形象，由于人们总是按照理想自我来塑造自己，因此理想自我往往是现实自我努力的方向，理想自我是指向未来的，包括个体希望自己成为怎样的人、具备何种人格。正常情况下，当理想自我的形成建立在对现实自我有较为客观的认识之上时，理想自我和现实自我就会慢慢协调一致，从而使自我意识得到健康而良好的发展。

■ 小贴士

增加自我认识的几类方法。

1. 看书：增加间接经验。

2. 认识生理自我：进行妆容打扮，认识健康信号。

3. 丰富社会自我：培养兴趣爱好。

4. 扩充自己的生活圈子，多交流讨论。

5. 多尝试，增加经验，如坐过山车、攀岩，增加新的内心经验。

6. 管理自己的情绪，认识自己的情绪。

7. 写日记，提升自己的反思能力。

8. 丰富描述情绪、状态的语言，获得理解外界和内心的工具。

9. 读童话故事，锻炼自己的想象力。

10. 观察身边的人，提升包容能力。

(三)自我意识的发展

1. 大学生自我意识的分化

自我意识的分化是自我意识走向成熟的标志。随着自我意识明显分化，大学生开始主动、迅速地关注自己的内心世界和行为，对生理自我、心理自我、社会自我每一细微变化产生新的认识和体验，自我反省能力增强，自我形象的再认识更加丰富、完整和深刻，由此而来的激动、焦虑、喜悦情绪增加，自我体验更加丰富多彩，自我思考增多，如自己应该怎样做、能怎么做、不应该怎么做、不能怎么做等成为大学生经常思考的问题，他们开始要求有属于自己的一片天空和世界，渴望得到理解和关注。

人的自我意识是随着人生每一阶段的成长而逐渐发展的。个体的自我意识是在社会交往过程中，随着语言和思维的发展而发展的，它起始于幼儿时期，萌发于童年期，形成于青春期，发展于青年期，完善于成年期。我国心理学家提出了自我意识发展的三阶段模式，即生理自我发展时期、社会自我发展时期和心理自我发展时期。

一是生理自我发展时期(0～3岁)。人初生时，物我不分。七八个月时出现自我意识的萌芽；两岁左右的儿童，掌握第一人称"我"的使用；三岁左右的儿童，开始出现羞耻感、占有欲。生理自我发展时期是以自己的身体为中心、以自己的想法与情感来认识和投射外部世界的时期。

二是社会自我发展时期(3～14岁)。从3岁到青春期这段时期，是个体在社会化中学习承担社会角色的时期，少年开始积极关注自己的内部世界，但他们主要根据别人的观点去评价事物、认识他人，对自己的认识服从于权威或同伴的评价。

三是心理自我发展时期(14岁以后)。在这一发展时期，自我意识经过分化、矛盾、统一，趋于成熟。个体开始清晰地意识到自己的内心世界，开始有明确的价值探索和追求，强烈要求独立，产生了自我塑造、自我教育的紧迫感和实现自我目标的驱力。青年的世界观、人生观、价值观的形成是其心理自我成熟的标志。

以上三者互相联系、有机组合、完整统一，成为一个人个性中的核心内容。

2. 大学生自我意识的矛盾

自我意识的分化，使大学生开始注意到自己以往不曾留意的许多方面，同时也意味着自我矛盾冲突的加剧，即主观自我与客观自我、理想自我与现实自我、独立与依附、渴望交往与心灵闭锁、理智与情感的冲突的加剧。由自我意识的分化带来的矛盾是大学生自我意识发展过程中的必然现象，当然，它会给大学生带来不安、疑惑与困扰，可能还会影响到他们的心理健康与心理发展，但它也会促使大学生努力解决矛盾，实现自我意识的统一，从而推动自我意识向着成熟发展。

3. 大学生自我意识的统一

自我意识的矛盾冲突，常常会给大学生带来不安或痛苦，他们总是力图通过自我探究来摆脱这种不安或痛苦。在自我意识的矛盾冲突中，在自我意识的不断调整和发展过程中，他们极易寻求新的支点，寻找自我意识的统一点，统合自我意识。自我意识的统一有多种形式：既有积极的、和谐的，有利于心理健康发展的统一；也有消极的、不协调的，不利于心理健康发展的统一。自我意识统一的过程也是发展自我同一性的过程，即主观自我与客观自我的统一，理想自我与现实自我的统一，自我认知、自我体验、自我监控的统一。这种统一是在自我评价、他人评价(包括群体评价和评价他人)的过程中逐步实现的。

(1)积极自我的建立：自我肯定

自我肯定，即对自我的认识比较清晰、客观、全面、深刻。这种积极自我的特点是在经历痛苦的选择与调整之后，大学生逐渐成长，使理想自我与现实自我趋于统一，主观自我与客观自我趋于一致，对自我的认识更加深刻、客观和理性。积极自我不仅有利于个体了解自己的长处与优势，了解自己的不足与劣势，而且有利于个体分析哪些是通过努力可以达到的，哪些是自己无法企及的，从而进行积极的自我肯定，向着理想自我迈进。

(2)消极自我的建立：自我否定

消极的自我意识分为两个方面：自我贬损型与自我夸大型。自我贬损型的人由于总在积累失败与挫折的经历，对现实自我的评价较低，并时常伴有没有价值感、自我排斥、自我否定。他们不但不接纳自己，甚至自我拒绝、自我放弃，表现为没有朝气、随波逐流、缺少激情、生活没有目标，其结果是更加自卑，进而失去进取的动力。自我夸大型的人正好相反，他们对自我评价非常高，往往脱离客观实际，常常以理想自我代替现实自我，盲目自尊，虚荣心强，心理防御意识强。其行为结果要么表现为缺乏理智、情绪冲动，忘记现实自我而沉浸于虚无缥缈的自我设计中；要么自吹自擂、自我陶醉，却不去为实现自我做出努力。自我贬损型的人与自我夸大型的人的共同特点是对自我评估不正确、理想自我不健全，缺乏实现理想自我的手段，导致自我虚弱而不完整，是一种不健康的自我统合。虽然这两种类型的大学生较少，但严重者可能会用违反社会规范或以违法犯罪的手段来谋求自我意识的统合。

（3）自我冲突

自我冲突导致的自我意识难以整合，表现为自我评价始终在真实自我上下徘徊，自我认知或高或低，自我体验或好或坏，自我监控时强时弱，心理发展极不平衡，有时显得自信而成熟，有时又表现出自卑而不成熟，让人无法评估。

二、自我意识与评价

（一）当代大学生常见的自我意识现状

调查表明，当代大学生的自我认识呈现出两个显著特点：一是生理自我认识呈弱化状态，65.9％的大学生很少思考"我的容貌、身材是否美"的问题；二是自我认识的侧重点转移到了在未来社会对人才的需求背景下认识自我，他们更多思考的是"如何与周围的人相处融洽"（66.0％）、"我应该如何实现自我价值"（65.3％）、"我要成为一个什么样的人"（66.1％）。

有研究表明，大学生对自己身体成熟状态、外貌形态等特点有了更为深刻的认识，生理自我的评分较高。多数大学生都能够相对比较认可自己的先天容貌，对自身的生理结构比较自信（64.3％的大学生对自己的外貌感到满意），并开始注重对家庭、人性、责任、价值等方面的认识，逐渐开始思考"做什么样的人""成就什么样的事"等一些问题。同时，当代大学生越来越重视自我意识情感成分的表达，重视自己的态度、情感，看重如何看待自己的可爱程度、扮演的角色和存在价值等。他们喜欢知识、喜欢朋友，也喜欢自己，喜欢自己好的或者坏的方面，喜欢自己的成功或者失败。调查显示，53.38％的大学生对"我喜欢经常保持仪表整洁大方"给出肯定答案，40.4％的大学生认为"我觉得我这个人还不错"，56.95％的大学生认为自己"待人亲切友善"，也有12.59％的大学生认可"我有时会把当天该做的事拖到第二天"，8.65％的大学生同意"我有时会说谎"，12.03％的大学生承认"我偶尔会发脾气"。可见，大学生从内心中越来越认可自我、接纳自我、喜欢自我，包括接纳自己的不足和缺点。

（二）大学生常见的自我意识偏差现象

随着改革开放的程度越来越深，各种不同的思潮不断地涌向社会。拜金主义、享乐主义、功利主义，以及西方发达国家宣扬的一些政治观点和价值观念，都对中国传统的思想道德规范和价值取向造成较大的冲击。另外，随着科技的发展，大众传媒手段越来越丰富、越来越便捷，一些不健康的、偏离社会规范的不良现象和流行观点很容易进入校园。当代大学生都有较强的求知欲和参与意识，这些不良影响折射到高校，对阅历尚浅、思想尚不够成熟、识别和抵御能力较弱的大学生产生了较大的影响，导致大学生对事物的认识和判断、对自我的认识和体验都受到较大的冲击，使大学生陷入不知所措的矛盾境地。有调查结果显示，42％的大学生强调受到很大影响，36％的大学生表示受到一些影响。比较常见的自我意识偏差的现象有以下几种。

1. 自卑

自卑是普遍的现象，在每个人心里或多或少都存在，关键是每个人能够意识到多少的问题。奥地利的心理学家阿德勒（Alfred Adler）认为，身体缺陷是自卑的形成原因之一。后来他重新修改了自己的理论，认为自卑是由达不到自己的期待或理想目标的认知导致的。自卑有六个特点：一是自我评价过低，认为自己显著不如他人；二是具有泛化性；三是具有敏感性，过度关注他人对自己的评价；四是具有掩饰性，担心他人知道自己的缺点而加以掩饰或否认，因此有时表现出虚荣心；五是具有回避性，在社交情境中，因担心他人知道自己的缺点而采用回避行为；六是具有闭锁性，这可能是在社交情境中的不自信、回避以及退缩机制所带来的结果。

有研究者从社会比较视角展开了大学生自卑心理的调查，结果表明，大学生的自卑水平总体不高；随着年级升高，男生自卑心理表现出下降趋势，而女生自卑心理表现出升高趋势，即高年级的女生比男生更受困于自卑心理。自卑在大学生的性别、年级因素上有显著差异，男大学生在家庭－爱情方面比女生更自卑，自卑感随着年级的升高逐渐减弱，大一、大二的学生显著比大三、大四的学生更感到自卑。文科生的自卑心理高于理科生的自卑心理。

2. 自我中心

埃尔金德（Elkind）认为假想观众可以用来描述青少年在实际或即将到来的社会环境中预测他人对自己的反应。这种期待可以解释为青少年认为其他人对他（她）的关注会像他们本身对自己的关注一样。因此，青少年创造出观众，并且相信自己将成为观众关注的焦点。由于观众往往是虚构的，因此在现实社会环境中公众关注的焦点通常不会像青少年所设想的那样关注他们的方方面面。这种现象可能持续到成年。自我中心主义存在性别差异，女生相对于男生而言，自我中心水平更高。相对于独生子女而言，非独生子女自我中心水平更高。家庭居住地为城镇的大学生相对于农村大学生而言，自我中心水平更高。s

自我中心的人凡事从自我出发，不能设身处地进行客观思考，只关心自己，遇事时先替自己打算，不顾忌他人的感受和需要。他们往往颐指气使，盛气凌人，总认为自己对、别人错，好把自己的意志强加于人。因而他们不易赢得他人的好感和信任，人际关系大多不和谐，做事难以获得他人帮助，易遭挫折。要克服自我中心，首先要摆正自己的位置，既重视自己也不贬抑他人，自觉地把自己和他人、集体结合起来，走出自我的小天地；其次要实事求是、恰如其分地评估自己，既不抬高自己，也不妄自菲薄；最后要学会移情，多设身处地地从他人的角度思考问题，尊重他人的感受、关心他人。

3. 追求完美

表现为追求完美的大学生对自己持过高的要求，期望自己完美无缺，却不顾自己的实际状况。此外，他们不能容忍自己"不完美"的表现，对自我十分苛刻，只接受自己理想中的完美的自我，不肯接纳现实中平凡的或有缺点的自我，其后果往往适得其反，使其对自我的认识和适应更加困难。

4. 自我污名

污名（stigma）是指个体具有某种不被社会认知或社会规范所接受的属性，被打上属性标签的个体被认知为具有某些不受欢迎的特征，进而产生了区别对待。戈夫曼（Goffman）按照被污名对象的群体特征，将他们分为社会越轨者（social deviant）、内群体越轨者（in-group deviant）、特殊/少数群体成员（minority）和下层阶级（lower-class）；按照污名者不受欢迎的特征，将污名分为身体的厌恶、个性特征和污点、部族污名。科里（Corrigan）根将污名分为公众污名和自我污名。公众污名指的是一般公众根据污名对受污名群体成员做出的反应。自我污名是个体自己体验到的污名。自我污名会导致低自尊、低生活质量、持久抑郁、社会关系受损、治疗求助推迟和治疗的提前终止。

心理疾病污名是由于心理防御机制的作用，施予者本身可能也有隐蔽性自卑存在。研究者认为患有心理疾病的个体知道来自社会或他人对待心理疾病的刻板印象会给他们带来消极影响，但是仍会将这种偏见指向自己，产生污名体验。心理疾病污名主要来自两方面：一是对心理或精神疾病不了解的社会公众，二是对心理疾病仍存在刻板印象的心理健康专业人员。

库蒂尔（Couture）和佩恩（Penn）提出了减少污名的 3 个有效办法：教育人们减少对心理疾病污名的刻板印象；提供有关心理疾病的事实数据，提高大家的理解和认识；真正接触患有心理疾病的人，消除原有的无事实根据的刻板印象。对疾病比较敏感的大众该如何对待心理疾病患者，减少污名？首先，让大众了解对污名消极的刻板印象是毫无事实根据的、不合理的；其次，提供直接接触心理疾病患者的机会，让大众真正了解他们的内心情感和体验；最后，提高社会媒介的意识，社会媒介应该对心理或精神疾病的污名的刻板印象进行批判性的思考，充当减少社会公众对心理或精神疾病污名的化解的促进者。

5. 自我觉察与元认知

自我觉察（self-awareness）代表个人将注意力转移到自己身上，以自我作为认知对象。自我觉察强调以自我作为意识对象、将注意力集中在自身时的状态。自我觉察可以分为公众自我觉察和私人自我觉察。公众自我觉察代表关注自己呈现在他人面前的形象，反映了一种自我监控（self-monitoring）。私人自我觉察则代表关注自身的内在想法，反映了对内部状态的观察以及对内部经验的接纳和自我反思，其中蕴含着留意、观察、接纳与正念（mindfulness）的概念。对动物自我觉察的研究最早始于盖洛普(Gallup)对黑猩猩的实验，结果证实了黑猩猩具有自我觉察能力。早期对动物的研究结合了镜子和标记测验的方式测量其镜像自我觉察，后来发展出了录像法、脑认知方法等新范式。

自我觉察是一个有意识运用心理参照物进行比较的过程。在这一过程中，人很容易受暗示，从而出现心理偏差。

美国心理学家弗拉维尔(Flavell)于1971年最初提出了"元认知"的概念，他认为元认知是对自己的认知过程进行觉察、评价和调控的过程，是对认知的认知。元认知监控是对认知的监督和调控。元认知体验不仅有认知上的体验，还有情感上的体验。元认知干预技术包含了潜意识条件性反应、肌肉渐进式放松训练。

无认知的调节策略是指在认知过程中，根据认知目标及时检测认知过程、及时调整策略或修正目标。

6. 自爱、自恋和自私

《人类的破坏性剖析》一书认为，自恋其实是自私的表现，自恋的个体只关注自我及与自我相关的利益，它与自爱是有区别的。弗洛姆(Fromm)在《自为的人》一书中提出自爱是"人对自己的生命、幸福、成长、自由的肯定根植于他的爱的能力之中，即根植于关心、尊重、责任和知识之中"。他认为自爱是道德的。自爱肯定了人的潜能，使人获得解放与发展。自爱是爱他人的基础，只有爱自己的人才能真正爱他人。自爱是无条件自我接纳、自尊和自我实现各品质的整合。有关自爱的研究表明，高校学生均特别重视对个体形象的关注，注重本身的名誉，明白维护本身的正当权益，可是对本身的缺点的接纳水平一般。在爱护自己的身体健康、生命安全问题上差别相对偏小，但在对本身的缺点的接纳水平上却有较大的个人差别，高校女生自我维护程度明显高于男生。

自恋表现为个体特有的权威倾向和领导意愿，遭遇他人违背意愿时易怒，欠缺站在他人立场思考问题的能力，竭尽全力维护自尊。自恋在情绪感受上的核心是愤怒；自恋在人际互动中的核心是利己，表现为借助利用和剥削式的方法，通常认为自己有资格从他人处获取更多；自恋在团体合作中的核心是独立性与依赖性的矛盾，自恋者为维护良好的外部形象而表现为对团队的认可和服从，同时需要团队将更多关注投向自身。

自私定义为一种只顾个人利益而不顾他人和社会的利益，违反公平规范、损害他人利益的行为。如果个体只以自我利益为中心，就是自私。研究表明，当个体行为违背了内化的公平规范时，便会产生抑制这些行为的社会性情绪，如难堪、内疚、羞愧等。个体会因为自私的行为而体验到这些情绪，可能做出补偿行为；此外，人们在碰到他人违反公平规范的时候，则会体验到攻击性情绪，如愤怒。一方面，个体会调控自己的行为，以防止或者减轻因自己的自私行为而带来的消极情绪体验；另一方面，当个体处于被他人自私对待的情境中时，这些社会性情绪也会被激活，进而使个体做出一些行为去惩罚自私者。因此，社会性情绪对遵守社会规范和抑制自私行为有非常关键的作用。

7. 自我客体化

人类文明从母系氏族社会进入男权社会之后，把女性的身体视为物品的境地一直存在于不同的文明之中，中国古代男性迷恋小脚使得这种畸形的审美压迫中国女性很多年，中世纪的欧洲流行束腰对女性的身体健康产生了极大的危害。直到 20 世纪初期，女性摆脱了传统角色逐渐走上了工作岗位，女权主义运动的兴起，人们才开始意识到女性自古以来所经历的种种不公正待遇。

根据自我客体化理论模型，自我客体化是女性出现很多不健康行为(如进食障碍、抑郁水平、性功能障碍和物质滥用等)的重要预测因素。自我客体化程度高会使女性有更高的进食障碍风险，更愿意通过慢性节食、暴食—引吐来达到体重控制的目的，更多无规律饮食，更多的运动倾向和更低身体满意水平；更高通过外科手术改变自己身体外貌的意愿，更高的对身体安全的担忧，更高的物质滥用风险，更高的抑郁水平，更低的主观幸福感，并可导致性功能紊乱。另有研究显示，女大学生总体在求瘦倾向、贪食、不满体形上面呈现较健康化的现状，但存在极少数女大学生处于高临床风险的情况。女大学生进食障碍患病高危风险率为 17.55%。女大学生自我客体化、自尊在家庭来源上呈显著差异；女大学生的外表焦虑和贪食倾向在年级上呈显著差异；女大学生自我客体化、外表焦虑、体型不满、贪食、进食障碍倾向在专业上呈显著差异；女大学生进食障碍倾向及其分量表(体型不满、贪食、求瘦倾向)在体重指数(bady mass index，BMI)上具有显著差异。自我客体化与外表焦虑、进食障碍呈显著正相关。

8. 低自尊

自尊是个体通过态度、语言和行为来表达的，对自己的能力、价值和意义的主观评价。自尊反映了个体人际关系的好坏，是个体对自己同社会以及重要他人之间关系的主观判断。当个体感知到父母对自己进行心理控制以及感受到父母缺乏亲和感的时候，其自信心会被削弱，自尊也会遭到破坏，个体的心理困扰的表现会加重。个体的自尊水平与个人幸福感有明显的相关性，高自尊水平的个体通常能够更乐观地面对生活，拥有更高的生活满意度，并且会有低水平的沮丧感、无价值感及敌意等负面情绪。现有研究成果表明，个体的自我肯定可以通过自尊这一中介变量对个体的自我评价产生影响。个体感受到低自尊时，会倾向于不再向往事件的积极走向，个体处理事件的方法也会倾向于消极。多数个体都会为维护自尊做出相应的努力，但是当个体怀疑自己无法胜任某件事的时候，个体为了保护自己的自尊而出现"自我妨碍"行为，也就是消极应对或者做出破坏自己努力的行为。如此一来，当事件无法完成时，个体就可以把失败的原因归咎于自己不努力，而不是自己的能力有限，这就给个体保护自尊提供了合理性。

9. 自我不和谐

罗杰斯(Rogers)提出的自我和谐是指一个人自我观念中没有冲突的心理现象，也就是自我内部的协调一致以及自我和经验之间的协调。他认为自我和经验的一致性是心理健康的重要标志。所谓自我和经验的一致性是指每个人对自我的看法与他的实际表现是一致的、和谐的。每个人对自我的看法还包括对理想自我和实际自我的认识以及如何最大限度地实现自己的潜力，这是人性的最基本特性。所以，按照他的观点，自我和谐又可理解为实际自我、理想自我和社会自我三者的一致或接近。罗杰斯认为每个个体生活的经验世界包含对能力和情感的自我评价、自我一致性和无助感等，它所产生的症状更多的反应为对经验的不合理期望，也就是当个体在社会生活中，迫于他人或社会价值条件而拒绝对自己经验的评价，而优先迎合他人的评价，也就产生了自我不协调状态，个体的自我就会因适应不良而面临自我不和谐的危险。为了维持自我和经验的和谐统一，个体就会采取各种各样的防御反应，这样就为心理障碍的产生提供了可能。

按照罗杰斯的说法，自我不和谐情况总的说来有两种：一是在理想自我与现实自我二者不一致时；二是在有条件积极关注下评价性经验与自己的直接性经验不一致时。为了个体能够和谐，罗杰斯认为理想情况是对成长中的个体尽量提供无条件的积极关注，使他在自然的情境中，形成自我和谐的观念，从而奠定其自我实现的人格基础。概括起来说，自我和谐实际上就是指个体为适应客观世界而进行自我调节，它的完成和构建就是不同因素之间的和谐统合。

自我和谐量表测试结果显示，自我与经验的不和谐得分最高，自我刻板性得分最低，整体而言，自我灵活性属于中等程度，其离散程度最大。大约有三分之一的学生对自己的经验有不合理期望。极少有人对自己有较深的反省，绝大多数学生的情绪与行为是不协调的，极少数师范生有不良的个性内心冲突。在总体的和谐水平上，男女生在自我和谐水平上存在显著差异，这可能因男生比女生对环境的变化敏感性较高，而灵活性和适应性较差所致。自我和谐各维度的性别差异结果显示：男生自我与经验的不和谐、自我刻板性显著高于女生，女生的自我和谐程度显著高于男生。

不同年级的大学生在自我和谐水平上存在显著差异，通过进一步的方差分析发现，大学一年级师范生的自我和谐水平显著低于二年级、三年级师范生，二年级和三年级师范生之间没有显著差异。

■ 练一练

根据前面所学内容，结合你自己的特点和现状，先按照表格将自己的特点以关键字的方式进行罗列，然后和同学分析讨论自己的自我意识图谱。(表 2-1)

表 2-1　自我意识图谱

类别		认识途径			自我差异		如何改变
		自我角度	他人角度	客观(事件、经历等)	现实中具有的	理想中具有的	谈论应对方法
生理自我	外貌						
	体质						
	生理周期						
	其他						
心理自我	性格						
	能力						
	自我特点						
	其他( )						
社会自我	喜好						
	人际关系						
	社会形象						
	其他( )						

活动一：自画像

1. 目的

强化自我认识，促进自我觉悟。

2. 时间

50~60 分钟。

3. 工具

1 张图画纸、2 盒彩笔或油画棒。

4. 操作步骤

第一步，画自画像。指导者给每个成员发 1 张图画纸，几个人合用 2 盒彩笔，然后请每个成员画 1 张自画像。可以有标题，也可以无标题。可以用任何形式来画自己，抽象的、形象的、写实的、卡通的均可。总之，把自己心目中最能体现自己的东西画出来。第二步，开"画展"。画完之后把作品挂在墙上开"画展"，让小组成员自由观看他人的画，不做评论。第三步，小组分享。欣赏完毕，请每个成员对他自己的画进行解释并现场答疑。说明：采用画自画像这种体验性的方法，参与者用非语言的方法将内心投射出来，可以发现隐藏在意识层面的自我，这是一种独特的自我探索、自我展示、自我分析的方法。小组成员之间的交流，既可以促进他们深化自我认识，也可以使他们加深对他人的认识和理解。

活动二：我是谁？

我是谁？这是一个充满了思辨和叩问的永恒话题。"人贵有自知之明"中的"贵"字，不但指宝贵，而且还指稀少，即在眼前最难见，人短于自知。

这个活动就是针对你如何看待自己而设计的。

请先拿出一张白纸，把纸纵向地折叠成五部分，形成竖向的四个折痕。在纸最左侧那一列，从上至下，写出下列各项：身高、体重、相貌、性别、性格、人际关系、爱好……这些栏目可能不那么合乎逻辑，也不够全面，你可以自己写出你想补充的。左侧写满之后，请在白纸的上方从第二列开始，从左至右写上：真实的我、理想的我、别人眼中的我。填完后，你会惊讶地发现，原来我们每个人在对自己的评价和自己的理想之间，竟有那么大的差距。95%的人都嫌自己个子不够高，太胖或太瘦，相貌不够漂亮，出身不够富贵。

请完成下列句子：

假如我是一个动物，我希望我是_____，因为_____；

假如我是一种花，我希望我是_____，因为_____；

假如我是一棵树，我希望我是_____，因为_____；

假如我是一种食物，我希望我是_____，因为_____；

假如我是一种交通工具，我希望我是_____，因为_____；

假如我是一档电视节目，我希望我是_____，因为_____；

假如我是一部电影，我希望我是_____，因为_____；

假如我是一种乐器，我希望我是_____，因为_____；

假如我是一种颜色，我希望我是_____，因为_____。

活动三：做自己的诗人

完成后写一首小诗"我是_____的"。

我是_____（我具有的品格）的，

我好奇_____（我所好奇的事情），

我听见_____（一种想象的声音），

我看见_____（一种想象的景象），

我愿_____（一个现在的愿望），

我是_____（重复本诗的第一行），

我假设_____（我想假设的事情），

我感到_____（一种想象的感觉），

我触到_____（一种想象的触觉），

我担心_____（令你烦心的事情），

我哭泣＿＿＿＿＿＿＿（令你悲伤的事情），

我是＿＿＿＿＿＿（重复本诗的第一行），

我明白＿＿＿＿＿＿（我认定为真的事情），

我说＿＿＿＿＿＿（我相信的事情），

我梦想＿＿＿＿＿＿（我梦想的事情），

我试图＿＿＿＿＿＿（我真正想努力去做的事情），

我希望＿＿＿＿＿＿（真正希望去做的事情），

我是＿＿＿＿＿＿（重复本诗的第一行），

············

第二节　自我意识与心理健康

■ 成长案例

　　小敏从小生活在一个优渥的家庭中，父母各方面安排得非常好，父母总是对她说"不听老人言，吃亏在眼前""这一切都是为你好""你其他的事都不用做，只需要搞好学习就可以啦"。从小报兴趣班、小升初选择学校、高考志愿填报，都是父母来决定……小敏曾经尝试过向父母提出自己的想法，可没有一次被采纳，父母总是否定她，常说"你还小，什么都不懂""你这样不行"。经常在这种挫败中，小敏慢慢习惯，放弃选择乃至认同了父母的安排。直到来到大学，她突然发现大学生活与高中有很大的不同，没有家长在身边督促，没有老师督促自己学习，甚至没有固定的同桌……最让小敏感到苦恼的是，大学生生活中自己安排的时间很多，有很多选择都要自己做，父母对这些也不是很熟悉，根本帮不上什么忙。小敏努力尝试去计划自己的生活，可是总觉得自己什么都做不好，感觉自己一无是处。她甚至不知道自己为什么忙碌，为什么努力，生活的意义是什么。

　　在本案例中，小敏因为父母间接剥夺了她很多自我成长的机会，缺少包容性的空间去发展自主选择、试错的能力。同时，小敏观点表达、情感表达的途径受阻，很多情绪只能压抑在内心中。父母经常的否定，导致小敏自我价值感较低，无意义感比较明显，总体上呈现出低自我意识、低自我概念、低自我评价和低自尊的状态，影响着小敏的心理健康。

一、自我意识对身心健康的重要性

(一)自我意识是心理健康的重要标志

无论是东方还是西方的心理学家，在界定心理健康的标准时，都不约而同地将良好的自我认知作为心理健康重要的指标。例如，心理学家马斯洛（Maslow）和密特尔曼（Mittelman）就把有充分的自我安全感、能充分了解自己和恰当估计自己的能力作为两条重要的心理健康标准；奥尔波特（Allport）认为健全人格应具备的特点包括扩展的自我、自我接纳与安全感；完好的自我意识是心理健康的重要标志。只有客观、准确地认识和了解自我，并对自己的经验持一种接受和开放的态度，才有可能充分发掘自己的潜能，实现个人成长；反之，则会影响到身心健康和个人发展。

(二)影响心理健康的客观因素是通过个体的自我意识而起作用的

影响心理健康的因素可以说是多种多样、非常复杂的。既有生物因素、家庭环境及教养方式、人际关系以及社会区域文化等客观因素的影响，也有气质、性格、情绪等主观因素的影响；既有压力和挫折事件等直接因素的影响，也有对直接因素的不同认知风格和体验的间接因素的影响。身处相同的环境，面对同样的压力和挫折，不同的人有着不同的心理感受。这主要是因为影响人的心理健康的客观因素是通过个体的自我意识这一人格调控系统的核心而起作用的。自我意识越成熟、越完善的人，其自我认知、自我体验和自我监控越能够协调一致地工作。他们对生活中的负性事件的认知比较客观，情绪体验较适度，并能积极地调解和控制。他们表现出较强的心理承受能力和自我调节能力，因此他们能够经常维持心理健康。而自我意识不成熟或自我意识本身就有障碍的人，由于无法正确地认识自己，也就无法客观地分析、评价生活中的负性事件，要么产生歪曲的认知，要么情绪反应过激，要么缺乏行动的动机，因而他们的心理素质较差，心理健康水平也较低。

二、自我意识与心理健康的关系

不良的自我意识会导致心理疾病。在实际生活中我们可以看到，有些人因为错误的自我概念而产生各种各样的心理问题，如自卑、自责等，严重的还会发展成为恐惧症、抑郁症等心理疾病。

(一)自我意识通过物理环境影响心理健康

社会环境和自然环境是影响心理健康的重要因素。自然环境包括温度、声音、色彩、空气质量等。社会环境主要包括社会变迁、社会经济状况、社会保障体系、就业压力、人际关系、社会是否和谐等。这些环境刺激对个体心理活动及行为模式产生着重要作用，进而影响着个体的心理健康。①高温与心理健康。生理学家发现，室内温度过高时，会影响人的体温调节功能，从而促使个体血管舒张、脉搏加快、心率加速。温度也与个体的心理健康状况密切相关。研究发现，温度较高时人们更易感到不舒服且容易发怒，对他人也会做出不友好的评价。当处于既热又拥挤的情况下时更是如此。当与他人分享同样的环境遭遇时，高温不会降低人际吸引。②噪声与心理健康。超过60分贝的声音被称为噪声，如火车、飞机、重型机器等发出的声音。在噪声环境下，个体容易头痛、恶心、发怒、焦虑、烦躁、神经衰弱等，甚至会感到控制感减弱，产生无助感。通过测量人际距离发现，当噪声的强度为80分贝时，人们彼此感到舒服的距离会增加。也就是说，噪声使人们要求有更大的个人空间，从而降低了人际吸引。③色彩与心理健康。蓝色和绿色是大自然最常见的颜色，也是自然赋予人类的最佳心理镇静剂。处于蓝色和绿色的环境中，可使皮肤温度下降 1℃～2℃，脉搏跳动减少4～8次，还可降低血压，减轻心脏负担。这类颜色能缓和心理压力，缓解紧张，使人安静，从而更冷静地对待现实。有研究者提出，粉红色具有息怒、放松及镇定的功效。也有研究发现，粉红色对个体身心有不利影响。长期生活在粉红色环境里会导致视力下降，听力减退，脉搏加快。医学方面的资料显示，病人房间的淡蓝色可使高烧病人情绪稳定，紫色使孕妇镇定，赭色则能帮助低血压患者升高血压。荷兰和丹麦的研究人员发现，当人们服用红色或橘黄色等暖色调药片时疗效较好。而将同样的药物制成蓝色或绿色药片时，疗效则减弱。④光照与心理健康。光照通常比光线暗（无光）使人愉悦，从而使人更愿意做出利他行为。人类是昼行动物，光照提高唤醒水平。阳光有助于减少瞌睡和抑郁感。如果秋冬日照时间缩短，一些人会表现出瞌睡、疲劳、嗜食碳水化合物、体重增加、情绪不高等情况。罗森塔尔（Rosenthal）称这种人为光饥饿者（lighthungry）。出现这种问题的女性多于男性，在北欧或靠近极地地区，极夜出现的几个月里，人们情绪易低落，他们出现的症状与上面叙述的类似。由于这些问题与季节有关，所以，也称它们为季节性情感障碍（seasonal affective disorder）。由于认为季节性情感障碍是光照不足造成的，所以有学者就提出，如果对人进行有效的光照补偿，应该能减轻甚至消除上述症状。⑤拥挤与心理健康。弗里德曼（Freedman）等人发现，在高密度空间，男性体验到的消极情感比女性更强。因为，一般来说男性比女性需要更大的个人空间；女性在社会交往中有更高的合群动机，所以在近距离内有更大的亲和力，而男性的竞争动机更强，所以和他人距离过近时会有威胁感。有研究表明，在高密度环境下，女性的合作性比男性高。也就是说，高密度对个人的情感会产生消极影响，但是，对男性的影响大于对女性的影响。弗里德曼进一步研究发现，如果个体先前已经有一定的情绪，那么，这个情绪无论是积极情绪还是消极情绪，都会被拥挤的环境所加强。例如，一大堆人在运动场上欢呼，会显得兴致很高，会强化个人的兴奋情绪。

(二)自我意识通过社会关系影响心理健康

社会关系里既包含社会属性赋予的,也包含社会人与人之间形成的人际关系。这些本质上都可以是自我意识的内容和对象,通过不同的形式影响着心理健康。①人际关系。寝室、班级人际关系复杂,感觉被孤立。自我意识较强,突然进入错综复杂的大学环境里,往往因人际关系没有调适好而出现心理健康问题。②家庭关系。家庭关系是社会关系的重要内容。人们通过家庭以及在家庭中的演练逐渐了解和适应各种社会关系。家庭被看作一个相互依赖的关系系统,每个家庭成员在其中都扮演着一个特定的角色。家庭的各种因素都会直接或间接影响子女社会化的进程。家庭环境包括家庭教养方式、家庭结构和家庭关系等,它们都在潜移默化地影响着个体人格的形成,会对个体的心理健康产生重要的影响。结构完整的家庭结构能促进个体心理的健康发展。在这样的家庭里,气氛融洽,家庭所扮演的各个角色恰如其分,父母互敬互爱,有足够的精力照顾子女和老人,能够使子女在健康的环境下成长。家庭功能缺损(如流动、分居、离异、留守家庭)会对子女的成长带来不利影响,阻碍子女的社会化和其心理的健康发展。家庭成员之间,特别是夫妻关系不和谐,如经常争吵、打闹或者离婚等,往往会给孩子的心理发展带来危害,使孩子的情绪、情感受到伤害,容易形成敏感、多疑、自卑、抑郁、焦虑、敌意、偏执等消极心理。

(三)女性自我意识与心理健康

女性解放运动给女性走向更广阔的发展天地提供了机会,与此同时,女性无论是身体还是心理上都较以前承受着更大的压力。她们要面临如何平衡各种角色的问题、职业和家庭的抉择问题、职场中的压力问题及女性生理变化所出现的独特问题等。①女性多种角色的平衡。角色冲突是指个人不能同时满足对其有意义的多种角色期望而在履行不同角色时出现的矛盾心态。在现实生活中,一个女性可能既是职场的工作人员,又是妻子、妈妈、儿媳或女儿,这些不同的角色对女性提出了不同的要求。如果她们不能同时承担起这些角色,就会出现角色冲突,甚至自我否定,因此女性需要学会找到角色间的平衡。②生育问题与女性心理健康。女性在恋爱或婚姻中怀孕、流产、产后抑郁等,这些对于女性的身心适应产生重要影响。怀孕对于绝大多数夫妻来说都是一件非常幸福的事情,因为这意味着他们即将拥有自己爱情的结晶。然而,计划外怀孕可能会给女性带来很多困扰,甚至心理不适。加上怀孕早期呕吐、孕期体形改变、社会交往减少、对胎儿发育是否正常的担忧、体内神经内分泌系统的明显变化和随着胎儿的长大给孕妇带来的行动不便,均会使孕妇变得易烦躁、爱发脾气,甚至经常迁怒于家人。一些孕妇甚至表现出怀疑和恐惧心理,或者因家庭的过分重视而产生极大的身心压力。对于流产,无论是自然流产还是人工流产对女性心理健康都有一定的影响。产后抑郁是指女性在生完孩子之后,由生理和心理因素造成的抑郁状态。有些女性因为对分娩的恐惧、产后的伤口或刀口愈合情况、产妇并发症等问题的过分关注，或者产后身体恢复欠佳、哺乳劳累、住房拥挤、婆媳关系紧张、丈夫不关心产妇、无母亲或姐妹支持，加上内分泌激素水平突然下降等因素，产后心理状态更趋于不稳定，容易出现短暂的或长期的产后抑郁症。

(四)自我意识通过心理特质影响心理健康

1. 自我图式与心理健康

泰勒(Taylor)和克罗克(Crocker)认为图式既是一种认知结构，又是一种组织信息的方式。马库斯(Marcus)把自我图式看作"有关自我的认知类化，它源于过去的经验，组织并指导在个人社会经验中有关自我信息的处理"。自我图式是自我认知和自我评价的基础。许又新提出衡量人的心理健康水平的标准如下：体验标准，主要包括良好的心情和恰当的自我评价；操作标准，主要包括个人心理活动的效率和个人的社会效率；发展标准，指有向较高水平发展的可能性，并使可能性变成现实。消极自我图式又被称为负性自我图式，或者适应不良图式(maladaptive schemas)，是指个体受到鱼忤生活事件的影响触发了早年儿童时期的经验，导致对当前信息的加工趋于与先验信念相一致。研究者认为，消极自我图式是很多消极发展结果的潜在易感因子，这些消极发展结果包括抑郁、焦虑、创伤后应激障碍(post traumatic stress disorder，PTSD)等。例如，消极自我图式里的消极核心信念主要有两种，分别为自己没人爱的信念和与无助、无能主题相关的信念，如"我不是好人""我肯定被拒绝""我是个失败者"。当消极自我图式被激活，个体会在环境中增加信息来支持已有的消极自我观念(negative self-view)，进而影响着个体的信息加工模式。因此，关注和发展积极心理图式是一种维护心理健康的新思路和视角。

2. 自我概念与心理健康

埃里克森(Erikson)提出了自我同一性的概念，他认为自我概念的同一感是个体健康人格和道德品质的基础，形成自我同一感是终生的任务。本科新生自我概念与心理健康之间存在显著相关。具体表现为自我概念量表中的生理自我、道德自我、心理自我、家庭自我、社会自我、自我认同、自我满意、自我行动维度的得分与 SCL-90 症状自评量表各因子平均得分均存在显著相关($p < 0.01$)，且相关系数均为负数，这说明自我概念量表中的这 8 个维度得分越高，SCL-90 症状自评量表项目平均得分越低，即被试的心理健康水平越高。自我概念量表中的自我批评维度得分与 SCL-90 症状自评量表项目平均得分存在显著正相关($0 < p < 0.05$)，这表明本科新生自我批评越多，SCL-90 症状自评量表项目平均得分越高，即心理健康水平越低。自我行动、自我满意、生理自我、心理自我和道德自我五个维度能够较准确地预测本科新生的心理健康水平。

埃里克森认为，人格的发展经历了一系列顺序不变的阶段，每一个阶段都有一个由生物学的成熟与社会文化环境、社会期望之间的冲突和矛盾所决定的发展危机。如果个体能够成功而又合理地解决每个阶段的危机或冲突，就会形成积极的人格特征(见表 2-2)。

表 2-2　埃里克森的人格发展八阶段理论

阶段	危机	年龄	品质	
			积极解决危机	解决危机失败
1	基本的信任对不信任	0～1 岁	身体舒适和有安全感	恐惧、没有安全感和信任感
2	自主对羞愧和怀疑	1～3 岁	依从和自主的能力	羞愧、怀疑自己
3	自动性对内疚	3～6 岁	创造性地解决新的任务	内疚、无价值感
4	勤奋对自卑	6～12 岁	勤奋、掌握各种技能	自卑、无能感
5	同一性对角色混乱	12～18 岁	成为"自己"的能力	角色混乱、不确定感
6	亲密对孤独	18～25 岁	交往和爱的能力	孤独、自我专注
7	繁殖对停滞	25～60 岁	关心下一代、有成就感	停滞、贫乏
8	自我整合对失望	60 岁以后	完成人的一生感觉	失望、无意义感

3. 自我存在与心理健康

存在主义哲学家萨特(Sartre)认为，我们要拥有某件东西的唯一原因是扩大我们的自我感知，我们能够知道我们是谁的唯一途径就是通过观察我们所拥有的。换句话说，拥有和存在是不同的，但不可分割。在一件物品成为一个财产的时候，我们曾经有的自我和非我合成一体，拥有和存在就融合了。确实，这一点在汽车文化中表现得尤为明显：对许多人来说，汽车是延伸自我和理想自我的一部分。人们都试图有一辆能彰显自己身份和个性的车，然后小心翼翼地保养它，赋予它特别的装饰，甚至像对待家庭成员一样给它取个名字；当车子损坏时，车主的反应就像是他们自己的身体受到了伤害。每个人开车时的风格也常常很能表现出他真正的自我——一个在办公室里温文懦弱的人，开车时也许狂暴好胜，那就是他受压抑的自我。现代自我概念的创始人威廉·詹姆斯(William James)曾说："一个人的自我是他能够称作他的所有的关系的总和，这不仅包括他的身体和心智能力，还包括他的衣物和房子、他的妻子和孩子、他的祖先和朋友、他的声誉和作品、他的徒弟，以及他的游艇和银行账户。所有这些东西给他带来同样的情感。如果这些东西增加、繁荣，他就有胜利的感觉；如果它们缩减、消失，他就一蹶不振。对每个东西的感觉程度不一定一样，但对所有这些东西感觉的方式大体是一致的。"从某种程度上说，这就是为什么"购物狂"这种类型只有现代社会才会出现：因为只有在这个时代，自我才膨胀到了无法抑制的程度，而人们总是希望通过不断地占有和增加物质来获得那种满足感。浮士德式心灵的空虚感是这个时代的精神写照。

4. 自我形象与心理健康

自我形象不仅影响人的心理健康，而且影响人的成就水平。正如马斯洛所指出的那样，一个有稳固基础的自我形象是迈向自我实现的先决条件。具有良好的自我形象的人才能够有勇气和信心去面对一切，不畏困难，实现自己的奋斗目标。反之，对自己信心不足的人即使本身具有极高的素质也会畏缩不前，瞻前顾后，错失大好的机会，最后与成功擦肩而过。

■ 小贴士

自我意识常识

1. 大学生处于自我意识发展和成熟的重要阶段，逐步由对外界的好奇转向对内在自我的探索、对人生的思考、对亲密关系的渴望，这些都是正常的。

2. 大部分的心理健康问题都可以在自我意识中找到对应，或者可以理解成心理健康的状态是自我意识发展的一种结果。一般来说，自我意识发展良好，会有不错的心理健康状态，反之会影响心理健康。

3. 在自我意识形成的途径中，内心经验非常重要，并且会储存在心理图式结构中，逐步形成个体的信念。之后的思维和行为会按照这个信念运行，或者为了维护这个信念而出现一些不合理的认知和行为。因此，大学生可以尝试多增加积极的内心经验。

■ 练一练

根据你的成长经历和经验尝试做简单的自我分析。

表 2-3　自我分析

成长背景	存储结构(原始经验)	内心体验	自我意识	心理发展结果(自我经验)		消极作用	新经验
事件	心理图式内容和性质	自我评价	自我概念	信念	行为	现实影响	应对办法
例：妈妈经常说自己长得不好看	☑消极：妈妈不喜欢自己　☐积极：＿＿＿＿	自己不好	自己是不可爱的	大家都不喜欢我	不敢在别人面前表现自己	自卑	从自己擅长的事情里增加积极经验

活动一：认识你自己（单次活动方案）

1. 活动目的

熟悉各种绘画材料，学习用绘画来表达内心的感受，触碰内心，表达真实自我。

2. 工具

水彩笔、油画棒、铅笔、A4 纸。

3. 实施步骤

以小组为单位，各个成员在 A4 纸上根据自己当下的情绪进行主题创作，也可以在纸上根据自己的心情随意涂抹，不必拘泥于形式。创作完成后各个成员轮流分享自己的作品，其他成员表达自己的感受，并给出回馈。

4. 活动方案

表 2-4　画出你自己

单元	活动名称	活动目标	活动流程
单元一	相逢是首歌	1. 让团体成员之间初步认识。 2. 阐明团体契约。 3. 建立团体规范。 4. 建立团队凝聚力和信任感。	1. 暖身活动"名字的故事"。 2. 三个形容词。 3. 介绍和商定团体契约。 4. 填写许愿卡。 5. 画情绪。
	和你在一起	1. 让团体成员之间进一步认识，形成团体意识，增强信任感，这有利于活动过程中的分享。 2. 引导团体成员认识和接纳自我。	1. 暖身活动：相互介绍，促进成员之间相互了解。 2. 绘画：自画像"心中的我"。 3. 领导者带领成员分享绘画作品。
单元二	情绪遥控器	1. 让成员宣泄不良情绪，表达内心痛苦和无奈的感受。 2. 了解并修改自己应对不良情绪的模式。 3. 引导成员认识和接纳自我。 4. 促进成员自我觉察，发掘自身力量、促进自我成长。 5. 通过成员之间的分享，互相支持，共同成长。	1. 暖身活动"绘画接龙"。 2. 绘画"我的烦恼"。 3. 分享"我的烦恼"。
	美丽心情		1. 暖身活动"成长三部曲"。 2. 绘画"我的 T 恤衫"。 3. 分享"我的 T 恤衫"。
单元三	我在你心中的样子	1. 进一步探索自我、认识自我。 2. 学习欣赏自己和爱自己。 3. 接受自我，容忍他人，获得自尊、自信。 4. 规划理想自我。	1. 分享"他人眼中的我"。 2. 对比"心中的我"和"他人眼中的我"。
	理想中的我		1. 回顾上次的作业。 2. 绘画"理想中的我"。 3. 分享"理想中的我"。

单元	活动名称	活动目标	活动流程
单元四	生命线	1. 引导成员对自己的人生进行评估，了解自己的人生观。 2. 思考将来，探索自己的人生期望。	1. 绘制整条生命线。 2. 分享过去的具体经验和感受，在领导者的引导下相互支持。 3. 成员思考和分享今后要做的重要事件并谈感受。
	展望美好未来	1. 整理团体经验。 2. 展望未来。 3. 结束团体活动。	1. 发放许愿卡。 2. 分享在团体活动中的感受。 3. 互赠祝福及留念。

活动二：完善自我意识（长程、多次团体活动方案）

表2-5　小组工作的自我意识提升活动

次序	活动名称	活动目标	活动内容	时间
第一次	相聚是缘	建立初步的信任关系和营造团队的安全氛围；整合课程目标和学生期望。	1. 热身活动"你说我，我说你"。 2. 澄清期望和目标，订立小组契约。 3. 你一言我一语。	45分钟
第二次	我眼中的我	认识自己、接纳自己，了解自己的不足，有勇气面对成长和困惑中的问题，并且积极改进。	1. 热身活动"抬轿子"。 2. 我是什么动物（我是谁）？ 3. 生命河（我如何成为今天的我）。 4. 我喜欢/讨厌我自己的地方（重新认识自我）。 5. 你一言我一语。	60分钟
第三次	他人眼中的我	协助小组成员从多角度了解他人对自己的评价。	1. 热身活动"以讹传讹"。 2. 他人眼中的我。 3. 优点轰炸。 4. 整合"我眼中的我"和"他人眼中的我"。 5. 你一言我一语。	60分钟
第四次	理想中的我	通过活动，小组成员对"理想中的我"有更现实的把握；促进学生将我眼中的我、他人眼中的我、理想中的我更好地整合。	1. 热身活动"人体波浪"。 2. 水晶球（我理想中的我）。 3. 天马行空（别人理想中的我）。 4. 整合"我理想中的我"和"他人理想中的我"。 5. 你一言我一语。	60分钟

次序	活动名称	活动目标	活动内容	时间
第五次	走向理想中的我	回顾之前的小组活动,增强自我统合,深化理想中的我;帮助学生对自己现在的生活做具体的、客观的、系统的分析与检查。	1. 热身活动"趣味皮球"。 2. 增强自我统合(回顾之前的活动)。 3. 生活时钟(分析现实和理想的差距)。 4. 制订行动计划。 5. 你一言我一语。	60分钟
第六次	不断成长的我——我的社会支持系统	让小组成员认识到这些社会支持系统的重要性,让学生在遇到困难时能有效地利用自己的社会支持系统。	1. 热身活动"人结绳"。 2. 介绍社会支持系统图。 3. 构建自己的社会支持系统。 4. 当危机来临时,向谁求助。 5. 我可以为别人提供什么帮助。 6. 你一言我一语。	60分钟
第七次	不断成长的我——消除焦虑	了解焦虑产生时的身体反应和心理反应;学习自我镇静和放松的技术,以便应对焦虑、消除紧张。	1. 热身活动"兔子舞"。 2. 小小侦探(探讨焦虑时的生理及心理反应)。 3. 头脑风暴(探讨消除焦虑的方法)。 4. 放松练习。 5. 你一言我一语。	60分钟
第八次	小组活动结束和评估	回顾小组成长历程;处理离别情绪,使学生能够勇敢面对未来;总结和评估活动过程以及效果。	1. 为你祝福。 2. 共同走过。 3. 小组活动评估。	45分钟

(参见梁燕:《小组工作对提升中学生自我意识的应用研究》,硕士学位论文,福州大学,2014。)

第三节　提升自我认知的途径

■ 成长案例

明烜成长在一个单亲家庭中,从小与母亲相依为命。母亲对她很好,为了抚养她,工作也十分辛苦,早出晚归,也因此对明烜的陪伴时间很少。明烜一方面非常心疼自己的母亲,希望能为她分担一些;另一方面又十分渴望能像其他同学那样,有父母陪自己逛街、旅行,哪怕回家的时候能和自己多说说话,可是一般情况下母亲下班回来的时候已经很晚了。明烜逐渐开始有些自责,感觉自己成了母亲的负担,有时候会想,如果没有自己的话，母亲是不是能重新组建个家庭，不至于这么辛苦。有时候还觉得就是因为自己不好，所以父母才会离婚，如果足够爱她的话，为什么他们不顾她的感受也要分开？逐渐地，明烜开始觉得自己是个多余的人，感觉什么都没有意义，看不到生活和学习的希望，更没有动力去行动。最近有个男生在追求她，但是她非常害怕，害怕自己以后会拥有与母亲一样的遭遇，觉得结婚这个事完全没有必要。虽然自己心里对这个男生也有好感，但是她还是非常坚决地拒绝，内心十分失落。

在以上的案例中，明烜因为自己的家庭环境，把父母的辛劳逐渐归责于自己，并且也认为这一切的发生是父母不爱自己导致的，最后逐步形成对亲密关系的拒绝。真相真是如此吗？明烜在哪些地方需要进行心理调适呢？下面的知识将有助于大家理解。

一、正确认识自己

正确认识自己是大学生自我意识发展的基础所在。但凡一个人对自己有客观、全面的评价，就能据此在任何情况下确立适合自己的理想状态并为之不断努力。大学生应正视自己，用积极的思维认识自己，转换视角，对遭遇的问题做出积极的解释，具体可以从以下几方面着手。①跟他人进行比较，从而更好地认识自己。每个人都是一个独立个体，但又必须在群体中生活。所以，在与他人的比较中，往往可以获得较为客观的自我认识。比如，人总是通过与自己条件差不多的人进行比较来客观评价自己。但是大学生作为中国未来发展的中流砥柱，还要见贤思齐。在与他人比较、向他人学习的时候，不要一味地盲从，应不偏不倚地看待他人，设立现实、合理的奋斗目标。②根据他人对自己的态度认识自己。如果一个人对自己的评价和他人对自己的评价有较大的相似性，说明这个人的自我认识已经比较客观、全面。但是，当下许多大学生虽然比较在意他人对自己的看法，但不能对他人的评价有一个正确的态度，时而飘飘然，时而又很自卑，这样对于正确认识自我起不到任何的积极作用。③积极参加各类活动，通过活动成果来客观地认识自己。在各类活动中，活动成果在一定程度上代表自身价值的成果。所以，良好的活动成果可以让大学生更加明确自身的优缺点所在，进一步开发自己的潜能，同时给予自己信心。大学生在活动中，对多种途径的信息进行综合、分析、比较，能够客观、全面地完善自己的评价。遇到任何问题都要用发展的眼光看待，个人的视野越开阔，运用的方法越合理，活动的效果就越好，对自己的评价也越到位。

二、自我鼓励和肯定

有效控制自己，是定向改变自己、完善自己的直接途径，控制自己的关键在于学会自我鼓励和肯定，可从以下两方面展开。①设定一个理想的自我目标。理想的自我目标，即需要通过定向改变达到的目标。在设定目标时，要根据实际情况，从自身的知识文化程度、处事能力水平、日常生活经验等角度出发，设定一个通过切实努力可以达到的目标。完成后要肯定自我，并把成功经验转化为自我效能感。②有意培养自己的意志力。每个人的人生中，都会有欲望的出现与干扰，还不时会有外部诱惑存在，很容易使人偏离轨道。大学生的意志力还没有完全成熟。他们可以通过各种具有挑战性的校园活动，如体育比赛、实践活动等，加强克服困难的毅力与水平，培养自己的意志力。

三、自我调整

首先，树立正确的认知观念。人不可能十全十美，每个人都有优缺点。一个人应该接纳自己并肯定自己的价值，既不自以为是，也不妄自菲薄，确立合理的评价参照体系和立足点。大学生应该选择合适的标准，更重要的是以自己为标准，按照已有的条件评定自己的价值，应该立足自己的长处，明了、接受并尽力改变自己的短处。其次，确立合理恰当的目标。在充分了解自己的基础上对自己有恰当的目标和要求，目标要符合自己的实际能力，不苛求自己，不被他人的要求左右。最后，接纳自己的不完美。人各有所长、所短，每个人都是独特的、与众不同的。接纳自己的不完美就应该学会欣赏自己的独特性，不断自我激励。

四、合理的归因

归因又被称为解释风格，是个体对发生在自己身上的事情的原因所做出的一种持续、一贯的解释方式。也就是，解释风格作为一种认知能力，是个体用自己习惯的方式来解释外在刺激事件发生的原因，而这种解释是稳定的或比较持续的。积极心理学之父塞利格曼（Seligman）把归因风格总结为三个维度，即持久性、普遍性和个性化，认为人格可以分为"乐观型解释风格"（optimismtic explanatory style，OES）和"悲观型解释风格"（pessimistic explanatory style，PES）两种。归因训练（attributional training）是指通过某些程序，帮助人们同时理解自己的归属，使人们掌握一定的归因技能，帮助他们形成更适当的解释风格的过程。归因训练有以下几种方法。①习得性无助训练模式：在对失败的归因上，用努力不够等可控原因代替能力不足等不可控原因；在对成功的归因上，用能力和努力等内部、稳定、整体的归因代替运气。据此摆脱习得性无助的状态，重新建立正确的自我认知。②自我效能感训练：可以通过将成功归因于除了运气或其他人的帮助之外的外部原因来增强自我效能感。因此，归因训练在自我效能模型中的主要目标是将个体的认知从"我不能"改变为"我可以"，即引导个人将成功归因于能力，将失败归因于努力。③韦纳的成就归因训练：让被训练者面对成功事件时做能力强的归因，面对失败事件时做努力不够的归因，进而强化其积极的行为模式。

五、增加内心经验

前面提到的自我图式作为外界信息处理的心理结构和组织方式，可以被比喻为一个容器。容器中装着个体过往的经历，经历通过心理体验成为心理经验，再经过思维抽象为信念。例如，常常遭遇家人的否定、情感上的忽视、他人的排挤，这些经历会积聚成为消极的内心经验，逐步形成"我是不被人喜欢的人"的信念。为了维护这个信念，个体也会做出更多与这个信念一致的行为来，最终把自己真正塑造成了这样的人。因此，大学生需要不断丰富自己的生活经历、多参加社团活动和加入社会组织等，增加直接的内心经验。同时，大学生还应多阅读，通过与不同的人交流来增加间接的内心经验，不断修正自己的认知偏差。

六、提升元认知能力

元认知是高阶思维，对认知的认知，是一种有效的自我监控。提高元认知能力有助于自我认识的提升。以下有几种改善元认知的策略。①学习大脑是如何加工信息以促进成长的。研究表明，大学生在发展过程中有一个固定的思维模式，他们常常反思如何有利于他们学习和成长。②练习识别不理解的事物。感到困惑和发现自己缺乏理解的行为是发展自我意识的重要组成部分。例如，在一门具有挑战性的课程结束时花时间问："在我们今天探索的材料中最令人困惑的是什么？"可以通过这种方式启动元认知。③重视反思的机会。学会识别自己的认知发展，培养高阶思维技能。例如，在学习心理健康这门课程之前，我认为抑郁症是由_____引起的。现在我明白它是_____的结果。自从学习这门课程以来，我对心理健康的看法发生了哪些变化？④使用个人学习日志。监控自己的想法的一种方法是使用个人学习日志。在将问题事件输出的时候，大脑自动对其进行了选择和监控。例如，"这件令人郁闷的事对我来说最大的挑战是什么？""下周我将尝试培养或改善什么生活习惯？"可以借助任何最适合自己的工具来创造性地表达，包括思维导图、博客、日记、列表、电子工具等。⑤促进反思性思维。反思是意识到我们的偏见的元认知过程——偏见阻碍了健康发展。可以尝试进行挑战社会偏见和道德困境的自我对话，学会"思考自己的想法"。挑战自己的偏见，灵活和适应性强的思考者就启动了元认知。

七、善于利用工具观察自我

(一)20 个我

"20 问法"(Twenty Statements Test)由"完成句子测验"(Completing Sentences Test)演变而来,也叫作"你是谁测验"(Who Are You Test)或"描述自我的测验"(Drawing Yourself Test),是一种开放式的问卷。在进行测验时,可以用以下语句作为指导语:"现在我将问你 20 次你是谁,请你把头脑中出现的答案一一写出来。例如,我叫某某,我的体重是 65 千克,我是一个诚实的人,等等。请不要有所顾虑,也不要多做考虑,想到什么就回答什么。"该测验没有特定的评分程序。对被试的回答可以从质和量上加以考察。从量上来看,被试如果能够写出 9 到 10 个答案,则大体上可以认为被试没有心理障碍。如果只能写出 7 个或者更少,说明被试可能过分压抑自己。从质上来看,可以从不同的方面来分析被试的回答。被试的回答大致可分为客观陈述式的回答(如我叫某某)、主观解释式的回答(如我很诚实)和中性的回答(难以归入上两类的回答)。如果被试的回答既有客观陈述又有主观解释,则可认为其自我观念是平衡的;如果只倾向于客观陈述或主观解释,则可能是不平衡的。倘若被试只说自己的优点,则说明被试可能过分悦纳自己或自负;如果被试只做负面的评价,则可能有自卑感。另外,如果在指导语中要求被试在理想自我、现实自我、身体自我、自制、自立等各方面做专门的回答,就可以分别研究自我意识各方面的特点。

(二)形容词检核表法

形容词检核表法最初是由高夫(Gough)和海伦(Heibrun)创造的。这种方法要求给被试提供一张描述个性特征的形容词表,让被试从形容词表中选择出最能说明自己的词。然后,研究者对被试所选择出来的词进行统计分析,以说明自我意识的特点。测试所用的形容词检核表按照英文单词首字母的顺序罗列出数百个形容词,如忠诚的、幽默的、热情的、反复无常的等。

比如,要研究青年理想自我和现实自我的关系,可按照下列步骤进行。①要求被试从形容词检核表中分别选择出符合自己的理想自我和现实自我的词,并各自按重要性排序。②将被试的理想自我的评定等级和现实自我的评定等级加以比较,求等级相关系数,分析青年自我意识的特点。如果测试结果显示理想自我和现实自我的等级评定相关系数为 1,说明被试对自己是完全满意的;如果相关系数为 -1,说明被试对自己的评价最低。以上两种情况都是非常极端的例子。一般来说,相关系数在 0.75 以上表示被试对自己感到(基本)满意,其现实自我比较接近理想自我;如果相关系数在 0.30 以下,则说明被试自我评价的水平是比较低的。

(三)田纳西自我概念量表

田纳西自我概念量表(Tennessee Self-concept Scale)是由菲茨(Fitts)编制的,包含100多个描述自我各维度的自陈项目,要求被试就每一个项目与自己的符合程度在五个等级上做出回答。该量表将自我概念分为两大方面:从内容上来看,自我意识被分为生理自我、道德自我、心理自我、家庭自我和社会自我;从结构上来看,自我概念含有三个维度,自我认同(个体对自己是什么样的人的确认)、自我满意(个体对自己现状的满意和接受程度)和自我行动(在对自己感到满意或不满意时所表现出来的应对行为)。此量表不仅可以给出一个人八种自我特性的分数,而且还可以给出一个总分。这个总分表示被试"对整个自我的看法",得分越高表示他越喜欢自己、信任自己,认为自己是最有价值的人,并依此行事。该量表是一个较深入的测量工具,不过大多数学者认为它只是测量被试对自我各方面的评价。该量表的内部一致性信度为0.87,效度为0.77。

(四)罗森伯格自尊量表

罗森伯格自尊量表(Rosenberg Self-Esteem Scale)由美国心理学家罗森伯格制订,它是常用的测量个人自尊的量表。

罗森伯格自尊量表共包含10个问题(见表2-6),每个问题后有5个不同程度的等级供选择。请看清每句话的意思,并选择相应的等级。

指导语:请按照自己的实际情况作答。

表2-6　罗森伯格自尊量表

序号	题目	非常不同意	同意	不确定	不同意	非常同意
1	我认为自己是个有价值的人,至少基本上是与别人相等的。	1	2	3	4	5
2	我觉得我有很多优点。	1	2	3	4	5
3	总体来说,我觉得我是一个失败者。	5	4	3	3	1
4	我做事的能力和大部分人一样好。	1	2	3	4	5
5	我觉得自己没有什么值得骄傲。	5	4	3	2	1
6	我对自己总抱着肯定的态度。	1	2	3	4	5
7	总体而言,我对自己感到满意。	1	2	3	4	5
8	我希望我能够更多地尊重自己。	5	4	3	3	1
9	有时候我确实觉得自己很无用。	5	4	3	2	1
10	有时候我认为自己一无是处。	5	4	3	2	1

评分方法:将勾选分数相加即得总分。

得分越低表示测评者自尊程度越高；反之，得分越高则表示测评者自我的价值感和自尊程度越低。

12 分及以内：说明你是个自尊的人。

13～25 分：说明你是个自尊程度比较高的人。

26～38 分：说明你有自卑的倾向。

39～50 分：说明你很自卑。

(五)自我和谐量表

自我和谐指的是自我内部的协调一致以及自我与经验之间的协调。

自我和谐量表(Self-Consistency and Congruence Scale，SCCS)，能帮助个体了解自我认识是否与以往的经验相和谐，是否具有活性和弹性。

下面是一些人对自己看法的陈述，填答时，请您看清每句话的意思，然后圈选一个数字(1 代表完全不符合您的情况，2 代表比较不符合您的情况，3 代表不确定，4 代表比较符合您的情况，5 代表完全符合您的情况)以代表该句话与您现在对自己的看法相符合的程度。每个人对自己的看法都有其独特性，因此答案是没有对错的，您只要如实回答就行了。

	完全不符合			完全符合

1. 我周围的人往往觉得我对自己的看法有些矛盾。　　1　2　3　4　5
2. 有时我会对自己在某方面的表现不满意。　　1　2　3　4　5
3. 每当遇到困难时，我总是首先分析造成困难的原因。　　1　2　3　4　5
4. 我很难恰当地表达我对别人的情感反应。　　1　2　3　4　5
5. 我对很多事情都有自己的观点，但我并不要求别人也与我一样。　　1　2　3　4　5
6. 我一旦形成对事物的看法，就不会再改变。　　1　2　3　4　5
7. 我经常对自己的行为不满意。　　1　2　3　4　5
8. 尽管有时得做一些不愿意的事，但我基本上是按自己的意愿办事的。　　1　2　3　4　5
9. 一件事好是好，不好是不好，没有什么含糊的。　　1　2　3　4　5
10. 如果我在某件事上不顺利，我就往往会怀疑自己的能力。　　1　2　3　4　5
11. 我至少有几个知心朋友。　　1　2　3　4　5
12. 我觉得我所做的很多事情都是不该做的。　　1　2　3　4　5
13. 不论别人怎么说，我的观点绝不改变。　　1　2　3　4　5
14. 别人常常会误解我对他们的好意。　　1　2　3　4　5
15. 在很多情况下我不得不对自己的能力表示怀疑。　　1　2　3　4　5
16. 在我的朋友中有些是与我截然不同的人，这并不影响我们的关系。　　1　2　3　4　5

17. 与朋友交往过多容易暴露自己的隐私。　　　　　1　2　3　4　5

18. 我很了解自己对周围人的情感。　　　　　　　　1　2　3　4　5

19. 我觉得自己目前的处境与我的要求相距太远。　　1　2　3　4　5

20. 我很少去想自己所做的事是否应该。　　　　　　1　2　3　4　5

21. 我所遇到的很多问题都无法自己解决。　　　　　1　2　3　4　5

22. 我很清楚自己是什么样的人。　　　　　　　　　1　2　3　4　5

23. 我能自如地表达我所要表达的意思。　　　　　　1　2　3　4　5

24. 如果有足够的证据，我也可以改变自己的观点。　1　2　3　4　5

25. 我很少考虑自己是一个什么样的人。　　　　　　1　2　3　4　5

26. 把心里话告诉别人不仅得不到帮助，还可能招致麻烦。　1　2　3　4　5

27. 在遇到问题时，我总觉得别人都离我很远。　　　1　2　3　4　5

28. 我觉得很难发挥出自己应有的水平。　　　　　　1　2　3　4　5

29. 我很担心自己的所作所为会引起别人的误解。　　1　2　3　4　5

30. 如果我发现自己在某些方面表现不佳，总希望尽快弥补。　1　2　3　4　5

31. 每个人都在忙自己的事，很难与他们沟通。　　　1　2　3　4　5

32. 我认为能力再强的人也可能遇上难题。　　　　　1　2　3　4　5

33. 我经常感到自己是孤独无援的。　　　　　　　　1　2　3　4　5

34. 一旦遇到麻烦，无论怎样做都无济于事。　　　　1　2　3　4　5

35. 我总能清楚地了解自己的感受。　　　　　　　　1　2　3　4　5

评分说明：各分量表的得分为其包含项目分直接相加，三个分量表包含的项目如下。

(1)自我与经验的不和谐：1，4，7，10，12，14，15，17，19，21，23，27，28，29，31，33。

(2)自我的灵活性：2，3，5，8，11，16，18，22，24，30，32，35。

(3)自我的刻板性：6，9，13，20，25，26，34。

自我与经验的不和谐反映的是自我与经验之间的关系，包含对能力和情感的自我评价、自我一致性、无助感等，它所产生的症状更多地反映了对经验的不合理期望。

自我的灵活性与敌对、恐怖有显著相关，可以预示自我概念的刻板和僵化。

自我的刻板性不仅同质性信度较低，而且与偏执有显著相关。

此外还可以计算总分，方法是将自我的灵活性反向计分，再与其他两个分量表得分相加。得分越高，自我和谐程度越低。在大学生中，低于74分为低分组，75～102分为中间组，103分及以上为高分组。

■ 心理活动与体验

找出自己的归因方式，并讨论如何应对和调整。(表2-7)

表 2-7　归因方式分析

事件	内归因	外归因	合理归因	自我肯定方式
例：英语四级没有过线	自己不够努力	这次题目有难度	这次考试虽然有些难度，但我自己准备得不是很充分，还需要继续努力	我这次考试在阅读上花的时间比较多一些，所以阅读板块分数还不错，努力确实是有用的

活动一：天生我材必有用

1. 热身运动

活动目的：让大学生迅速投入活动中，集中注意力。

活动方式：快乐报数。

活动时间：10 分钟。

活动过程：全体大学生围成圈，从 1 开始报数，遇到有 3 或 7 的数字不能发出声音。犯规的同学表演节目或回答主持人提出的问题。

2. 团队凝聚

活动时间：20 分钟。

活动过程：

(1)两个人为一组，向对方介绍你自己。两个人先握手，其中一个人说："你好，从前就认识你，今天见到你很高兴。我是××（姓名），你可以叫我××，我这个人有很多优点，先向你介绍我的几个优点。我这个人……"

(2)两人一组变为四人一组，向另外两个人介绍自己的伙伴："你好，我是××，向你介绍我的朋友××，你可以叫他××，我的这个朋友很优秀，他有三个优点，他这个人……"

（3）八人一组，从第一个人开始依次介绍自己。第一个人说"我是（优点）的、（优点）的、（优点）的××（姓名）"。第二个人说"我是（优点）的、（优点）的、（优点）的××（第一个人的姓名）旁边的（优点）的、（优点）的、（优点）的××"。第三个人说"我是（优点）的、（优点）的、（优点）的××（第一个人的姓名）旁边的（优点）的、（优点）的、（优点）的××（第二个人的姓名）旁边的（优点）的、（优点）的、（优点）的××"。其他人按照以上模式依次介绍自己。

（4）介绍自己活动完成后，形成八人一组的小团体，选一名主持人带领小团体，鼓励大家讲一讲自己在这个过程中的感受，并且为自己的团体取一个响亮的名称，喊一句口号。

3. 提升自信心

活动目的：通过练习，学生可以了解自己的长处，自我肯定，学习欣赏别人，珍惜自己的潜能，学习自我欣赏，增进自信。

活动时间：30分钟。

活动准备：小组中每人1张"天生我材"练习表、1支笔。

活动过程：

教师介绍活动，请成员写下讨论大纲中的问题的答案，然后请成员在小组中讲出自己所填的答案并讨论，每个成员在讨论同一个问题的答案后，再开始下一个问题。

讨论大纲：

（1）你是否同意"每个人都有长处""每个人都有优势"？原因是什么？

（2）你是否积极参加社交活动，如"应聘学生社团干部"或"参加需要站在讲台上的活动"等？你会欣赏自己的行为吗？为什么？

（3）当你做了一件事，如"参加职场应聘模拟大赛，没有获得名次"或"你很重视一个活动，却没有机会参加"，你会怎么对待自己？会责怪自己吗？为什么？

活动二：使用三维叙事法认识自己

三维叙事法是一种结合后现代心理学技术和积极教育原则设计的可以运用到众多领域的一门技术。

具体操作如下：取一张A4纸，分别纵向对折2次和横向对折3次，然后展开，这些折痕会将页面分割为4×8的32个格子。步骤一：可以根据时间观设定过去（最左侧）、现在（左起第二列）、未来（左起第三列）和调整（最右侧）项。在此基础上可以根据教育目标需求设定不同的内容，此处以"自我发展探索"为例。先在时间维度中设立该学生已经具备的"特质"，目前具有的"身份"，将来想从事的职业或理想的身份"梦想"。根据自身情况填写在格子中。步骤二：观察自己所填写的特质，可以大致按照心理素质和具备的技能、长处分类为"心"和"力"，如"细心"表明该学生具有的基本心理素质就是认真、细心，归为"心"类，"善交际"说明该学生具有一定的人际交往技能，是一种能力，归为"力"类。此时，分类统计一下，比较出现"心"类和"力"类的特质个数。

例如，在表 2-8 中，"心"类特质有 4 个，"力"类特质有 2 个，就是"有心无力"，说明该生有较好的心理素质，但缺少能力，一定程度上可以反映出该学生的现状。步骤三：将前三列填写完毕后，需要对每列的内容按照权重(权重可以是突出的特质，也可以是重要程度)排列出前三个比较突出的内容，并做相应标记。然后按照每个等级，将过去—现在—未来用线条连接起来。例如，第一条线是"有创意(Q1)—学生(I1)—律师(D1)"，由此可以看到目前这条路径是否"通畅"，也就是说"一个有创意、有想法的学生努力成长为律师"是不是比较符合努力方向，可能性大不大。在现实中，可能律师需要发挥创意的机会并不多，因此，这条成长路径或许需要调整，可以将修正的计划填写到"备注"(调整)列。该技术可以多领域运用。

表 2-8　三维叙事法

特质(Q)(过去)	身份(I)(现在)	梦想(D)(未来)	备注(调整)
Q1：细心(心)	I1：学生　　I1	D1：工程师　D4	
Q2：善交际(力) Q3	I2：	D2：律师　D1	
Q3：有创意(力)Q1	I3：子女　　I2		
Q4：乐观(心)	I4：		
Q5：热情(心)　Q2	I5：I3		
Q6：幽默(心)	I6：		
……	……	……	

思考题：

1. 当代大学生的容貌焦虑是通过自我意识的哪些方面影响我们的？我们该如何缓解这种焦虑？

2. 如何用自我意识相关知识来解释"社恐"？如何改变这种局面？

3. 如何全面利用自我相关心理知识提升自身的心理品质？

第三章 学习——大学的必修课

■ **思政课堂**

心理健康教育是提高大学生心理素质、促进其身心健康和谐发展的教育，是高校人才培养体系的重要组成部分，也是高校思想政治工作的重要内容。

——《高等学校学生心理健康教育指导纲要》

■ **学习目标**

帮助大学生从发展心理学、教育心理学和心理健康的角度全面认识学习，掌握学习的策略和激发学习动机的方法，了解大学生学习心理问题的表现及成因，学会调适学习心理问题，掌握合适的学习方法和拥有良好的学习心理状态。

■ **导入案例**

晓琳是某师范大学的大一学生，一直是周围人眼中的榜样。暑假在家时，她帮助正在读八年级的弟弟学习英语。弟弟的英语一直不好，他甚至有点排斥学习英语，问晓琳："姐姐，我又不准备出国，学习英语干什么？"晓琳笑笑，答道："学英语是为了帮助我们更好地认识世界呀。如果我们走出国门，不会说英语，连个汉堡都买不到！"弟弟一边拿出手机，打开翻译软件，一边说道："你落伍了，你看我直接说中文，软件马上就可以准确翻译。"软件果然精准地翻译了那句"我要买一个牛肉汉堡，请问多少钱"。"姐姐，你说有了软件，我还要学习英语吗？你说什么是学习呀？""哎，你这软件还挺准的！学习嘛……就是学会知识呀，你中考还是要考英语的，快去背单词吧！"晓琳一脸无奈地在弟弟的对面坐下，弟弟打开让他头疼的英语书，准备背单词。晓琳心里却越来越疑惑：到底什么是学习？学好英语有什么用？听从父母的建议而决定学英语专业的我，将来会不会毕业即失业……

课前思考：什么是学习？

什么是学习？如果认真考虑的话，这并不是一个容易回答的问题。考虑下面四个例子，它们是学习吗？

①一个幼儿迈出了第一步。

②一个青年感觉自己被异性强烈地吸引着。

③当儿童看到医生拿着针走过来时，他感到焦虑。

④一个学生在学会乘法之后发现了乘 5 的另一种计算方式：用 2 除后再乘 10（例如，428×5 可以这样计算：$428 \times 5 = 428 \div 2 \times 10 = 214 \times 10 = 2140$）。

第一节　学习有方向——认识学习

一、学习的含义与分类

(一)学习的含义

孔子说："学而时习之，不亦说乎？"《礼记·月令》中有"鹰乃学习"。按照现代心理学和现代教育学的理解，学习的含义有以下几个层次。

1. 广义的学习

广义的学习是指有机体由后天获得经验而引起的比较持久的行为和行为倾向的变化。首先，有机体是指生命体，既可以是动物也可以是人类，也就是说，广义的学习是人类与动物共有的现象。其次，"后天获得的经验"是指学习必须是由经验引起的，凡不是由后天获得的经验或练习而引起的行为变化，都不能叫学习。最后，"比较持久的行为或行为倾向的变化"是指学习所得结果可以长时间地影响有机体。

2. 人类的学习

人类的学习与动物的学习是有区别的。首先，两者在内容上有很大的不同，人类的学习借助语言和思维的参与，除了获得个体经验以外，还可以获得他人积累的经验，而动物的学习只局限于其自身的直接的经验。其次，人类的学习是在改造客观世界的劳动中，在同他人的交往过程中进行的，而动物的行为是有机体对于一定刺激所做出的单一反应。最后，人类的学习是一种自觉的、积极的、主动的过程，动物的行为只是一种被动的适应。

3. 狭义的学习

狭义的学习是指学校情境下的学生的学习。这种学习不同于一般社会成员的学习，它是一种专业化的学习，是指学生在教师的指导下，有目的、有计划、有组织、有系统地掌握前人的知识、技能，开发智力和各种特殊能力，培养个性和思想品德的过程。学生的学习有两个明显的特点。第一，学生是以学习前人积累的间接经验为主，而不是以直接实践为主。因此，它可以避免人类认识活动中的许多曲折和错误，直接习得前人经过千百次实践获得的认知成果。第二，学生的学习是在教师指导下有目的、有计划地进行的活动，因而它比自学有更高的效率。

总之，学习通常被定义为由经验引起的个体的持久改变。并非所有的改变都是由经验引起的，行为变化也可以由本能、疲劳、适应和成熟引起，由这些引起的行为变化就不能被称为学习。发展引起的改变(如长高)也不能被称为学习。个体生来就有的特性(如对饥饿和疼痛的反应)，也不是学习。然而，人类从出生那天起(一些人认为更早)就学习了很多，以至于不能将学习和发展截然分开。例如，学习走路主要是一个发展的过程，但也取决于爬行和其他活动的经验。一个儿童看到拿着注射器的医生就感到焦虑，这肯定是习得的行为。这个儿童已经学会把注射器和疼痛联系起来，当他看到注射器时，会出现情绪反应，这种反应可能是无意识或不由自主的，但毫无疑问这是习得的。又如，学生对乘法简便运算的顿悟，是内部生成学习的例子，也就是思维。一些理论家或许不称之为学习，因为这一改变不是由环境引起的。但是这可以被看作延迟学习的一种情况，其中，教师有意识地乘法教学和学生对数字的学习经验，再加上学生的努力，最终产生了顿悟。

■ 练一练

你理解的学习是什么？

你能否举例说明什么是学习？

(二)学习的分类

学习现象极为复杂，涉及不同类型的学习者、内部过程、外部影响、内容、形式以及结果等。学习理论家及学习研究者从不同角度对学习进行了各种分类：动物学习和人类学习；知识学习、技能学习和品德学习；初级学习和高级学习；认知领域、情感领域和动作技能领域的学习等。

1. 学习方式分类

奥苏伯尔(Ausubel)等人根据学习进行的方式和学习材料与学习者原有知识的关系对认知领域的学习进行了分类。根据学习进行的方式，将学习分为接受学习、发现学习。根据学习材料与学习者原有知识的关系，将学习分为意义学习、机械学习。接受学习是教师把学习的内容以定论的形式传授给学生，在这样的学习过程中，学生不需要主动去发现知识，只需要被动接受知识并将其内化，在恰当的时候把知识提取出来或加以运用即可。发现学习是教师并不直接教给学生学习内容，而是由学生自己去发现这些内容并内化这些知识。也就是说，学生学习的主要任务是发现，然后再将发现的内容加以内化，使之成为自身的知识。意义学习是学习者利用原有经验来进行新的学习，理解新的信息。机械学习是在缺乏某种先前经验的情况下，靠死记硬背进行的学习。机械学习是与意义学习相反的一种学习方式，学生没有理解学习内容的含义，只是在学习内容与已有的知识结构之间建立一种非本质的、人为的联系。

2. 学习内容分类

冯忠良根据学习内容将学习分为知识学习、技能学习、社会规范学习。知识学习是通过一系列心智活动，在头脑中建立相应的知识结构。知识学习要解决的是认识问题，即解决知与不知、知之深浅的问题。技能学习是指通过学习形成合乎法则的活动方式，有心智技能(如解题思路)和操作技能(如专业操作技能)两种。社会规范学习即把外在行为要求转化为主体内在行为需要的内化过程。这种学习是人类独有的，它包括认识、情感体验与行动执行等成分，并在实践中不断发展。

■ 练一练

你会对学习如何分类？

根据你的经验，你擅长哪一种类型的学习？

二、学习理论

学习理论是探究人类学习本质及其形成机制的心理学理论。它重点研究学习的性质、过程、动机以及方法和策略等。学习理论非常浩瀚，大的理论流派包括：操作条件作用学习理论、信息加工学习理论、建构主义学习理论、人本主义学习理论等。

(一)操作条件作用学习理论

美国心理学家斯金纳是操作条件作用学习理论的创始人。他认为一切行为都是由反射构成的，而反射是刺激与反应之间的一种可以观察到的相互关系。他设计了一种实验装置：在箱内装一个小杠杆，小杠杆与传送食物的机械装置相连接，杠杆一被压动，一粒食物丸就滚进食盘中。把饥饿的白鼠放到箱中，白鼠自由活动，当它偶然间按压杠杆时，就有一粒食物丸滚入食盘中，白鼠便吃到食物。它一旦再按压杠杆，就又吃到食物，经过多次强化(即奖励，在这里是指白鼠每次成功按压杠杆后就会获得食物)，这种条件反射就形成了。

斯金纳把学习的公式概括为：如果一个操作发生后，紧接着给予一个强化刺激，那么其强度就会增加。所增加的不是某一个特定的反应，而是使反应发生的概率。他认为，使条件作用的速率增加，练习固然重要，但关键的变量是强化。练习本身并不提高速率，只能为进一步强化提供机会。他指出，行为之所以发生变化是由于强化的作用，因而直接控制强化物就是控制行为。在斯金纳看来，教育就是塑造人的行为，有效的教学和训练的关键就是分析强化的效果，以及设计精密的操纵过程的技术，也就是建立特定的强化。

(二)信息加工学习理论

加涅被公认是将行为主义学习论与认知主义学习论相结合的代表。他在20世纪70年代之后，运用现代信息论的观点和方法，通过大量研究，建立了信息加工学习理论，认为学习过程是对信息的接收和使用的过程，学习是主体与环境相互作用的结果。加涅认为，学习是学习者神经系统中发生的各种过程的复合。学习不是刺激与反应间的一种简单联结，因为刺激是由人的中枢神经系统以一些完全不同的方式来加工的，了解学习也就在于指出这些不同的加工过程是如何起作用的。学习者是一个活生生的人，他们拥有感官，通过感官接收刺激；他们拥有大脑，通过大脑以各种复杂的方式转换来自感官的信息；他们拥有肌肉，通过肌肉动作显示已学到的内容。学习者不断接收到各种刺激，将它们组织进各种不同形式的神经活动中，其中有些被贮存在记忆中，在做出各种反应时，这些记忆中的内容也可以直接转换成外显的行动。

加涅根据信息加工理论提出了学习过程的基本模式，认为学习过程就是一个信息加工的过程，即学习者对来自环境刺激的信息进行内在的认知加工的过程，并具体描述了典型的信息加工模式。他认为学习可以区别出外部条件和内部条件，学习过程实际上就是学习者头脑中的内部活动。与此相应，他把学习过程划分为八个阶段。①动机阶段：激发起学习者的动机。②了解阶段：注意和选择性知觉。③获得阶段：对信息进行编码和储存。④保持阶段：已编码的信息进入长时记忆的储存器。⑤回忆阶段：信息的检索。⑥概括阶段：学习的概括化。⑦操作阶段：信息在操作活动中表现出来。⑧反馈阶段：信息的反馈。

(三)建构主义学习理论

建构主义是认知学习理论的新发展，对当前的教学改革产生了非常深远的影响。这种学习理论进一步揭示了学习者在学习过程中的主动性，突出了意义建构和社会文化在学习中的作用。建构主义不是一个学习理论，而是众多理论观点的统称。

知识观。建构主义认为，知识不是对现实的纯粹客观的反映，只不过是人们对客观世界的一种解释、假设或假说，将随着人们认识程度的深入而不断地变革、深化，出现新的解释和假设。在具体问题的解决中，人们需要针对具体问题的情境对原有知识进行再加工和再创造。另外，尽管语言赋予了知识一定的外在形式，并且获得了较为普遍的认同，但这并不意味着学习者对这种知识有同样的理解。因为对知识的理解，还需要个体基于自己的知识经验而建构，取决于特定情境下的学习历程。

学习观。学习是学生自己建构知识的过程。学生不是简单、被动地接收信息，而是主动地建构知识的意义。学习是学习者根据自己的经验背景，对外部信息进行主动的选择、加工和处理。对所接收到的信息进行解释，生成了个人的意义或者说是自己的理解。个人头脑中已有的知识经验不同，调动的知识经验相异，对所接收到的信息的解释就不同。

教学观。教学不能无视学习者已有的知识经验，不能简单、强硬地从外部对学习者实施知识的"填灌"，而是应该把学习者原有的知识经验作为新知识的生长点，引导学习者从原有的知识经验中，主动建构新的知识经验。教学不是知识的传递，而是知识的处理和转换。教师和学生、学生与学生之间，需要共同针对某些问题进行探索，并在探索的过程中相互交流和质疑。

(四)人本主义学习理论

以罗杰斯为代表的人本主义学派提出了意义学习观。罗杰斯认为，意义学习主要包括四个要素：①学习具有个人参与的性质，即整个人(包括情感和认知两方面)都投入学习活动：②学习是自动自发的，即便推动力或刺激来自外界，但要求发现、获得、掌握和领会的感觉也是来自内部的；③全面发展，也就是说，它会使学生的行为、态度、人格等获得全面发展；④学习是由学生自我评价的，因为学生最清楚这种学习是否满足自己的需要、是否有助于获得他想要知道的知识、是否使他明了自己原来不甚清楚的某些方面。

罗杰斯认为，促进学生学习的关键不在于教师的教学技巧、专业知识、课程计划、视听辅导材料、演示和讲解等，而在于教师和学生之间特定的心理气氛因素。那么，好的心理气氛因素包括什么呢？罗杰斯给出了以下说明。①真实或真诚：教师作为学习的促进者，表现真我，没有任何矫饰、虚伪和防御。②尊重、关注和接纳：教师尊重学习者的意见和情感，关心学习者的方方面面，接纳作为一个个体的学习者的价值观念和情感表现。③移情性理解：教师能了解学习者的内在反应，了解学生的学习过程。在这种心理气氛下进行的学习，是以学生为中心的，教师是学习的促进者、协作者或者说是伙伴、朋友，学生才是学习的关键，学习的过程就是学习的目的所在。

■ 练一练

不同流派看待学习的角度给你什么启示？

三、大学学习的特点

（一）大学阶段的学习特点

大学生是一个特殊的学习群体，大学阶段的学习既具有人类学习的一般特点又具有特殊特点，显著不同于中小学阶段的学习，体现在以下五方面。

1. 专业性

中小学是基础教育阶段，主要学习各知识领域的基本知识、技能。而大学生的学习则不同，这一阶段学习的显著特点就是专业性强。大学生的学习活动在学习的目的、性质、途径、内容和方法上都是围绕专业学习展开的，都是为未来的职业做准备的。

2. 多样性

中学的学习形式较简单，主要通过课堂学习来获取知识，而大学的学习形式则复杂多样，除了课堂学习外，还可通过课外阅读、同学讨论、实验课、学术报告和讲座、科研活动、社团活动、社会实践活动、课程设计、毕业设计等形式学习。丰富多彩的学习形式是为了适应学习内容的"博"和"专"，这些学习形式对于形成和完善大学生的知识能力结构、提高大学生的综合素质起到了很好的作用。

3. 实践性

实践性教学环节在高等学校的学习中占有十分重要的地位，在总学时中所占的比例较大，一般超过 20%。工科院校的实践性教学环节所占的比例高达 30%。大学中的实践性教学环节主要有实验课、课程设计、教学实习、生产实习、毕业实习、毕业设计等。实践性教学环节对于培养大学生的实验和工艺操作技能等实践能力是必不可少的。大学生在实践性教学环节中，通过观察和直接参与实践活动，获得本专业领域的操作技能，并培养自己的理论运用能力。

4. 自主性

大学生的学习具有高度自主性，主要表现在以下几个方面。第一，学习有更多自由支配的时间。据调查，除上课学习外，大学生约有 45% 甚至更多的学习时间可由自己支配。第二，学习的内容有较大的选择性。除了公共必修课和基础课，对于学校开设的选修课，大学生可以根据自己的兴趣、需要、特长进行选择，这给了大学生很大的自我选择空间，有利于大学生个性化发展。第三，学习方法自主性。大学生经过十几年学习，摸索、总结了一些适合自己的学习方法和学习经验，在知识和技能的获取方面也有较强的自我选择空间。

5. 探索性

大学生的学习具有研究和探索的性质，不仅表现在完成课业论文和毕业论文，参加学术报告会、讨论会上，而且表现在所学课程内容上。大学生的学习不单是掌握知识，而且要掌握科学知识的形成过程、科学的研究方法，了解各学科存在的问题及其解决的可能性。大学阶段是个人成为专业人才的关键阶段，大学生在专业上有很多问题需要深入探究，因此，他们必须具有探索精神，发展发现问题、分析问题及解决问题的能力。

(二)大学生发展的特点

1. 大学生的观察力

大学生正处于青年时期，由于抽象思维能力和认识水平的进一步发展，他们在这一时期的观察力水平同少年时期相比有很大的提高，主要表现出以下特点：一是观察事物的目的性更加明确；二是观察事物的敏感性进一步增强；三是观察事物更趋于系统、全面；四是观察事物具有相对的深刻性和稳定性。

2. 大学生的注意力

大学生学习的目的性和自制力更强，注意的指向性更加主动、明确，能主动自觉地调节、控制自己的注意力，逐渐摆脱学习中单纯凭兴趣的影响。注意的集中性有了明显的提高，尤其是对于那些抽象的公式、定义和枯燥乏味的内容也能主动地集中注意力。注意的范围、注意的稳定性、注意的分配和转移都有了进一步的发展，更加趋于协调。

3. 大学生的记忆力

随着年龄的增长、生理和心理机能的发展，大学生进入了记忆的黄金时期。其主要特点有以下方面。一是有意记忆成为记忆的主要形式。大学生能够根据学习的要求和自己的需要，主动自觉地、有意识地进行记忆，有意记忆已得到很大发展。二是意义记忆能力得到了明显的发展。意义记忆是在理解记忆内容的基础上进行的记忆。随着观察能力和理解能力的不断提高，大学生的意义记忆能力也显著提高。三是记忆容量大，记忆的敏捷性和持久性好。这都为学习活动提供了极好的生理和心理条件。

4. 大学生的想象力

大学生的想象力更加丰富，想象涉及的领域日益广泛。大学生有较明确的学习目标，因而在学习中的想象也多为有目的、有意识的想象，特别是再造想象更趋完善和精确，创造想象也有很大的发展。随着人生经验的积累、思想的日渐成熟，大学生越来越关注自己的理想与现实的结合，能根据现实情况的变化和个人的能力不断做出正确的判断，完善自己的理想，调整努力的方向，使自己的现实更接近理想。

5. 大学生的思维能力

大学生的知识面较宽，思考的问题涉及面广，思维已有一定的深度。大学生自身知识和经验的积累已达到了相当的程度，为深刻认识事物和进行积极的思维创造了较好的条件。大学生在思维上的批判性也日渐增强，但仍相对比较单纯。大学生掌握了较多的理论知识，经常会不自觉地运用这些理论知识去认识事物、解释现象、解决问题，其理论思维能力得到了锻炼，获得了较大的发展。

(三)学习与心理健康的关系

1. 学习对大学生人格的影响

人格是指一个人才智、情绪、愿望、价值观和习惯的行为方式的有机整合，它赋予个人适应环境的独特模式。它是各种稳定特征的综合体，这种独特的模式既是个体社会化的产物，又影响着个体和环境的交互作用。学习对大学生人格的影响包括下列几方面。

(1)对气质、性格的影响

人的气质主要受先天的影响，性格却是在后天与社会的互动中慢慢形成的。性格是指个人对现实的稳定的态度和习惯化了的行为方式。对一件事情的态度很大程度上受到认知广度与深度的影响，大学阶段恰恰是专业学习的过程，这种认知上的改变自然会对大学生对待事物的态度产生影响。

(2)对自我过程的影响

自我过程包括自我认知、自我体验和自我监控。学习的选择性给了大学生自由决定是否选择某些科目的权利，在很大程度上，学什么、怎么学都是由大学生自己做主的，这对他们的自我认知产生了深远的影响。通过选择科目不断尝试新的领域，通过专业学习更加系统地认识某个领域，通过实践亲身体会某个领域是否适合自己……这都会影响到大学生对自己的认识：我是一个什么样的人？我喜欢什么？不喜欢什么？适合什么？不适合什么？对自我的认知随着认知结构的丰富，也更加完整了。同时，这种自由选择性还对自我控制提出了更高的要求。如何做到主动学习、经受住各种娱乐休闲的诱惑将是大学生在学习过程中的一个难题，正是通过不断拒绝诱惑、合理安排时间，自我控制感不断得到加强，自我控制能力获得相应提升。

(3)对认知风格的影响

认知风格(也称认知方式)是指个体在认知过程中所表现出来的习惯化的形式。认知风格多种多样，如场独立和场依存、思索型和冲动型、整体型和分析型。不同的专业甚至同一个专业的不同领域都会对学习主体的认知风格产生影响。例如，学习建筑或者工程力学的学生会倾向于分析型认知风格，学习文学的学生可能更倾向于整体型认知风格；对急诊感兴趣的学生可能更倾向于冲动型认知风格，而擅长内科的学生可能更倾向于思索型认知风格……专业的影响是深远的，需要强调的是，认知风格并没有好坏之分，不同的专业、领域、职业可能需要的认知风格完全不同。

2. 学习对大学生社会适应性的影响

从社会的角度来看待学习对大学生心理健康的影响，不难发现其中存在着密切的联系。首先，大学教学的主要目的就是为社会培养高素质的专业性人才。如果大学生在专业学习和综合实践部分可以顺利地完成学习任务并主动积极地"化知识为生产力"，将会尽快地融入社会。其次，大学教学的一大特色是团队合作。这种强调团队集体作战的教学方式不仅仅使大学生在课题进行中获得了专业知识、锻炼了创新能力，更重要的是在一个以专业学习为主要任务的团队中与成员互动，提升了他们的人际交往能力。在课题研究过程中可能会碰到一系列问题，可以说是以后工作的一次预演，如何分工协作、如何处理摩擦、如何妥协与坚持，对大学生人际交往能力都将是一次考验和锻炼的机会。可以说，无论从大学的学习目的还是大学的学习方式来看，都强调社会适应性的培养。这可以说是大学学习不同于其他阶段学习的最大特色之一。

第二节　学习有方法——学会学习

■ 成长案例

在高中阶段，身边的同学都知道晓琳是学习最刻苦的那一个，通过努力，她也如愿考入了自己理想的大学。到了大学，她依然很努力地学习，英语阅读她学得得心应手，但到了写作课上，她自己花了很多精力，成绩也不见起色。更令她郁闷的是，同宿舍的嘉佳除了学习外，还有时间参加各种活动，而自己一心扑在学习上，却总是赶不上她。晓琳思考了很久，也没有找到原因，就虚心向嘉佳请教，嘉佳告诉她，要学会管理时间和科学制订学习计划，要讲究学习策略和方法。时间管理？晓琳很困惑，自己每天时间排得很满，从来没有偷懒呀……

一、学习策略

(一)学习策略的含义

学习策略是指学习者为了提高学习的效果和效率，在学习活动中有目的、有意识地使用有关学习的方式方法，它既可以是内隐的规则系统，也可以是外显的操作程序与步骤。只要是能提高学习效果的各种不同的方法、技巧，都属于学习策略的范畴，学习策略是影响学习效果的重要因素之一。

(二)学习策略的辅导方法

1. MURDER 策略

丹塞雷(D. F. Dansereau)在1985年根据学习策略所起的作用，把学习策略分为基本策略与辅助策略两种。基本策略是在信息加工过程中具体地直接操作信息的方法、技能，如识记、回忆、组织、应用等策略。辅助策略则是用来帮助学习者维持内在心向，以保证基本策略有效地发挥作用，如学习目标的定向、时间管理、注意力分配、自我监控等，其作用是引起学习者定期检查自己的学习情况，必要时调整自己的理解、注意和情绪，另外也包括控制和修正正在操作的各种基本策略。

2. 基本策略系统

基本策略系统主要用于对学习材料进行直接操作，即直接作用于认知加工过程。该组策略主要包括领会与保持策略、提取与应用策略。前者主要用于信息的获得和储存；后者主要用于信息的恢复和输出。这两组策略虽然在结构和程序上基本相同，但它们分别指向不同的目标、不同的学习阶段，具有不同的作用。二者相互联系，需要协同作用来完成学习活动。

在领会与保持策略中，理解（understand，U）是指自动地分析所学内容中的重点和难点；回忆（recall，R）是指不看课本，用自己的言语表达或重新解释所学的内容；消化（digest，D）是指根据回忆结果来纠正错误，达到真正意义上的理解；扩展（expand，E）是指通过自我提问的方式对前面所理解的内容进行再次的加工，以求融会贯通；复查（review，R）是指对整个学习过程进行全面的复习，并通过测验来加以考察。

在提取与应用策略中，理解是指在某种具体的情境中，对所面临的问题和任务的理解，形成有关问题的条件、目标、性质等心理表征；回忆是指回想与问题解决有关的要点；消化是指具体、详细地回忆和解释要点；扩展是指把提取出来的信息加以整理和组织，形成解决问题的方案；复查是指对问题解决的适当性进行检查和评价。从上述分析中可以看到，领会与保持策略、提取与应用策略是相互联系的，前者是基础，后者是前者的深入与提高。因此，丹瑟洛（Dansereau）将前者称为第一级策略，将后者称为第二级策略。

3. 支持策略系统

支持策略系统主要用于确立恰当的学习目标体系，维持适当的学习心态。它是对基本策略的支持，属于辅助性的策略，但这并不意味着它是可有可无的。仅有基本策略还不足以顺利地完成学习活动，支持策略在学习活动中也是非常重要的。该组策略主要包括三个方面：计划与时间安排策略、专心管理策略、监控与诊断策略。

计划与时间安排策略主要指确定学习的目标与进程。根据目标的大小、范围等的不同，可以设置一个目标体系，该体系包含大、中、小、远、中、近等一系列的目标。可以根据所设立的目标来安排学习进程，同时也可以根据学习进程适当地调整学习目标。

专心管理策略是支持策略的中心，包括心境设置与心境维持两种策略。心境设置（mood-setting）是指在学习之前使学生处于积极的情绪状态，克服并减少消极的情绪。心境维持（mood-maintenance）是指在心境设置的基础上，使积极的情绪状态在整个学习过程中都得到保持。

监控与诊断策略和基本策略系统中的复查策略相似，但它主要是对整个学习策略系统的监控与诊断。

支持策略与基本策略是密切联系的，它们共同决定了学习策略的有效执行及学习活动的顺利完成。支持策略和基本策略中的领会与保持策略共同构成了第一级策略。支持策略和基本策略中的提取与应用策略共同构成了第二级策略。

4. PQ4R 阅读策略

一是预习（preview）：借助序言、目录、标题、内容提要等对阅读材料进行快速浏览，对文章的主题和基本结构有大致了解，以避免在个别细节上耗费太多时间。

二是提问（question）：针对阅读内容提出一些问题，如谁（who）、什么（what）、何时（when）、为什么（why）、怎么样（how）。这样可以增强对内容的好奇心和阅读的目的性。

三是阅读（read）：针对内容进行阅读，全面了解内容，并寻找所提问题的答案。阅读的过程就是学生与学习材料互动的过程，就是一个不断寻找答案、不断求证的过程。在阅读中，可以利用画线、圈点或批注等形式将重点标示出来，以便后期回顾。

四是反思（reflect）：理解所学内容的意义，包括把现在所学内容与学习者已有的知识相互联系起来，把课文中的细节和主要观念联系起来，对所学内容做些评论等。两千多年前，我国教育家孔子就曾提出"学而不思则罔，思而不学则殆"，可见这一环节的重要性。通过反思，学生可以对自己是否掌握了阅读材料进行监控，对发现的错误及时修正。

五是背诵（recite）：离开学习材料，口头陈述重要章节的内容，不到万不得已不要去看材料，但可以根据标题、关键词以及所记录的主要观点中所涉及的内容来帮助回忆，然后再对照材料，看看有没有错误。

六是复习（review）：复习这个材料，尤其要对没有掌握的重点知识进行复习。

■ 知识链接

PDCAR 法则

PDCAR 法则是一种风靡东西方管理界和思想界的计划流程，它不但可以指导公司、团队和项目的正常运行，也可以用于学生规划自己的学习和生活。PDCAR 由英语 plan，do it，cheek it，action again，record 的首字母组成。plan 就是做计划；do it 就是立即去做，付诸行动；check it 就是在实施中不断地检查与检验；action again 就是通过检查总结教训，然后再次行动；record 就是将经验记录备案，供以后借鉴。

（一）唯有计划，才有效率和成功

PDCAR 法则中的"P"代表计划（plan），它包括以下几方面的要求。

在制订计划时，应尽量考虑到可能发生的一切问题，并制定相应的应对措施——也就是将风险因素纳入计划中。

计划实施完毕后，将整个计划执行的过程回顾一遍，仔细考虑每个细节，确认哪些部分是成功的，哪些部分是失败的。记下每一个失败的地方，争取在执行下一个计划时不犯同样的错误。通过这种实践，你会变得思想深邃、细致、客观和冷静。

一定要"实事求是"，要冷静、客观、自主，站在局外人的角度通盘考虑自己的计划。

给计划增加一些压力，以便督促自己执行。一般说来，最有效的增压方法就是适当缩短预期的执行时间。

（二）关键在于行动

PDCAR 法则中的"D"代表行动（do it）。

失败者往往在彷徨中丧失千载难逢的机遇，而成功者则善于抓住机遇、果断行动；失败者往往因为半途而废丢掉大好的前程，而成功者总是在坚持不懈中得到幸运之神的眷顾。因此，对计划的执行来说，最重要的就是要果断行动、坚持不懈。不要轻易改变自己的目标，不要因为困惑和犹豫而与一个又一个机会失之交臂！

（三）反复检验，及时调整

PDCAR 法则中的"C"代表检验和调整（check it）。

如果在检验中发现了偏差，则需要查漏补缺、及时调整，以免犯更大的、不可挽回的错误；如果在检查中证实了计划的有效性和正确性，就可以加大投入，将计划执行到底。

（四）吸取教训，从头再来

PDCAR 法则中的"A"代表重新开始（action again）。

在计划执行过程中，遇到失败和挫折是难免的事，必须学会从失败中汲取经验或教训，不被挫折击垮，勇敢地重新开始。重新开始的勇气和决心是每个成功者必备的基本素质，也是通向成功的决定性力量。

这一点是极其重要的，所以，我们把"自省"作为指导"执行"的主要态度。

（五）认真总结，详细记录

PDCAR 法则中的"R"代表记录和备案（record）。

好的执行者总会在计划执行完毕后，认真总结计划执行过程中的经验、得失，并将计划执行的详细情况记录、备案。无论计划的执行是否成功，有关该计划的详细信息总能为自己和团队中的后来者提供可资借鉴的宝贵财富。

由此可见，PDCAR 法则十分强调在完成任务的过程中，对任务的周密规划和严格监控。相应地，在中学生的学习过程中，他们可以请教师、父母帮助自己分析要达到的目标，然后制订计划，并严格执行。

（参见梁武、郭英、周升群：《中学生心理辅导》，北京，科学出版社，2012。）

二、学习方法

(一)时间管理方法

1. 番茄工作法

番茄工作法是弗朗西斯科·西里洛(Francesco Cirillo)于 1992 年创立的一种相对于 GTD(Getting Things Done)更微观的时间管理方法。20 世纪 80 年代末,弗朗西斯科·西里洛从一个长得像番茄的厨房计时器中找到灵感,发明了番茄工作法,并在后来写了一份 40 页左右的基本使用说明。

番茄工作法的原理极其简单:工作 25 分钟(算作一个番茄时间),休息 5 分钟。每 4 个番茄时间后的休息时间增加为 15 分钟,以此循环。

番茄工作法的基本原则:

①番茄时间不可分割;

②耗时超过 3 小时的任务需要再切分;

③每个番茄时间开始后就不能暂停,一旦暂停,只能作废重来;

④若一项活动花费时间很短,不到一个番茄时间,可与其他活动合并;

⑤番茄工作法不用于假期和休息期的活动。

番茄工作法的做法:

①每天开始的时候规划今天要完成的几项任务,将任务逐项写在列表里(或记在软件的清单里);

②设定你的番茄钟(定时器、软件、闹钟等),时间是 25 分钟;

③开始完成第一项任务,直到番茄钟响铃或提醒(25 分钟到);

④停止工作,并在列表里该项任务后画个×;

⑤休息 3~5 分钟,活动、喝水、方便等;

⑥开始下一个番茄时间,继续该任务,一直循环下去,直到完成该任务,并在列表里将该任务划掉;

⑦在每 4 个番茄时间后,休息 25 分钟。

在某个番茄时间的过程里,如果突然想起要做什么事情时:

①非得马上做的话,停止这个番茄时间并宣告它作废(哪怕还剩 5 分钟就结束了),去完成这件事情,之后再重新开始同一个番茄时间;

②不是必须马上去做的话,在列表里该项任务后面标记一个逗号(表示打扰),并将这件事记在另一个列表里(如"计划外事件"),然后接着完成这个番茄时间内的任务。

番茄工作法的五个基本流程如下。

①计划。

一天的开始，从你的活动清单中挑选出你今天需要完成的任务，按照优先级排列在今日待办中。

②追踪。

打开番茄钟，设定一个 25 分钟倒计时，从今日待办中的第一项任务开始工作。这 25 分钟内，不可以做当前任务外的任何事情，也不可以被其他人或事打断。否则，这个就是个"烂番茄"，你需要重新开始。

一个完整的番茄时间结束后，在今日待办中对应的任务后面，打上一个"×"。接下来的 3～5 分钟，你不能做任何跟当前工作相关的事情，当然，你可以喝点儿、吃点儿、走一走，和周围人聊聊天儿。休息完成后，重复以上步骤开始第二个番茄时间。直到第四个番茄时间结束后，进入长时间的休息（15 分钟），同样不能做跟当前工作相关的任何事情，重点是不能给大脑增加任何负担。

当你完成一项任务后，用笔直接画掉。假如此时你的番茄时间还没结束，那就回顾或检查刚才的工作；但如果任务结束后你当前的番茄时间才进行不到 5 分钟，就把它作废。如此往复，直到一天的工作结束。

③记录。

在事先准备的记录表上，写上具体的日期、时间、任务，以及使用的番茄时间数量。当然，你也可以在备注中写上自己获得的成果、遇到的问题，把这些作为你的原始数据。

④分析。

从原始数据中分析出有用的信息。比如，我在哪些地方花费了过多的番茄时间？哪些地方可以更高效一些？

⑤可视化处理

把觉得有效的信息标记出来，以便在长期实践中督促自己进步。

2. 柳比歇夫时间管理法

柳比歇夫时间管理法，也称时间管理记录统计法，是苏联昆虫学家柳比歇夫 56 年如一日，对个人的时间进行定量管理而得名的。这种方法建立在数字统计的基础之上，重点是对耗费时间的记录进行分析，使人们能正确认识自己的时间利用状况，并养成管理自己时间的习惯。

柳比歇夫时间管理法就是要记录时间、分析时间、消除时间浪费、重新安排自己的时间，是个人时间定量管理的方法。

柳比歇夫时间管理法的要点如下。

①保持时间记录的真实性、准确性。真实是指记录是在工作现场进行的，而不是补记的。准确要求记录的误差不大于 15 分钟，否则记录就无使用价值。

②切勿相信凭记忆的估计，人对时间这种抽象物质的记忆是十分不可靠的。

③选择的时间记录区段要有代表性。

④及时调整时间分配计划。在检查时间记录时，要找出上一时段计划时间与实耗时间的差，并以此为根据，对下一时段的时间耗费予以重新分配。

⑤坚持就是成功。

柳比歇夫时间管理法包含以下步骤。

①记录。运用各种各样的耗时记录卡准确地记录时间耗费情况。工作纪实表应真实准确。

②统计。每填完一个时间区段后，对时间耗费情况进行分类统计，看看用于开会、听汇报、检查工作、调查研究、走访用户、读书看报等项目的时间比例有多大，并绘成图表。

③分析。对照工作效果，分析时间耗费的情况，找出浪费时间的因素。浪费时间的因素主要表现在：做了不该做的工作；做了应该由别人做的工作；做了浪费别人时间的工作；犯了过去犯过的错误；开会和处理人事关系时间过长；等等。

④反馈。根据分析结果制订消除浪费时间因素的计划，并反馈于下一时段。

(二)课堂笔记方法——康奈尔笔记法

康奈尔笔记法是来自康奈尔大学的一种笔记法。它非常适合整理听课笔记，将记与学相结合，具体包括以下几个步骤。

①记录(record)。在上课的时候将老师讲的内容记录在右侧笔记栏内，通常可以由老师的板书、课本上的重点内容构成。在这个过程中我们可以通过序列号、符号、多种颜色来进行标记。

②简化(reduce)。记录完笔记之后我们需要将其进行简化，可以提取其中关键词、公式等写入左侧的线索栏。在这个过程中抓住重点是重中之重，如果你选的线索不到位那么后面的背诵就无从谈起了。

③背诵(recite)。在记录和简化之后，我们需要对笔记内容进行记忆背诵。在这个过程中可以通过线索栏来进行回想记忆，这可以帮助我们节约记忆时间。

④思考(reflect)。现在我们在总结栏里写下自己的观点、意见、想法等。它可以是疑问，也可以是反驳。当然，在这个过程中我们可以找老师请教，也可以与同学互相探讨。

⑤复习(review)。最后一步就是复习了，我们记完笔记之后需要及时复习。复习时间可以是在睡前、周末、学期末，三到四次的复习可以让我们将短期记忆变成长期记忆。在这个过程中我们要先复习线索栏，然后再看笔记栏，最后看总结栏。如果有新的观点也可以在总结栏上进行添加，选择不同颜色的笔是一个不错的方法。康奈尔笔记法将笔记本分为三个部分，分别是：线索栏、笔记栏、总结栏(如图 3-1 所示)。

线索栏： 简化（reduce） 背诵（recite）	笔记栏： 记录（record）
总结栏： 思考（reflect） 复习（review）	

图 3-1　康奈尔笔记法的三个部分

（三）课堂学习方法——费曼学习法

费曼学习法的灵感源于诺贝尔物理学奖获得者理查德·费曼（Richard Feynman），他是理论物理学家，量子电动力学创始人之一，纳米技术之父。因其对量子电动力学的贡献获得诺贝尔物理学奖。他被认为是爱因斯坦之后最睿智的理论物理学家，也是第一位提出纳米概念的人。

费曼学习法可以简化为四个单词：concept（概念）、teach（教给别人）、review（评价）、simplify（简化）。费曼学习法的应用主要包含以下四个步骤。

第一步：把它教给一个小孩子。

拿出一张白纸，在上方写下你想要学习的主题。想一下，如果你要把它教给一个儿童，你会讲哪些，并写下来。这里，你的教授对象不是你的那些聪明的成年朋友，而是一个 8 岁的儿童，他的词汇量和注意力刚好能够理解基本概念与关系。

许多人会倾向于使用复杂的词汇和行话来掩盖他们不明白的东西。问题是我们只在糊弄自己，因为我们不知道自己也不明白。另外，使用行话会隐藏周围人对我们的误解。

当你自始至终都用儿童可以理解的简单的语言写出一个想法（提示：只用最常见的单词）时，那么你便迫使自己在更深层次上理解了该概念，并简化了观点之间的关系和联系。如果你努力，就会清楚地知道自己在哪里还有不明白的地方。这种紧张状态很好——预示着学习的机会到来了。

第二步：回顾。

在第一步中，你不可避免地会卡壳，忘记重要的点，不能解释，或者说不能将重要的概念联系起来。

这一反馈相当宝贵，因为你已经发现了自己知识的边缘。懂得自己能力的界限也是一种能力，你刚刚就确定了一个！

这是学习开始的地方。现在你知道自己在哪里卡住了，那么就回到原始材料，重新学习，直到你可以用基本的术语解释这一概念。

认定自己知识的界限，会限制你可能犯的错误，并且在应用该知识时，可以增加成功的概率。

第三步：将语言条理化、简化。

现在你手上有一套自己手写的笔记，检查一下确保自己没有从原始材料中借用任何行话。将这些笔记用简单的语言组织成一个流畅的故事。

将这个故事大声读出来，如果这些解释不够简单，或者听起来比较混乱，很好，这意味着你要想理解该领域，还需要做一些工作。

第四步（可选）：传授。

如果你真的想确保你的理解没什么问题，就把它教给另一个人。在理想状态下，这个人应该对这个话题知之甚少，或者就找一个 8 岁的儿童。检测知识最终的途径是你有能力把它传播给另一个人。

这不仅是学习的妙方，还是窥探不同思维方式的窗口，它让你将想法撕开揉碎，从头重组。这种学习方法会让你对观点和概念有更为深入的理解。重要的是，以这种方式解决问题，你可以在别人不知道他们自己在说什么的情况下，理解这个问题。

一起来探究：

你有哪些独特、有效的学习方法？

■ 练一练

心理活动——时间馅饼

活动目标：在活动中把大学生一天的时间图像化、具体化，引导大学生进行自我认知，帮助他们发现自己在一天中是怎样安排生活作息和学习时间的。

课前准备：A4 白纸、水彩笔。

活动过程：

（1）教师给每个学生发一张 A4 白纸，要求学生在一张纸上画一个圆，上面写上标题"周六的一天"。

（2）教师告知学生：这个圆就是你在周六一天生活的"时间馅饼"，时间总是一刻不停地流逝，就好像我们不停地吃着"时间馅饼"，但是我们都吃到哪里去了呢？可以通过这个活动认识一下。

（3）一天有二十四小时，估计自己花了多少时间睡觉、吃饭、聊天、玩手机……又花了多少时间看书、运动等。从圆心出发，按照不同活动的比例画出饼状图，并涂上不同的颜色。

（4）教师总结讨论：大家对于自己周六的安排感到意外吗？有没有学生发现"我原来花了这么多时间在做无聊的事"？你希望自己哪一部分的"时间馅饼"更多一些，哪一部分更少一些，或是需要增加和减少哪些部分？将你的"时间馅饼"与周围同学交换讨论，看看其他人的时间安排如何，有没有值得你学习的地方。

第三节　学习有动力——愿意学习

■ 成长案例

晓辉看到学院公示了保研的学长学姐的介绍，有了榜样的引领，他暗下决心，一定要拿奖学金，将来也争取保研。大学的学习与中学不太一样，专业学习更加深入，还有一定的探索性，由于过度关注成绩，在第一学期期末考试前晓辉总是睡不着，本来很熟悉的知识，在考试时候就是想不起来。看着自己的成绩与保研的距离越来越远，晓辉逐渐对学习失去了信心，一想到要考试，就睡不着，感觉生活失去了方向，一切变得一团乱……

动机是学习关键的因素之一，也是一个最难测量的因素。什么因素促使学生学习？努力学习的意愿是许多因素共同促成的结果，包括学生的个性、能力，也包括特定学习任务的特征、学习的诱因、情境和教师的行为。

一、学习与动机

心理学家将动机(motivation)定义为激发、引导和在一段时间内保持行为的内部过程。通俗地讲，使你开始行动、继续行动，并且决定你行动方向的正是动机。

(一)学习动机的种类

根据动机的来源，可以把动机分为外在动机和内在动机。外在动机是指人在外界的要求与外力的作用下所产生的行为动机。例如，你为什么学习？为了得到老师表扬，为了得到父母夸奖，为了得到新款手机，为了得到新的自行车，为了完成义务教育等都属于外在动机。内在动机是由个体的内在需要引起的动机。例如，你为什么而学习？为了自身增长知识，为了报答父母的养育之恩，为了建设祖国，为了中华之崛起而读书等都属于内在动机。

根据动机与活动的关系，可以把动机分为近景的直接性动机和远景的间接性动机。近景的直接性动机是与学习活动直接相连的，来源于对学习内容或学习结果的兴趣。例如，求知欲、对成功的渴望、对某个学科的浓厚兴趣，以及教师生动形象的讲解、教学内容的新颖等都直接影响学生的学习动机。这类动机作用的效果比较明显，但稳定性比较差，容易受到环境或一些偶然因素的影响。例如，学生数学学得很好，这是因为任课教师讲课很生动，使枯燥的数字变成了一串串美妙的"音符"，容易理解与记忆，学生在课后认真预习和复习，取得了好成绩。但这个学生对数学的兴趣并没有保持下去，因为换了任课教师，而这名教师讲课比较死板，学生觉得没意思，因此不怎么用心，成绩自然下降了。远景的间接性动机是与学习的社会意义和个人的前途相连的。例如，大学生意识到自己的历史使命，为了不辜负父母的期望，为了争取自己在班集体中的地位和荣誉等都属于间接性动机。那些高尚的、正确的间接性动机的作用较为稳定和持久，能激励学生努力学习并取得好成绩。而那些为父母、教师的期望或为自己的名声、地位的动机作用的稳定性和持久性相对比较差，容易受到情境因素的冲击。例如，在学习活动中遇到困难是常事，但受低级的、错误的间接性动机支配的学生在这种时候容易出现情绪波动，缺乏克服困难的勇气与力量，常常半途而废。

根据动机在活动中的地位和所起的作用的大小，可以把动机区分为主导性动机和辅助性动机。主导性动机是对行为起支配作用的动机；辅导性动机是对行为起辅助性作用的动机。当主导性动机和辅助性动机之间的关系比较一致时，活动动力会加强；如果彼此冲突，活动动力会减弱。

根据动机的性质，可以把动机分为生理性动机和社会性动机。生理性动机也称驱力，它以有机体自身的生物学需要为基础，引起的活动可满足某种生物学需要，如饥饿、干渴、性、睡眠、解除痛苦等。社会性动机以人的社会文化的需要为基础，如好奇动机、成就动机、交往动机、权力动机等。好奇动机是指个体对新奇事物注意、探索和操弄等行为的内在动力，引起好奇动机的刺激要具备新奇性或复杂性。刺激物越新奇或复杂时，个体对它就越好奇。个体在幼小时对事物的好奇比长大后强烈。好奇动机与人的兴趣有关。兴趣是指人们探究某种事物或从事某种活动的心理倾向，它以认识或探索外界的需要为基础，是推动人们认识事物、探求真理的重要动机。兴趣根据起因划分，可以分为直接兴趣和间接兴趣，直接兴趣是由事物或活动本身引起的兴趣，间接兴趣是由事物或活动目的和结果的意义引起的兴趣。

■ 拓展阅读

为什么而玩？为什么不玩了？

一群孩子在一位老人家门前嬉闹，叫声连天。几天过去，老人难以忍受。于是，他出来给了每个孩子25美分，对他们说："你们让这儿变得热闹，我觉得自己年轻了不少，这点钱表示谢意。"孩子们很高兴，第二天仍然来了，一如既往地嬉闹。老人再出来，给了每个孩子15美分。他解释说，自己没有收入，只能少给一些。15美分也还可以吧，孩子们仍然兴高采烈地走了。第三天，老人只给了每个孩子5美分。孩子们勃然大怒："一天才5美分，知不知道我们多辛苦！"他们向老人发誓，他们再也不会为他玩了！

(二)学习动力自我诊断测试

以下是一份关于大学生学习动力自我诊断测试，一共有 20 个问题。请你根据自己的实际情况，逐一对每个问题做"是"或"否"的回答。为了保证测验的准确性，请你认真作答。

1. 如果别人不督促你，你极少主动地学习。
2. 你一读书就觉得疲劳与厌烦，直想睡觉。
3. 当你读书时，需要很长的时间才能提起精神。
4. 除了老师指定的作业外，你不想再多看书。
5. 在学习中遇到不懂的知识，你根本不想设法弄懂它。
6. 你常想：自己不用花太多的时间，成绩也会超过别人。
7. 你迫切希望在短时间内就能大幅度提高自己的学习成绩。
8. 你常为短时间内成绩没能提高而烦恼不已。
9. 为了及时完成某项作业，你宁愿废寝忘食、通宵达旦。
10. 为了把功课学好，你放弃了许多感兴趣的活动，如体育锻炼、看电影与郊游等。
11. 你觉得读书没意思，想先找个工作。
12. 你常认为课本上的基础知识没啥好学的，只有看高深的理论、读大部头作品才带劲。
13. 你平时只在喜欢的科目上狠下功夫，对不喜欢的科目则放任自流。
14. 你花在课外读物上的时间比花在教科书上的时间要多得多。
15. 你把自己的时间平均分配在各科上。
16. 你给自己定下的学习目标，多数因做不到而不得不放弃。
17. 你几乎毫不费力就实现了你的学习目标。
18. 你总是同时为实现好几个学习目标而忙得焦头烂额。
19. 为了应付每天的学习任务，你已经感到力不从心。
20. 为了实现一个大目标，你不再给自己制订循序渐进的小目标。

【测试结果及分析】上述 20 道题可分成四组，它们分别测试你在四个方面的困扰程度：1～5 题测查你的学习动机是否太弱；6～10 题测查你的学习动机是否太强；11～15 题测查你在学习兴趣上是否存在困扰；16～20 题测查你在学习目标上是否存在困扰。选"是"记 1 分，选"否"记 0 分，将各题得分相加，算出总分。

总分在 0～5 分，说明你的学习动机有少许问题，必要时可调整。总分在 6～10 分，说明你的学习动机有一定的问题和困扰，可调整。总分在 14～20 分，说明你的学习动机有严重的问题和困扰，需要及时调整。

二、学习动力不足及调适

(一)学习动力不足的表现及原因

1. 学习动力不足的表现

学习动力不足的主要表现如下。一是学习无目标无计划，过一天是一天，做一天和尚撞一天钟。二是注意力分散。学习动力不足会使注意力涣散、兴趣转移，学习易受各种内外因素的干扰。三是厌学情绪强烈。不愿上课，千方百计地逃课。四是学习无成就感，无抱负和期望，无求知上进的愿望。

2. 学习动力不足的原因

学习动力不足的原因是复杂的，归纳起来有内因和外因两个方面。

内因，指来自大学生自身的原因。一是学习动机不正确，社会责任感不强。二是对所学专业缺少兴趣。三是不正确的归因。以两个成绩优秀的学生为例，学生甲将自己的成功归因于能力，他充满信心；学生乙将成功的原因归于运气，心存幻想希望下次再碰上好运气。四是对自己的能力缺乏正确的判断。

外因，指来自社会、学校、家庭等方面的原因。学校专业设置过细，在一定程度上脱离社会需要，导致择业困难；课程设置不合理，教学内容陈旧，方法单一，教学效果不佳；教学管理不严，教学条件跟不上。有的家庭急功近利，为子女选择专业，不考虑子女对这些专业是否有兴趣、是否适合学习。外在诱因过强，特别是电子游戏、网上聊天等，当这些诱惑远远大于学习诱惑时，学生的学习兴趣就会大大降低。

(二)学习动力不足的调适策略

1. 强化学习动机

学习动机是学生学习活动的主观意图，是推动学生学习的内在力量。一是要明确学习目的，增强社会责任感。一切从集体、社会、国家利益出发的学习目的，都是正确的。在与社会需要相适应的学习动机的促使下，学习的自觉性才会产生。二是要积极参加校园文化活动，激发强烈的求知欲。大学中的校园文化活动是丰富多彩的，根据自己的兴趣有选择地参加，对激发求知欲、增强学习动机有帮助。三是要制订合适的学习计划来强化学习动机。

2. 培养学习兴趣

学习兴趣是学习过程中一种积极的心理倾向。大学生要想在学习中发挥积极性和创造性，就要培养对所学知识的浓厚兴趣。学习兴趣是可以在学习过程中逐步培养的。可以通过多读、多听、多看、多实践来培养学习兴趣。多读专业相关书籍、报刊，把握学术动态；多听学术报告会，了解学术动态和本学科当前最新研究成果；多看一些学术成就展览，以激发兴趣；多参加学校的各种科技文化实验活动，做到理论联系实际，增长技能，培养科研兴趣等。

3. 进行积极归因

把一件事情的成功归因为"我非常努力"，把失败归因为"我努力不够"，便可以让学习者相信，学习的成败是掌握在自己手中的。大学生应当多从自己的努力程度、学习方法、学习基础方面找原因，以便及时找到问题的症结所在，有针对性地改进，切不可动不动就怀疑自己的能力有问题。

4. 增强自信

可以从比较容易成功的学习任务开始，不断积累小成功，并逐渐增加任务难度，这会强化对自己能力的肯定，增强自信心。有了充分的自信心后，即使遇到一些挑战性的任务或暂时的失败或挫折，也能保持积极进取的学习状态。

■ 知识链接

学习动机与教师期望

皮格马利翁效应(Pygmalion effect)又叫教师期望效应或罗森塔尔效应，指人们基于某种情境的知觉而形成的期望或预言，会使该情境产生适应这一期望或预言的效应。教师如果根据对某一名学生的了解而形成一定的期望，就会使该学生的学习成绩和行为表现发生符合这一期望的变化。美国心理学家罗森塔尔和雅克布森对这一现象进行了实验研究，并于1968年发表了研究成果《课堂中的皮格马利翁——教师期望与学生智力发展》一书。他们在奥克学校(Oak School)所做的实验中，先对小学一至六年级的学生进行了一次名为"预测未来发展的测验"，实为智力测验。然后，在这些班级中随机抽取约20%的学生，并让教师认识到"这些儿童的能力今后会得到发展"，使教师产生对这一发展可能性的期望。8个月后又进行了第二次智力测验。结果发现，被期望的学生，特别是一年级、二年级被期望的学生，比其他学生在智商上有了明显的提高。这一倾向，在智商为中等的学生身上表现得尤为显著。而且，被期望的学生表现出更有适应能力、更有魅力、求知欲更强、智力更活跃等倾向。这一结果表明，教师的期望会传递给被期望的学生并产生鼓励效应，使其朝着教师期望的方向变化。

■ 练一练

心理活动"我的归因特点"

(一)了解归因倾向

帮助大学生了解自己在学习方面的归因倾向，发放问卷并说明：A. 选择符合自己实际情况的项目，如果你认为还有其他原因，请写在问卷下面的"其他"栏里面；B. 在你所选的内容中再选出5个主要的，将它们依照重要程度的次序填写(写题号即可)。

了解和分析致使你自己学习、考试成绩不理想的原因，如果你认为符合你的情形，请在(　　)中打"√"。我的学习、考试成绩不理想，是因为：

1. 家中没有人指导我解答疑难作业。(　　)

2. 我不喜欢任课教师。(　　)

3. 学习科目过于枯燥。(　　)

4. 平时养成了懒散的习惯，不愿学习。(　　)

5. 家里环境差，没法学习。(　　)

6. 我没有找到有效的学习方法。(　　)

7. 父母不关心我的学习。(　　)

8. 我缺乏学习的恒心和毅力。(　　)

9. 班级学习风气不好。(　　)

10. 我不会妥善安排学习时间。(　　)

11. 学校令人讨厌。(　　)

12. 我学习基础不好，跟不上。(　　)

13. 老师的教学方法不适合我。(　　)

14. 我自己努力不够。(　　)

15. 运气不好，复习的内容总是不考。(　　)

16. 身体不佳，无法集中精力学习。(　　)

17. 考题总是太难。(　　)

18. 我对学习没有兴趣。(　　)

19. 情绪不稳定，常被无端的情绪干扰。(　　)

20. 本身能力不够，根本不是学习的料。(　　)

其他：＿＿＿＿＿＿＿＿＿＿。

影响我学习的5个主要因素依次为＿＿＿＿＿＿＿＿＿＿。

(二)表演与讨论

暂时放下问卷，呈现一个情境，要求大学生表演出来，并组织他们分小组讨论。

情境：(旁白)考试后，大一某专业的两名学生坐在一起，闲聊起来。

甲：唉！专业课学起来可真累啊！

乙：喂，这次考试考得怎样？

甲：唉，别提了，真是惨不忍睹啊。我连哭的勇气都没了。

乙：你平时够努力的，怎么会没考好呢？

甲：是啊……刚开始入门时是"希望之星"，学着学着就成了"流星"！唉，看来我自己真的不是学这个专业的料啊，再努力恐怕也没用了！你呢？

乙：我？我跟你一样，刚开始学也算"希望之星"，现在就成了"扫帚星"！但是我认为自己不笨，之所以落到今天这地步，都得怪老师没有把我们管好教好！你想，学生没学好，不怪老师，还能怪谁呢？

讨论：以上甲、乙两名同学对自己的学习是如何归因的？这样归因可能会导致什么样的结果？你认为他们应该怎样做？说别人容易说自己难，同学们对别人的归因方式都发表了自己的看法，现在回过头来看看同学们的归因方式又有什么样的特点。

（三）分析结束

组织学生对问卷结果进行统计分析：在单数题中，你打"√"的有几个？在双数题中，你打"√"的有几个？

分析结果：如果你更多地选择单数题号的选项，你可能是一个外部控制的人，也就是说你通常习惯把自己成功和失败的原因归于外部条件和环境；如果你选择的大多是双数题号的选项，那么说明你善于从自己内部寻找原因，你是一个内部控制的人；如果你选择的单数题和双数题差不多，这说明你不是典型的内部控制或外部控制的人。

理论分析：心理学家韦纳认为我们一般把原因归结为能力、努力程度、任务难度、运气四个方面（表 3-1）。结合理论，我们会发现，有一些因素是可控的，有一些则是不可控的，如果将所有事情都归结为运气，我们就没有动力继续努力了。

表 3-1　韦纳的归因理论

	内部的	外部的
稳定的	能力（不可控）	任务难度（不可控）
不稳定的	努力（可控）	运气（不可控）

小组讨论分享：结合具体事例谈一谈你过去是如何归因的，现在看看是否合理。

第四节　常见学习问题的应对

■ 成长案例

宁宁（化名），女，22 岁，大三学生。因为宁宁小时候身体不好，所以父母对她有点溺爱，从不要求她做什么，宁宁也一直很听话。父母从不问成绩，也很少叫宁宁去学习。从小到大，宁宁的很多事情都是父母安排的，她对成绩一直没有什么概念，觉得只要不是太差就好。从小学到初中，宁宁的老师中总有人是她家的亲戚，所以老师比较关注宁宁，她的成绩一直都很好。高中时，宁宁第一次有了自己的手机，从此就开始沉迷于玩手机，看小说、聊 QQ，成绩开始下降。所以在调班的时候，宁宁被调到了成绩差一点的班级。之后宁宁又放下手机努力学习，但是没有赶上去，没能进入之前的班级。宁宁觉得自己再怎样努力也没有什么用，就放弃了学习，一直沉迷于手机。高三也没努力，所以觉得考上大学很幸运。

上大学之后宁宁很少把时间和精力放在学习上。宁宁觉得现在上学也就是为了以后能找个好一点的工作，学校和专业都不是她自己选的，她感觉现在所学的知识在生活中很难运用，对以后找工作没什么大的帮助。宁宁从不旷课，按时交作业，期末抓紧时间复习（虽然效率不高），其中很大一部分原因是不想挂科，因为不想交重修费，想拿助学金和奖学金。宁宁只要心情不好的时候就不愿意听课，而且对有些课的内容不感兴趣，上课的时候会玩手机，注意力分散。宁宁没有什么学习方法，她将自己的学习成绩归因于试卷的难易程度、运气等。宁宁没有明确的学习目标，对未来没有规划，很迷茫。

你觉得宁宁目前主要遇到了哪些学习问题？如果她是你的同学，你会如何帮助她？如果你是她的任课老师，你会如何帮助她？

一、学习倦怠及调适

（一）什么是学习倦怠

学习倦怠是由于缺乏学习兴趣或存在学习压力而产生的对学习感到厌倦的消极态度和行为。学习倦怠在心理上表现为注意力不集中，思想迟钝，情绪暴躁，精神萎靡不振，学习效率下降，错误增多；在生理上可能表现为腰酸背痛、动作不准确、打瞌睡等。长期的学习倦怠会导致个体出现情绪低落、精力耗竭、自信降低、逃避学习等一系列现象，严重者身心受损甚至终身厌倦学习。王玉楠对6所高校共400名大学生的调查表明，有31%的大学生存在相对较高的学习倦怠，大学生学习倦怠在年级上存在显著差异，在总体倦怠程度上大二学生最高，其次是大一学生，再次是大四学生，最后是大三学生。凯塔琳娜等人的研究表明学习倦怠能够大幅度地预测抑郁症状，并存在累积周期。任春华发现在性别变量上，男生在学习倦怠中的情绪低落感高于女生。其原因可能是社会传统文化通常要求男性更加独立、自信、富有责任感，使得他们比女性面临更多的挫折和压力。

具体而言，连榕等人提出学习倦怠包括三个方面可能的心理和行为表现，分别是情绪低落、行为不当和成就感低。情绪低落指表现出兴趣下降、心情失落、沮丧低迷等情绪特征；行为不当指表现出不适宜的举动，如迟到早退、溜号逃课、不写作业等；成就感低指很少体验到成功感和满足感。在前文的案例中，小芳的身上就出现了情绪低落、成就感低的典型表现，并且开始出现行为不当的萌芽念头。

（二）学习倦怠的原因

学习倦怠的产生与学生自身和外界因素多个方面有关。有关研究发现，大学生的学习倦怠与不良社会作风和文化、就业压力、学校教育的缺陷以及学生自身独立性问题密切相关。

1. 不良社会作风和文化的影响

一方面，大学并非一个封闭的地方，外界不良信息很容易进入校园，冲击原有的校园文化。另一方面，大学生开放的特性和不成熟的心态，使其容易受到外界不良信息的影响，产生拜金主义、享乐主义思想和急功近利的心态，或沉迷于网络及各种娱乐活动，从而对学习失去兴趣。

2. 日益增长的就业压力

据中国教育在线统计，近年来我国大学毕业生人数逐年增加。在供过于求的市场现状下，大学生很难找到理想的工作，大学生工资低于那些并未读过大学的人的情况也并不少见。甚至很多学生产生了学习无用论的思想，迫不及待地想尽早找到一份工作，而不是努力学习。

3. 学校教育的缺陷

受中国应试教育制度的影响，学校教育侧重理论而忽视实践，设置的课程多数都是理论课，注重知识的讲解和传授以及考试成绩，与学生的实际生活严重脱节。从教师方面来看，教师自身的思想道德水平低、知识文化水平不高以及教育教学方法不当等在一定程度上也会引发学生的学习倦怠。

4. 大学生自身独立性问题

尽管前面提到了三方面的外在因素，但大学生的独立性才是学习倦怠的关键影响因素，也是从心理健康的角度出发大学生可以进行自我控制和调节的方面。一方面，部分大学生进入大学后没有完成责任意识的转变，学习意识仍处于中学阶段的被动状态，不注重在学习中的自我激励，体验不到愉悦感，长此以往，便产生了学习倦怠。另一方面，部分大学生惰性较强，自控力不足，缺乏延迟满足和履行计划的能力，只注重眼前的舒适和快乐，无法静下心来学习，这是学习倦怠产生的又一原因。有研究发现，成功导向的学生比技能导向和学习导向的学生表现出更多的学习倦怠，这启发我们学习不应过于功利化，不应只注重结果的成功与否，而应更关注自己是否有真实的技能和知识上的收获。在现实生活中，学习倦怠并不单纯受上述某一因素的影响，而是各种因素综合产生的效应。

(三)学习倦怠的调适

朱林仙研究发现，大学生学习压力体验对学习倦怠具有较高的预测作用。赵锦山研究了大学生的就业压力和专业承诺，发现二者呈显著正相关。王玉楠的研究指出，学习压力越大、学习成就感越低以及专业承诺越低，学习倦怠的程度越深。综合以往研究，我们应从学习压力、学习成就感和专业承诺三方面对学习倦怠进行调适。

第一，在解决学习压力方面，我们应先从自己的日常生活做起，消除潜在的压力源。吃饭睡觉、人际交往这些日常诸事本应是每个人习以为常、放松自然的生活部分，但在面对新环境时这些琐事往往成了压力的来源。昨天又失眠了，今天午饭不知道吃什么好，寝室的小王是不是对我有意见……如果自己的生活尚且过得费心费力，还要去完成学习任务自然难上加难。因此我们要做好生活规划，早睡早起，按时吃饭，养成自己较为固定的生活时间观念。在人际交往方面，要用自信开放的心态去积极面对周围的新同学，结识新朋友，而不要自我封闭。在生活较为适应后，再着重从不当的学习行为入手，进行自我规划和管理。在纠正不良学习习惯方面，可以采用积极行为疗法，将学习和自己感兴趣的东西或者事件建立联系，形成正强化，从而形成对学习的兴趣，减轻学习倦怠。例如，和同学组成自习小组就是行之有效的互相监督、养成良好自习习惯的方式。

第二，在调适学习成就感方面，我们应在入学初期给自己时间和耐心，找好在新环境中的定位。部分大学生在进入大学后，在学习成就的自身定位方面会出现心理落差。例如，某些同学在中学属于优等生，但进入大学后成绩排名不再靠前，感到失去了优等生的自我认同感。同时大学生活丰富多彩，一些有文艺、体育特长的大学生在课余活动中大放异彩，原本就出现了心理落差的大学生如果不能及时调整，还可能在这样的比较中越发怨天尤人，成就感下降，甚至出现嫉妒、逃避等各种心理反应。在这种情况下，我们要保持自信，客观地看待自己，在新环境中不要一开始就将目标定得太高，通过制订多个近期小目标稳扎稳打地努力，在完成一系列小目标的过程中重塑自信和学习成就感。

第三，在专业承诺方面，我们应努力提升对专业的情感认同。连榕等人指出，大学生专业承诺是大学生认同所学专业并愿意付出相应努力的积极的态度和行为。专业承诺中的情感承诺是学习倦怠及其各维度的重要预测变量，对专业越喜欢，感受到的学习倦怠越少，相反，对专业越厌倦，感受到的学习倦怠越高。因此大学生应主动提升自己对所学专业的了解程度，进而挖掘专业兴趣，提升对专业的情感承诺。在现实生活中，不少大学生所学的专业并非自己最初选择的专业，部分大学生志向明确，希望通过个人努力转到自己更为理想的专业去，这是非常值得鼓励、肯定的。即使出于种种原因不得不留在可能一开始觉得不那么理想的专业，也不需要因此气馁。一方面，行行出状元，事在人为，学任何一个专业，只要肯努力，都会有很好的出路；另一方面，大学中最重要的并非专业知识的获得而是综合素质的养成，任何一个专业的培养都会使人得到锤炼，也许在未来其他的工作岗位上，这种跨专业的背景反而更有优势。

二、学习焦虑及调适

(一)什么是学习焦虑

学习焦虑是指由于学生在学习过程中感到不能达到预期目标或不能克服障碍的威

胁，导致自尊心、自信心受挫，恐惧感增加的一种紧张不安的情绪状态。从生理角度来说，过度的学习焦虑是一种神经系统的高度紧张，它会束缚人的认知活动，导致可用的认知资源减少、学习效率降低、学习态度消极等问题。

学习焦虑的典型表现包括：①自我怀疑，总担心自己学不好，对可能取得的考试成绩顾虑重重，信心不足，忧虑过度，以致寝食难安；②夸大学习和考试的难度，经常惶惶不安，焦虑万分；③情绪处于压抑状态。当代大学生的学习焦虑情况非常普遍，一项对天津高校 5 万名在校大学生的调查表明，16％的大学生存在不同程度的焦虑。焦虑本身是一把"双刃剑"，学习焦虑是对学习活动具有动机作用的。20 世纪 50 年代，泰勒、斯彭斯提出以一般性焦虑为特征的驱力理论。这一理论认为，在个体的焦虑水平处于中等强度的条件之下，其学习的效果是最理想的，但驱力水平过高或过低对学习效率都有不利影响。莫厄尔在研究了焦虑与工作效率的关系后，认为适度的焦虑有助于维持人格的完整，促进人格的高水准统一。但过度焦虑是一种负性情绪，长期处于该情绪状态的人，其心理会产生各种障碍，人会变得退缩、过度顺从，或暴怒或恐惧，从而不能顺利完成工作或学习任务。长期的过度焦虑会使人格发展受到影响，如产生高度敏感、自卑、自我评价过低、依赖心重、做事犹豫不决、恐惧、害怕等心理状况。需要注意的是，学习焦虑的来源往往并不是实际的挫折，而是自己臆想中的、可能发生的挫折。很多大学生会在重要考试前感到焦虑，这就是由于担心考试有可能出现的失败结果，并在头脑中不断强化对失败的恐惧而出现的身心反应。

(二)学习焦虑的原因

学习焦虑的最主要原因包括学习压力和学习动机两方面。王凯丽指出，学业压力是个体面对学业要求时产生的紧张反应，是个人与环境相互作用的结果。王玉楠的调查表明我国大学生普遍存在一定的学习压力，22.75％的大学生存在较高程度的学习压力。大学生一方面要接受来自学校的教育，另一方面在学习逐渐步入社会，因此大学中潜在的压力源是多方面的。大学的学习方式和生活方式对刚进入校园的学生是新奇而陌生的。在学习方面，课程数量多、内容多，在适应的过程中大学生必然会产生一定的心理压力；在生活方面，个人的衣食住行需要良好的自律能力和生活经验，宿舍的集体生活、社团活动等都需要良好的人际交往沟通能力，部分学生在中学阶段较欠缺这些能力，故导致压力上升。

此外，对未来就业、个人前途的担忧以及家长的期望过高、持续施压也是许多大学生的重要压力来源。学习作为每名大学生必须完成的任务，往往成为多方面压力累积后的最突出受到影响的方面。在学习动机方面，成就动机过强、自我预期过高的大学生往往容易出现学习焦虑。在尚不适应新的学习环境时，过高的预期是不现实、不易兑现的，这容易带来对成绩的失望，从而导致学习上的挫败感。在多次挫败后，大学生的成就感持续低下，学习动机开始从过高转向不足，逃避和放任的想法、行为便开始萌芽。过高的成就动机还会导致考前焦虑。部分大学生内心较为敏感，抗挫折能力较差，如果同时成就动机较强，预期很高，便会在考试前夕将结果看得太重，很担心考试成绩不尽如人意，变得情绪烦躁、忧心忡忡，甚至夜不能寐。另一个会影响到学习动机的因素是专业兴趣。部分大学生对所学专业兴趣不足，从而动机不足，导致学习努力程度不够，但同时他们在理性上又清楚自己应该改变现状，却迟迟没有动力付出行动，长此以往就形成了焦虑心境。

(三)学习焦虑的调适

结合学习压力和学习动机两方面的原因，我们也应从这两方面对学习焦虑进行调适。在调节学习压力方面，可参考前文关于学习倦怠的调适的方法。在调节学习动机方面，重新进行成败归因是非常重要且有效的调节方式。乔建中等人的研究发现，在失败情境中，高焦虑者更倾向于进行能力归因。例如，同样是考试分数不理想，低焦虑的学生可能会将考试失败归结为试题太难等外部因素，而高焦虑的学生则会将失败完全归结为自己智商不够、能力不足，这样的归因便带来了很大的挫败感，导致更强的焦虑。这提醒我们要理性看待成功与失败，不要因为一两次的结果过分地自我否定，但同时焦虑过低的学生学习动力可能会不足，这样的学生要学会诚实地面对自我，不能非理性地将一切失败都归咎于外界而逃避自身问题。无论成功或失败，都应保持对自己的学习能力和学习努力的信心。

此外，教师、学校方面也应注意为学生营造一个宽松、和谐的学习环境，以防止在过于高压的学习环境下焦虑情绪的产生。家长方面应给孩子多一些信任和时间，不要在学习就业方面反复对孩子提出各种期望，使其压力增大。

三、考试焦虑及调适

(一)什么是考试焦虑

1. 考试焦虑的定义

考试焦虑指个体因担心考试失败有损自尊而导致或引发的负性情绪反应。考试焦虑的学生可能在考试前后出现精神紧张、恐惧、心烦意乱、无精打采、肠胃不适、原因不明的腹泻、多汗、尿频、头痛、失眠、记忆力减退、注意力不集中、思维迟钝、学习效率下降等症状。据调查，有10%～15%的大学生对考试存在着不同程度的焦虑，特别是学习基础比较差、性格比较内向、学习方法不够灵活的大学生最容易出现考试焦虑症状。

2. 考试焦虑对大学生学习的影响

正常的、适度的焦虑对学习和考试是有利的。研究表明：焦虑程度与学习效率之间呈倒 U 形曲线，随着焦虑程度增加，学习效率随之提升，但超过一定焦虑程度，学习效率就会随着焦虑程度的增加而降低，即个体处于中等程度的焦虑水平时，学习效率最高。太高或太低的焦虑都不能使人取得良好的学习成绩。如果焦虑水平过低，则激发不起学习动机；若焦虑水平过高，就会使人烦躁不安，抑制思维和记忆，不利于学习和考试。

耶克斯-多德森定律是心理学家耶克斯（R. M. Yerkes）与多德森（J. D. Dodson）提出的。心理学研究表明，动机强度和工作效率之间的关系不是一种线性关系，而是倒 U 形曲线关系。

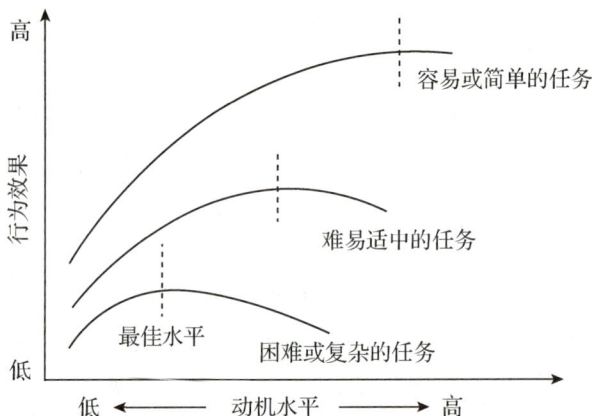

图 3-2　耶克斯-多德森定律

中等强度的动机最有利于任务的完成。也就是说，当动机强度处于中等水平时，工作效率最高，一旦动机强度超过了这个水平，对行为反而会产生一定的阻碍作用。大学生学习的动机太强、急于求成，会产生焦虑和紧张情绪，干扰记忆和思维活动的顺利进行，使学习效率降低。考试中的"怯场"现象主要是由动机过强造成的。

(二)考试焦虑的调适

1. 合理期望

正确认识和评价考试及其成绩，端正考试态度，正确评价自己，确定适当的考试目标，既要相信自己的能力，也不要超出自己的能力。要充分认识到考试是检验所学知识、衡量学习好坏的手段之一，只是教学的一个重要环节，成绩并不完全、准确、全面、真实地反映一个人的知识水准和能力高低。一般情况下，考试反映了平时学习的状况，是大学生反省自己学习态度和方法的好时机。所以，大学生要重视考试，认真制订学习与复习计划，尽力发挥自己的水平。但不要把考试的分数看得过重，因为它不是衡量学习质量的唯一标准。

2. 认真复习，增强考试的自信心

掌握科学的复习方法是提高学习成绩、顺利通过考试的关键。克服考试焦虑最重要的是做好考前准备，认真复习、积极备考，按轻重缓急制订复习计划，掌握课程的主要内容以及老师上课时强调的重点。所谓"难者不会，会者不难"，充分掌握知识可

以增强考试的自信心。合理安排时间，不要使大脑过度疲劳，以免影响学习效果。另外，考试结束就不要过分关心已考题目的对错，应全心全意准备未考的科目。

3. 提高应试技巧

首先，平时注意学习技巧。在学习中注意掌握不同学科的知识体系和基本结构，抓住知识重点。考试前要用较集中的时间对所学知识进行系统复习，考试时要掌握答题技巧，如明确答卷要求、浏览整个试卷内容、安排好答题顺序、认真审题、细心答题、仔细检查答案、保持卷面整洁、书写工整等。其次，考试前做些喜爱的运动，放松身心，进入一种"假消极状态"。心理学家认为这种"假消极状态"最有利于激发人的心理潜能，有利于发挥自己的水平。尤其是临考前几天应保持充足的睡眠、适当的运动和娱乐，这些不仅有助于情绪的稳定和调节，还能保证以清醒的头脑和充沛的精力面对考试。最后，考试时先做有把握的题，难题放在后面做，这样可以消除考试的紧张情绪。大学生在考试中要正确对待考场中的各种因素对自己情绪的影响，树立自信心，充分发挥主体优势，消除不必要的顾虑和担忧。假如考试"怯场"，应暂时停止答题并设法转移注意力，如闭眼、放松、深呼吸，或想一件令自己高兴的事，反复地暗示自己"我很平静，我很放松"，待情绪趋于稳定后再继续答题。

■ 拓展阅读

经典条件作用在教学和学习中的运用

（一）将快乐事件作为学习任务的无条件刺激

让学生在群体竞争与合作中学习。创造一个舒适的读书角，吸引学生主动阅读。提供温暖、舒适的课堂环境，使学生产生温馨的感觉，并将这种感觉泛化到学习活动中。

（二）帮助学生克服窘境

如果学生害羞，可以给他分配更多的社交任务，如分发作业本和试卷、辅导其他同学等。如果学生害怕在全班同学面前讲话，可以先让他在小组同学面前坐着读一个报告，然后站着读，然后根据笔记内容做一个报告，最后到讲台前给全班同学做报告。如果学生不愿意回答课堂提问，可以先向他提一些简单而明确的问题，并对他的主动回答给予积极评价，帮助他建立自信心。

（三）帮助学生摆脱考试焦虑

第一步，与学生一道罗列导致考试焦虑的各种情境，并按焦虑程度从最轻微到最严重排出等级。例如，最轻微的焦虑可能发自在班里听到考试，比较严重的焦虑可能发自临考前夜看书或者走进考场，最严重的焦虑可能发自在考场上拿到考卷。第二步，让学生学会通过想象愉快的场景（如躺在沙滩上）和提示自己放松（如说"放松"）来放松。第三步，学生一边放松，一边想象最轻微的焦虑情境，重复多次后，想象严重一点的焦虑情境，直到在想象最严重的焦虑情境时不感到焦虑为止。如果学生在想象某个情境时报告说仍然感到焦虑，就返回上一个不引起焦虑的情境。在这里，导致放松的场景(无条件刺激)引发放松(无条件反应)，引起焦虑的情境(条件刺激)与导致放松的场景(无条件刺激)多次同时出现，引发放松(条件反应)。如此，从最轻微的焦虑情境开始，反复结合，直到最严重的焦虑情境都能够引发放松。值得说明的是，学生摆脱考试焦虑可能需要几个疗程，实施者必须受过专业培训，具有娴熟的技能，学生必须能够想象各种场景。

练一练

1. 学习信心训练

训练目标：引导大学生认识自己，了解自己在学习方面的优势和劣势，集体出力，分析导致学习成绩不好的"非智力因素"；引导他们了解归因对人的情绪和动机的影响，从而找到增强对学习有自信心的方法和途径，激发和强化学生主动学习的内在动机。

课前准备：A4 白纸、塑料桶。

活动过程：

(1)让每名学生在白纸上写出自己在学习方面的优势和劣势，以及自己在学习方面缺乏自信的表现，不用写自己的名字。

(2)将白纸折成纸飞机或揉成纸团，扔进小塑料桶里。让每名学生从小塑料桶里随机捡起一个纸飞机或纸团，大声读出上面所写的内容。

(3)小组讨论捡到的纸团上的同学所写的问题，共同想办法帮助自己或同学找到热爱学习、增强信心的方法，在讨论后发言分享。

(4)教师引导：注意发挥学生在纸团上所写的原本的优势。也许我们的一些劣势不容易一下子改变，但优势是很容易发扬光大的。而当你发挥了优势就会找到自信，也就能找到学习兴趣与动机。不爱学(学习动机)不等于不会学(学习方法)；不会学(学习方法)不等于不能学(学习能力)。如果大学生在学习上没有积极主动的学习态度，找不到合理的学习动机，就不可能去探索适合自己的有效的学习方法，也就不可能尝试提高学习能力，也就不可能走出高考失意的阴影。通过活动，大学生要尝试分析自己不爱学习、不会学习和学习不好等的"非智力因素"，从自身做起，经常鼓励自己，要想办法增强在学习方面的自信心和胜任感，从而激发和强化大学生的学习动机，帮助大学生在学习中找到快乐的支点，体验学习带给他们的快乐和成就感。

2. 学习水平测试

阅读下列题目，选出符合你自己的情况的选项。A. 一点也不符合，B. 有点符合，C. 不确定，D. 较符合，E. 非常符合。

1. 我上课时经常开小差或打瞌睡。

2. 我不知道怎样找出文章中的重要信息。

3. 我经常把错误的内容记到笔记本上。

4. 我没有在 24 小时内复习我做的笔记。

5. 我在阅读过程中抓不住细节信息，难以把握文章主旨。

6. 我不能保持长时间学习，经常觉得疲惫和注意力分散。

7. 我在看完整章内容时，不能记住前面所读的内容。

8. 我在学习时很少关掉收音机或电视。

9. 我需要提高记笔记的能力。

10. 我需要提高自己的阅读理解水平。

11. 在课后，有时看不懂做的笔记。

12. 我需要提高学习时的注意力。

评分与评价：

第 1、第 6、第 8、第 12 题测试注意力；第 2、第 5、第 7、第 10 题测试阅读理解能力；第 3、第 4、第 9、第 11 题测试记笔记的能力。选 A 得 0 分，选 B 得 1 分，选 C 得 2 分，选 D 得 3 分，选 E 得 4 分。如果你在以上三部分的平均得分均在 2 分以上，说明你需要通过学习相应的学习策略来提高这些能力。通过以上测试，你的学习水平如何？

（参见张大均、吴明霞：《大学生心理健康》，北京，清华大学出版社，2007。）

第四章　人际交往——学会欣赏别人

■ 思政课堂

健全社会心理健康服务体系，加强心理援助热线的建设与宣传，为公众提供公益服务。加强抑郁症、焦虑障碍、睡眠障碍、儿童心理行为发育异常、老年痴呆等常见精神障碍和心理行为问题干预。完善心理危机干预机制，将心理危机干预和心理援助纳入突发事件应急预案。

——《"十四五"国民健康规划》

■ 学习目标

本章旨在加强学生对人际交往的重视，引导学生多参与人际互动，掌握处理与同伴、异性、师长、父母的关系的技巧，并学会利用丰富的社会支持系统，提升人际交往能力。通过本章学习，了解人际交往的意义、特征与类型；充分理解影响大学生人际交往的复杂因素；了解人际交往中的心理效应，掌握基本的交往原则与技巧；熟知提高人际交往能力的途径与方法。重点引导大学生主动交往，加强与宿舍、同班、社团以及校际的同学的交往，在交往中增进友谊，在交往中互相学习，在交往中互相督促，共同营造积极健康、向上向善的校园文化氛围。

■ 导入案例

同一宿舍的圆圆、晶晶、小美、小芹、小兰、芳芳各有特点，他们分别来自4个省6个不同的地区：圆圆才貌双全，家庭经济条件非常富裕，骨子里的优越感无形中使她与其余同学拉开了距离；晶晶沉稳大气，爱好文学，父母都是高校教师，从小就在书香家庭环境中长大，入学报到后被室友推选为室长；小美性格直率，为人热情豪爽，父母都是公务员；小芹性格内向孤僻、自卑胆小，学习勤奋刻苦，行为自律拘谨；小兰个性偏执，独来独往，不善于与人合作，小学时父母离异，跟随外公外婆长大；

芳芳来自一个小县城，瘦弱矮小、皮肤偏黑、打扮朴素，在宿舍里属于不起眼的那一个。宿舍里的位置分配是房间对面各占 3 名同学，圆圆、小美、晶晶被安排在一面，芳芳、小芹、小兰在另一面。开学后逐渐形成了几种互动模式：圆圆自然成为宿舍的领导者，她的观点与想法左右着其余 5 名同学，成为宿舍里最有主见的学生，自然给别的同学带来一种压抑感；小美与晶晶关系紧密，经常在一起；芳芳与小芹关系较好，经常一块儿活动。有一天，芳芳不小心打碎了圆圆的一瓶化妆水，气急败坏的圆圆不容芳芳解释与道歉，花了一个晚上数落芳芳，芳芳难过得蒙在被子里哭泣，小芹见势不妙，赶紧通知辅导员，暂时安抚了圆圆与芳芳的情绪。后来芳芳变得沉默寡言、情绪低落，感觉在宿舍里非常压抑，上课也无法专注，一月后被确诊为中度抑郁。宿舍里的其余 4 名同学也因此回避圆圆，不愿意与她一起上课、出行，于是圆圆由此变得早出晚归，成为宿舍中典型的独行侠。

1. 作为宿舍长的晶晶，应如何协调室友的关系，让大家形成一个友爱互助的人际群体？如何团结室友帮助芳芳尽快恢复健康？圆圆如何减少自己的傲慢态度，主动回归宿舍？如何制定舍规，与室友共同营造一个积极健康的宿舍环境？

2. 芳芳如何正视自己的抑郁？主动就医，将药物治疗与心理咨询结合，尽快恢复健康，回到宿舍，正常完成学业并积极地与人交往。

3. 辅导员如何通过个别辅导与团体互动，进行宿舍的思政与心理教育？引导圆圆多运用同理心，尊重宿舍里小美、小芹、小兰与芳芳等，无论在言谈举止还是着装消费上，都尽量不要给室友带来压力，形成一个平等交流、主动探索、共同成长的学习氛围；同时，为性格内向、胆小害羞的同学提供更多自我突破、能力锻炼的机会；引导他们在面对人际交往困扰时，主动求助学校心理咨询师。

在宿舍人际交往中，如何与大家既有合作共进，又有适度界限，是许多大一新生都非常困扰的问题：一方面，大学生都有归属一个团体的需要，又都有独特的自我发展需要；另一方面，来自不同地域文化、不同家庭背景的大学生生活在一个屋檐下，对于首次离家过集体宿舍生活的同学而言，人际交往适应便是一个巨大的生活压力。

随机调查分析显示，半数以上的大学生认为自己的人际关系不错，自己很满意；三分之一的大学生认为自己的人际关系一般、过得去，但也有近 10％的大学生觉得自己的人际关系很糟糕、很失败，并因此影响自己的学习与心理。

有关资料调查表明：在一个人获得成功的影响因素中，85％来源于人际关系，而知识、技术、经验等因素仅占 15％。人际交往是维护大学生心理健康的重要途径，是大学生成才的重要保证。但是许多大学生首次离家独立生活，缺乏丰富的人生经验与处理人际问题的正确方法，人际关系问题则成为困扰大学生的一大难题。

近年来，大学新生心理健康水平普查的数据显示，人际关系困扰比例排在首位，这说明大学生人际交往需要特别强烈；在主动到心理咨询室的大学生中，因为人际关系问题或者两性交往问题而求助的来访者占比也是排在前列的。

本章将结合实际案例，围绕大学生人际交往的特点、常见问题与调适人际关系的原则和技巧进行介绍。由此希望大学生通过认真学习处理与同学、家庭成员、学校老师等群体的关系，拥有一段终生难忘的大学美好时光。

第一节　心与心的距离——人际交往概述

一、人际交往的定义与内涵

(一)人际交往的定义

人际交往指个体与个体、个体与群体之间在社会生活中通过一定方式相互认知、传递信息、沟通思想、交流情感的过程，包括物质交往与精神交往，也称人际沟通。在交往中发展起来的人与人之间的相互关系，即人际关系。这种关系反映出人与人之间的心理距离，其中认知、情感、行为是建立人际关系不可或缺的三种不同成分。在人际交往过程中，认知成分起到先行作用，我们通过对自己、对他人、对环境的认知来了解自己的人际关系状况；情感成分会带给我们不同的情绪与情感体验——分享的快乐、陪伴的温暖、背叛的痛苦、分离的焦虑等；行为成分在人际交往中会随着交往对象、环境不同而发生变化。认知、情感、行为三种成分是交互作用和交互影响的。

(二)人际交往的内涵

第一，在人际交往中，个人心理过程的微观层面指人与人的相互作用。人际交往反映的是人与人之间心理上的关系，表现为人与人之间的心理距离，反映着人们寻求需要满足的心理状态。

第二，在人际交往中，社会关系的层面反映人们对社会交往的需要。

第三，在人际交往中，信息传播的层面是一种沟通和人际传播的构成过程。沟通是人际交往中最重要的一部分，是人与人之间传递情感态度、事实信念和想法的过程。良好的沟通指的是一种双向的沟通过程。

第四，在人际交往中，文化的精神层面从深层次反映了人们的文化沉淀。随着信息化时代的到来，知识的传递变得更为快捷。网络人际交往成为一种新型的人际关系的模式。2024 年中国互联网络信息中心发布的第 53 次《中国互联网络发展状况统计报告》显示，截至 2023 年 12 月我国网民规模达到 10.92 亿人，互联网普及率达 77.5%。网络人际交往具有如下几个特点。

①匿名性。在网络人际交往中通常并不使用真名，匿名性可以给人们带来交往的安全感。相对于现实中人与人面对面的交流，人们更乐于向网络上遇到的陌生人进行自我暴露，通过网络放心地向陌生人倾诉，更自由地展现真实的自我。

②平等性。在现实中，人与人之间由于身份、职业、背景的不同，可能会呈现出不对等的交往关系，而在虚拟的网络人际交往中，个人可以突破现实中的距离，处于平等的心态，实现了精神上的平等性。

③多元性。大学生网络交往的内容和形式都呈现多样性，交往内容上有获取新鲜资讯、交换观点的，也有寻求情感宣泄和支持的。通过聊天软件、邮件、论坛、游戏、直播等平台展开网络交往，与现实交往环境不一样，人们可以在丰富的网络空间中加深自我表露，探索感兴趣的领域，逐步塑造更为丰富多样的自我。

④依赖性。"00后"大学生大都是独生子女，有些大学生在很长时间内都是以自我为中心的，他们也渴望与人交往和拥有自己的交际圈。上大学后，他们在交往的过程中难免会遇到各种各样的烦恼，感觉通过网络进行交往很轻松，也很容易对网络人际交往产生依赖性，这种依赖性可能会对现实中的人际关系产生一定的负面影响。随着我们的现实生活越来越和网络生活连接在一起，网络人际交往和现实人际交往的界限也越来越模糊了，网络人际交往在很大程度上扩展了人们交往的范畴，使人们获得更丰富和复杂的情感网络。网络人际交往显然是一种新型人际交往的建构。理想的人际交往状态是现实人际交往和网络人际交往模式的融合。

总之，人际交往的内涵就是信息交流与双方互动。人际交往具有一般信息沟通的特点，即指交流双方、交流信息、信息渠道。交往双方都是活动主体，交往双方相互作用、积极施加影响的过程就是人际交往。

二、人际交往的发展阶段

社会心理学家欧文·阿特曼（Irwin Altman）和达尔马斯·泰勒（Dalmas Taylor）等人提出了社会渗透理论来解释人际交往的发展过程。他们认为人际交往主要有两个维度：一是交往的广度，即交往的范围；二是交往的深度，即交往的亲密水平。欧文·阿特曼等人认为，良好的人际交往的发展，通常会经历四个阶段：定向、情感探索、情感交流、稳定交往。

■ 成长案例

小美与晶晶初次在宿舍相见时就彼此有好感，彼此的穿着打扮与沟通方式吸引着对方，于是小美首先邀约晶晶一起购物、参加学院活动，主动介绍家乡风俗与美景，晶晶也被小美的主动深深吸引，快速融入当地同学的文化生活中，两人开始互相信任，从谈论家乡发展到兴趣爱好逐渐多样、深入，于是慢慢两人就成为好朋友，也有了更多互相关照、互相依恋的行为。

(一)定向阶段

在人际交往中,人们对交往的对象具有很高的选择性。进入一个交往的场合时,人们往往会选择性地注意某些人,而对另外一些人视而不见,或者只是礼貌性地打个招呼。人们会与注意到的对象进行初步的沟通,谈谈无关紧要的话题,这就是定向阶段。在定向阶段,人们只有浅层的自我表露,如谈谈自己的兴趣、专业、对最近发生的新闻事件的看法等。

(二)情感探索阶段

在定向阶段,如果双方有好感,产生了继续交往的兴趣,就可能有进一步的自我表露,如活动中的体验感受、自己在大学期间的计划等,并开始探索在哪方面双方可以进行更深的交往。在情感探索阶段,双方虽然有一定程度的情感介入,但是还不会涉及私密的领域,双方的交往还会受到角色规范、社会礼仪等方面的制约,比较表层与正式。

(三)情感交流阶段

在情感探索阶段,如果双方能够谈得来,建立了基本的信任感,就可能发展到情感交流阶段,彼此有比较深的情感介入,会谈论一些相对私人性的问题,如相互诉说学习和生活中的烦恼、讨论个人情感中的情况及家庭关系等。在情感交流阶段,双方的关系已经超越了正式规范的限制,比较放松、自由。如果有不同意见,彼此也能坦率相告,没有多少拘束。

(四)稳定交往阶段

情感交流如果能够在一段时间内顺利进行,双方就有可能进入更加密切的阶段——稳定交往阶段,成为亲密朋友,可以分享各自的生活空间、情感、财务等,自我表露更加深入,相互关心也更多,相互要求与期待也会增加。一般来说,人际关系能够达到这种境界的相当少。这种关系也就是人们常说的"人生难得一知己,千古知音最难觅"。大多数大学生与好朋友会好到无话不谈。

三、人际交往的功能

(一)满足本能的安全感

强调本能作用的心理学家认为,人的交往是一种本能,是在个人发展进化过程中逐渐形成的适应社会生活的能力。它通过遗传直接传递给后代。例如，人类的祖先——古猿的自我保护能力很低，与许多野兽相比，它们的体力较弱，奔跑的速度较慢，没有尖利的爪子和牙齿抵御外敌，古猿必须采取积极的集体行动，依靠大家的力量抵御外敌的侵害，依靠集体的智慧维持种族的繁衍和发展。这样，经过漫长的进化和演变，古猿逐渐形成了集群的习性，并通过种族繁衍遗传给后代。无论是灵长类动物，还是人类，都存在与其他个体交往的本能需要，而且这种本能需要的满足还进一步影响和制约了个体的健康成长与发展。人类天生就有与他人共处、与他人交往的需要，也只有在与他人的正常交往中保持一定的情感联系，形成亲密的人际关系，才会有安全感。

(二)克服孤独感建立亲密感

埃里克森提出人格发展八阶段理论，认为成年早期(18～25岁)最突出的发展主题是亲密感与对孤独感的冲突。处于这个阶段的年轻人开始寻求一种特殊的关系，通过这种关系来发展他与其他人的亲密感，并在情感方面得到成长。亲密感发展的结果一般是结婚或对另一个人的爱的承诺，但也可能有别的结局。在这一阶段不能与其他人形成良好的亲密感的人，就会面对孤独感。他们可能经历了很多次浅层次的交往，从来没有在真正的亲密关系中获得情感满足。有些人甚至回避情感承诺，独身生活可能有其方便之处，在一段时间里可能令人愉快。但假若一个人不能超越这种生活方式，就会导致情绪和个人满足感发展的严重滞后。埃里克森认为，只有有牢固的自我同一性的青年人才敢于冒与他人产生亲密关系的风险。一个人与他人产生爱的关系，就是把自己同他人的同一性融为一体。这里有自我牺牲或损失，只有这样，才能与其他人建立真正亲密无间的关系，从而获得亲密感，否则将产生孤独感。

(三)人际交往促进个体社会化人际交往

社会化是个人学习社会知识、社会规范，生成技能，积累社会文化，取得社会生活的资格，开始发展自己的过程。个体与他人交往才能获得更多的社会知识和技能，才能更快地适应社会，走向成功之路。

(四)人际交往促进个体不断认识自我

在人际交往中，与他人进行比较，可以帮助我们提高对自己的认识。一方面，与人交往的时候我们会思考自己给他人的印象如何、他人会如何评价自己，这些问题会令我们深刻地审视自己，有助于我们更好地认识自己和自我反省。另一方面，他人和群体对我们的态度与反应，能够使我们明确自己在社会集体中的位置，认清自己的社会价值。同时，正确自我认识有利于我们找到自己的社会位置，扮演好自己的社会角色，是实现人生价值的桥梁。

(五)人际交往是实现个性全面发展的重要手段

愉快、广泛而深刻的人际交往有助于个性的健康发展。如果一个人能够长期生活在友好和睦的人际关系中，就会变得性格开朗，在待人接物时乐观、积极、主动。相反，如果一个人长期缺乏与别人的积极交往，缺乏稳定而良好的人际关系氛围，这个人往往就有明显的性格缺陷。健康的个性总是与健康的人际交往相伴随。心理学家奥尔波特发现，个性成熟的人同别人积极交往，有融洽的关系。他们可以很好地理解别人，容忍别人的不足和缺陷，能够对别人表示同情，具有给人以温暖关怀、获得亲密和爱的能力。

(六)人际交往是保持心理健康的有效方式

有心理学家曾做过一个"交往剥夺"的实验，结果发现，受试者在百米深的洞穴中单独生活了156天以后，精神面临崩溃，呆滞、冷漠无情、举止失态。实验证明，没有一个人愿意与其他人隔绝，人们都害怕孤独。

现代心理学研究也证实人类的心理病态，大多由于人际关系失调所致。人际关系紧张的人，不但社会交往受阻，而且情绪经常不好，整日生活在痛苦中。

交往是个体心理健康的保证。一方面，人际交往能够帮助个体消除紧张和烦恼，远离孤独和忧虑。每个人都有快乐和忧愁，把你的快乐分享给朋友，你会得到双倍的快乐，把你的忧愁诉说给朋友，也会减少一半的痛苦。倾诉的过程就是减轻心理压力、缓解心理紧张的过程。另一方面，人际交往是个体获得安全感与归属感的有效途径之一。有人研究过战场上与部队失散的士兵的心理，发现最令士兵恐惧的不是战场的炮火硝烟，而是失去战友的孤独感。

(七)人际交往是人生幸福的需要

在现实生活中常有人认为：人的幸福建立在金钱、成功、名誉的基础上。实际上，对于人生的幸福来说，所有这些方面远不如健康的交往和良好的人际关系重要。人际关系在人们生活中的地位无法被金钱、成功、名誉取代。心理学家通过研究发现了一个奇特的现象，从20世纪30年代以来，人们的收入一直是呈上升趋势的，但是对于生活感到幸福的人的比例并没有增加，而是稳定在原来的水平。这说明金钱并不简单地决定人的幸福。西方心理学家克林格(Kliger)做了一个广泛的调查，结果发现，良好的人际关系对于幸福感具有首要意义。当人们被问到什么使你的生活富有意义的时候，几乎所有的人都回答——亲密的人际关系。自己的生活是否幸福取决于自己同生活中其他人的关系是否良好。如果同父母、朋友及同事关系良好，有深厚的情感联系，人们就会感到生活幸福且富有意义，反之，人们则会感到生活缺乏目标，没有动力和不幸。在这些被调查者的回答中，人际关系的重要性远远超过成功、名誉和地位。有一项调查表明，在我国，压抑、人际关系不和谐和人际关系压力是自杀的三大因素。法国社会学家指出，社会关系的丧失是自杀的主要原因之一。总之，人际交往的主要功能就是满足本能的安全感。

■ 心理测试

大学生人际关系水平自评量表

这是一份有关人际关系行为困扰的自评量表，共 28 个问题。在每个问题上，选"是"打"√"，选"否"打"×"。请你认真完成，然后根据后面的评分标准，对测验结果做出解释。

1. 关于自己的烦恼有口难言。

2. 和陌生人面对面时感觉不自然。

3. 过分羡慕和嫉妒别人。

4. 与异性交往太少。

5. 对连续不断的会谈感到困难。

6. 在社交场合感到紧张。

7. 时常伤害别人。

8. 与异性来往时感觉不自然。

9. 与一大群朋友在一起时，常感到孤寂和失落。

10. 极易受窘。

11. 与别人不能和谐相处。

12. 不知道与异性相处时如何适可而止。

13. 当不熟悉的人对自己倾诉他的遭遇以求得同情时，自己常感到不自在。

14. 担心别人对自己有什么坏印象。

15. 总是尽力使别人赏识自己。

16. 暗自思慕异性。

17. 时常避免表达自己的感受。

18. 对自己的仪表缺乏信心。

19. 讨厌某人或被某人讨厌。

20. 瞧不起异性。

21. 不能专注地倾听。

22. 自己的烦恼无人可倾诉。

23. 受别人排斥。

24. 被异性瞧不起。

25. 不能广泛地听取各种意见、看法。

26. 自己常因受伤害而暗自伤心。

27. 常被别人谈论、愚弄。

28. 与异性交往时不知如何更好地相处。

[评分标准]

28个问题，选"是"的打"√"，记1分；选否的打"×"，记0分。

如果你得到的总分是0～8分，那么说明你在与朋友相处时的困扰较少。你善于交谈，性格开朗，主动关心别人，你对周围的朋友都比较好，愿意和他们在一起，他们也都喜欢你，你们相处得不错，而且也能够从与对方的相处中得到许多乐趣。你的生活是比较充实且丰富多彩的。你与异性朋友也相处得很好。一句话，你不存在或较少存在交友方面的困扰。你善于与朋友相处，人缘很好，能够获得许多人的好感、认同。

如果你得到的总分是9～14分，那么说明你与朋友相处时存在一定程度的困扰。你的人缘很一般，换句话说，你和朋友的关系并不牢固，时好时坏，经常处在一种起伏波动之中。

如果你得到的总分是15～28分，那就表明你在同朋友相处时的行为困扰较重，分数超过20分则表明你的人际关系困扰程度很严重，而且你在心理上已出现较为明显的障碍。你可能不善于交谈，也可能是一个性格孤僻的人，不开朗，或者有明显的自高自大、讨人嫌的行为。

以上人际交往测试，只供你参考，结果也不是绝对的。希望分数低的同学再接再厉，希望引起分数高的同学的重视，自觉反思自己的人际关系状况，主动调整自己的人际模式，主动积极与身边人互动，形成良性交往的互惠互利人际关系。

第二节　大学生人际交往的特征、类型及影响因素

■ 成长案例

小英，大一女生，在开学不久来到心理咨询室，自述如果心理老师帮不了她，她就求助宿管阿姨，她实在无法在原来的宿舍里待下去了。心理老师经过引导得知，该生自打上大学报到第一天开始，就看不惯宿舍里的小李。小英告诉心理老师：看不惯她走路风风火火，没有女生味儿；吃饭狼吞虎咽，一点都不文雅；说话大声吼叫，素质极差……心理老师引导她用一周的时间探索一下："小李的言谈举止和行为方式与你的原生家庭中的谁相像？"一周后，小英再次到心理咨询室，迫不及待地讲："小李超级像我的妈妈。"原来，小英从小生活在被强势的妈妈管教的家庭，从小吃什么、穿什么、考什么大学、读什么专业都是妈妈说了算。一方面，她反感妈妈的管教，希望逃出妈妈的"魔爪"；另一方面，她习惯了妈妈的控制与安排，于是小李就成了小英妈妈的"替身"。此案例反映了小英渴望与宿舍同学交往，但她又受到原生家庭关系模式深深的影

响，不善于与同学交往。

一、大学生人际交往的特征

在人际交往的不同时期，交往的方式和对象都有不同的特点。大学阶段是大学生生理、心理日趋成熟的发展阶段，是世界观、人生观、价值观确立的阶段。也就是说，大学生的自身条件、特殊的社会角色以及所处的生活环境，决定了大学生人际交往与其他群体的社会交往相比具有不同的特点。

(一)大学生的交往愿望强烈

大学阶段是个体生理和心理发展的关键时期，是由不成熟向成熟转变的时期。大学生已经认识到良好的人际关系对学校生活的重要性，他们不愿意把自己封闭在一个狭小的个人圈子里，迫切地希望能够建立良好的人际关系。在社会生活中，人们几乎每天都要和他人打交道。大学时代是人生觅友、交往的高峰期，在人的一生中，再也没有像青年时期那样强烈地渴望被理解的时期了。

(二)大学生的交往方式多样化

随着社会的发展，高科技产品不断涌现，特别是网络和电子产品的发展为大学生的交往提供了更加广阔的空间。交往手段的发展使大学生的人际交往变得更加方便、快捷。传统的情感维系方式已经逐渐被信息化手段取代，交往方式呈现多样化。打电话、发信息早已成为大学生联络感情的主要途径，快捷便利的QQ、微信是相当多大学生选择的交流途径。"当代大学生心理特点与教育对策研究"课题组发现，大学生对于不同的交往对象抱有明显不同的目的。不同年级男女生的交往目的表现出一定差异。例如，在与同性朋友的交往上，男生的娱乐目的强于女生，女生的互助目的强于男生；在与异性朋友的交往上，男生在助人、安全和自我表现三个方面强于女生，女生在自我中心方面强于男生；在与教师的交往上，男生在功利、自我中心方面较女生强，而女生在客观要求方面要高于男生；在与父母的交往中，男生在自我中心方面较女生强。年级差异主要表现在：在与同性朋友的交往上，大学一年级学生的功利交往目的比二年级、三年级学生要弱一些；在与异性朋友的交往上，大学一年级、三年级学生的互助与助人的交往目的比大学二年级、四年级学生要强一些；在与教师的交往上，低年级学生的互助性交往目的比高年级学生要强些。随着市场经济的发展，人们的价值观多元化，促使人们用价值的观点来衡量、审视一切社会活动，这也强化了大学生交往的价值观念。过去，大学生交际主要是情感和思想上的交流，切磋学问、探讨人生，较少考虑交际的价值。人际关系相对比较简单。现在随着社会的发展变化，大学生在选择与什么样的人交往时，并不纯粹是由于感情和志同道合，交往动机变得相对复杂，出现了注意价值的趋向，追求实惠，在交往中出现越来越注重与自身利益相关的务实性表现，呈现出情感性交往与功利性交往并重的趋势。

由于大学生思想活跃、兴趣广泛，因此他们交往的内容非常丰富，涉及政治、经济、艺术、体育、学习、娱乐、个人情感等领域。交往对象不局限于同宿舍或同班同学，而是逐渐扩展到不同系、不同学院、不同学校等。

（三）大学生的人际交往具有浓厚的理想色彩，比较纯洁、真诚

大学生正处在求知阶段，思想比较单纯，对美好未来充满向往。因此在日常交往中总是崇尚高雅，鄙视庸俗；崇尚真诚，鄙视虚伪。调查表明，大学生对喜欢与什么样的人相处的选择，依次为诚实、平等待人、关心别人、谦虚、有才干、其他。反之，对害怕与什么样的人相处的选择，依次为虚伪、利用别人、心胸狭窄、傲慢、脾气暴躁。事实情况也正是如此。在大学里，那些学习认真、成绩优秀、有才能、有智慧，同时又为人正直、坦率、忠厚、老实，凡事善于替别人考虑，善于关心别人、帮助别人，谦虚朴实，在荣誉和利益面前能保持良好心态的大学生的人缘都特别好，大家都乐于与他交往；反之，那些对集体和他人漠不关心、见利忘义、喜欢斤斤计较、为人虚伪不正派甚至自以为是、自视高明、处处利用别人、心胸狭窄、反复无常的人，人缘极差，班集体中的其他同学往往都避而远之或者与其对立。

二、大学生人际交往的类型

（一）同学交往

同学是大学生人际交往的主要对象，同学关系是大学生人际交往的主要内容。大学校园里的同学关系总体上是和谐友好的，同学之间的关系有亲情化、家庭化的趋势。大学生十分重视同学之间的情谊，致力于在日常生活、学习中创造一种如同亲属一般和谐稳定的同学关系，希望彼此之间相互帮助、相互照顾、相互倾诉。

同学交往主要有三个方面，即班级内的同学交往、宿舍同学之间的交往、与老乡和社团成员的交往。班级内的同学交往以学习与班级活动为主，宿舍同学之间的交往以情感交往与生活交往为主，与老乡的交往以情感交往为主、与社团成员的交往以兴趣与工作交往为主。其中，宿舍人际关系是带给大学生安全感与归属感的重要关系，但也极其容易出现冲突与矛盾，在个体咨询中，宿舍人际关系问题也是来访者谈及较多的内容。

大学生与同学间的交往微妙复杂：一方面，大学生的年龄、经历大致相同，对于感兴趣的话题容易沟通；另一方面，不同地域、不同观念、不同家庭背景，以及生活行为习惯、个性特点差异，再加上生活空间相对狭小，所以他们对人际交往的期望较

高，一旦现实中的人际关系和理想中的有落差，便倾向于逃避和退缩。

(二)师生交往

教师与大学生，是大学校园里两大基本群体，教师是知识的传授者，是大学生模仿的榜样，与教师交往是大学生获取知识和发展人格的重要途径。因此，教师是学生人际交往的重要对象。师生关系是学生人际关系的重要内容，相对于在中学阶段比较密切、严肃的师生关系，大学里师生之间的交往相对轻松、活泼。

大学里的辅导员与学生接触的机会和时间相对较多，有时候与学生交流思想、沟通感情，并参与班级管理和组织各项文体活动。由于大学授课的流动性和课堂的扩展，任课教师要面对不同班级的学生，学生数量多、接触时间比较短，因此学生与任课教师信息沟通明显不足。任课教师一般是下了课后就离开，与学生接触的机会相对较少，只在授课时间与学生接触，切磋学问、探讨问题。师生的交流和互动，将有利于大学生能力的培养。如果师生之间缺乏情感的交流，就不利于融洽的师生关系的建立。

(三)网络交往

互联网技术突破了时间和空间的限制，为人们提供了一种新型交往方式，网络交往由于其快速、便捷、平等、自由以及匿名等特点，为大学生所推崇。在网络空间里，大学生不仅可以获取和发布信息，还可以通过电子邮件、网上聊天室、电子公告板、虚拟社区、微博等方式进行聊天、交友、娱乐等网络活动。

网络人际交往对于大学生来说具有双重效应。一方面是积极影响。网络可以实现大学生在现实生活中不能实现的愿望和梦想，从网络上还可以获取很多有价值的信息，开拓思路。还有的大学生通过网络交往，结交了许多朋友，满足了感情表达需要，缓解了在现实生活中的压力。另一方面是消极影响。大学生在现实中的人际接触大量减少，他们将虚拟当作现实，过分迷恋在网络上产生的友谊和爱情，最终使他们与其他人之间的感情变得冷漠，与周围的人没有共同语言。缺乏社会沟通，大学生容易觉得孤独不安、情绪低落、思想迟钝，慢慢失去了对现实生活的感受力和参与感。另外，网络上的不良信息严重危害着大学生的身心健康。由于大学生心理成熟期滞后于生理成熟期且处于旺盛发展的青春期，在不良信息面前，大学生常常处于被动接受的状态，很难主动选择和抵制。为了消除网络交往的消极影响，正确把握网络人际交往，大学生要学会充分利用网络，使其为自己的学习、工作、生活服务，使虚拟社会与真实社会相互补充。

三、大学生人际交往的影响因素

(一)人际吸引

人际吸引是人与人之间相互接纳和喜欢。人究竟为什么喜欢别人？我为什么被别人喜欢？人与人之间产生吸引力的基本假设是，他人的出现对我们而言有奖赏意义。人际奖赏包括直接奖赏和间接奖赏。直接奖赏使我们感觉愉悦，包括赞赏、认可、鼓励等。间接奖赏是指他人使我们受到很多不易觉察的因素的影响，这些因素与他人怡人的个性有间接的关联。社会心理学家在人际吸引领域的研究发现，人际吸引力主要包括个人吸引力和相互吸引力两大板块。其中，个人吸引力来自外貌、才能和人格品质等方面；相互吸引力来自熟悉度、相似性、互补性等方面。

(二)个人吸引力

1. 外貌

容貌、体态、服饰、举止风度等个人的外在因素在人际交往中的作用是很大的，尤其是在交往的初期，好的外貌容易给人良好的第一印象，外貌能产生光环效应。

2. 才能

一般来说，人们比较喜欢聪明能干的人，特别是有些特长的人会增加人际吸引力，同时，能力和才华、相貌具有互补性。一个相貌一般的人，如果才华出众或者具有某方面的特长，其才能因素就会产生人际吸引力，相貌劣势可以被他人忽略或接受。但如果这种才能对别人构成社会比较的压力，让他人感受到自己无能和失败，那么才能不会对个人吸引力有帮助。有研究表明，有才能的人如果犯一些小错误，会增加个人吸引力。

3. 人格品质

人格品质是影响个人吸引力的最稳定的因素，也是个人吸引力最重要的影响因素之一。美国学者安德森(Anderson)研究了影响人际关系的人格品质，被喜欢程度高的 6 种人格品质是真诚、诚实、理解、忠诚、真实、可信，它们或多或少、直接或间接同真诚有关；排在序列后面被喜爱程度低的品质，如说谎、假装、不老实等，也都与真诚有关。安德森认为真诚受人欢迎，不真诚则令人厌恶。

(三)相互吸引力

1. 熟悉度

交往双方熟悉或交往频率高，能够增加互相喜欢的程度。美国心理学家扎伊翁茨(Zajonc)在 1968 年曾经进行过交往频率与人际吸引的实验研究，它将被试不认识的人的几张照片随机分成 6 组，每组 2 张。按以下的方式展示给被试：第 1 组照片展示 1 次，第 2 组照片展示 2 次，第 3 组照片展示 5 次，第 4 组照片展示 10 次，第 5 组照片展示 25 次，对第 6 组照片不做展示。在被试看完全部照片后，扎伊翁茨要求所有被试按自己喜欢的程度将照片排序，结果发现一种极其明显的现象，照片被看的次数越多，被选择排在前面的机会也越多。可见，彼此接近、常常见面，的确是建立良好人际关系的必要条件。

2. 相似性

人们往往喜欢与自己相似的人交往，这里所说的相似性不是指客观上的相似性，而是指人们感知到的相似性。曾有一项关于人际关系的实验：研究者让互不相识的 17 名大学生住在同一间宿舍里，对他们的亲密化过程进行了近 4 个月的追踪研究。结果发现，在见面初期，空间距离近的大学生先成为伙伴，随着时间推移，在信念、价值观、个人品质上相似的人逐渐成为好朋友。

3. 互补性

人们喜欢那些与自己个性品质相反的人，选择与自己个性品质相反的人交往，可以起到双向互补的作用，相互满足需要。互补性看似与相似性是矛盾的，但从角色作用的观点上看却是一致的。

综上，影响大学生交往的因素有很多。

首先，外表影响交往。亚里士多德说过，美丽是比任何介绍信更为巨大的推荐书，外表在人际交往中的吸引力是不容置疑的，尤其是和陌生人初次交往时更是如此。虽然我们都被告诫"人不可貌相"，不能"以貌取人"，"以貌取人"贻误时机，但是外表所引起的微妙作用却难以排除。这是因为在人际交往中存在着光环效应，即人们会认为有吸引力的人同时会拥有与外表相对应的优秀品质，比如说较强的能力、较高的修养和素质。

其次，能力影响交往。大多数人都倾向于同聪明能干的人交往，因为能干的人常常能帮助自己满足某些生活需要或工作需要等。和一个有能力的人交往，在一定程度上能使自己获得心理上的满足。但有研究表明，在一个群体中，最有能力的人往往不是最受欢迎的人，才能与被人喜欢的程度在一定限度内呈正比关系，超出一定范围后，才能造成的压力会使他人产生一种卑下感，使人倾向于逃避和拒绝，令人敬而远之。任何人都不愿意选择一个总是贬低自己的对象去喜欢。社会心理学的研究证明，如果一个聪明能干的人偶尔暴露缺点，或遭遇一些小挫折，则会更招人喜欢。

最后，熟识影响交往。如果要得到别人喜欢，简单易行的方法就是设法让别人熟悉自己。心理学研究结果表明，熟悉引起喜欢，熟悉本身就可以增加一个人对另一个人的喜欢，熟悉的东西可以在心中增加积极意义的成分，见到的次数多也会增加喜欢的程度。大学生进入大学后，最初的人际关系都是从宿舍、班级开始的，所以说班级成员间彼此的熟悉程度显然高于非本宿舍与非本班成员。一般来说，大学生最好的朋友往往都在同一个宿舍或同一个班级。相邻、相似、互补等因素都不同程度地影响大学生的人际交往。此外，环境变化、素质教育程度、社会影响、经济状况等因素也会影响大学生的社会交往。

■ 练一练

在学习生活中，我们每个人都可能会和身边的同学发生一些小摩擦，很多时候我们可能出于害怕冲突、怕丢面子等原因而没有很好地解决掉这些小摩擦。很多大学生都说，其实只要主动找对方和解，把事情说开，解释清楚，心结和矛盾自然会被解开。

同学们，你们在人际交往中都遇到过哪些问题和困惑呢？你们是如何解决的？请在小组里分享和讨论你们的故事，试着分析存在问题的原因和总结有效的解决办法。

第三节 大学生人际交往的问题及其调适

从心理咨询和大学生日常生活中不难发现，有的大学生缺乏人际交往的技巧和经验。有的大学生因性格内向，或者对人际交往的认知偏差等原因导致人际关系紧张。大学生人际关系常见困扰表现为不敢交往、不愿交往和不善交往。

一、不敢交往——孤独自卑

■ 成长案例

小强近来情绪低落，上课无精打采，觉得自己什么都不行，也不敢参加学校的活动，性格内向，不敢与宿舍外的其余同学交往，害怕别人讥笑自己，害怕出错，喜欢玩手机，大部分时间都泡在网络上，感觉在网络上没有人瞧不起自己，可以有较多可以互动的朋友。但小强也很困扰：这样下去，自己与现实越来越远，有时生病了也不敢求助，自己深感孤独无助，长此以往会不会影响小强的人格发展与社会适应能力？

同案例中的小强一样，在现实交往中，受挫的大学生会转向网络寻求心理的安慰。网络以其匿名性、隐蔽性、便捷性为大学生孤独的心灵搭建了通往外界的桥梁，拓展了他们与世界的联系。然而，网络交往并不能取代现实交往。如果一个在网络中如鱼得水的人在现实中却寸步难行，恐怕这个人就无法适应社会。在人际交往中，人们都存在不同程度的恐惧心理，只是每个人的反应程度不同。一部分大学生在这方面反应特别强烈，由于害羞、自卑等心理作用，他们在与人交往时显得特别紧张，如会心跳气喘、面红耳赤、两眼不敢正视对方，在交谈时显得语无伦次、词不达意。这些大学生在人多的场合或者集体活动中更加感到恐惧，不敢和人打交道，不敢表现自己。

自卑，即对自己的能力和品质等评价过低，如认为自己的外貌、家境、身高、学习成绩、交往能力等不如他人。自卑是一种消极的情感体验。有自卑心理的大学生大多较为敏感，处事过分谨小慎微，为减少挫折和失败，尽量避开人群。做事情时对自己要求很高，在交往中总是力求完美，这些主要是由过多的自我否定、消极的自我暗示、挫折的影响或生理上的不足等因素造成的。自卑心理的主要调适方法如下。

第一，全面认识自己，正确评价自己。金无足赤，人无完人，每个人都有自己的弱点和优点，要全面、客观、辩证地看待自己。不仅要看到自己的短处，还要看到自己的长处，不要将自己的弱项与别人的强项比，要学会正确评价自己。评价事情的某次结果时，不能以偏概全。比如，一次考试失败了，对此的客观评价应该是"我只是这次考试没考好，但这并不说明我以后所有的考试都会失败，也不能说明我是个失败的人"。这种合理的、积极的自我评价，便可使大学生避免产生自卑的负性情绪体验。

第二，积极的自我暗示。暗示是用含蓄的、间接的方式对别人和自己的心理及行为产生影响。积极的自我暗示或鼓励往往能产生意想不到的效果。当感到信心不足时，不妨运用积极的语言暗示，如"我一定能做到""别人行我也行""我是最棒的"。实践证明，积极的自我暗示对提高人的自信心有非常重要的作用。

第三，制定合理的目标。大学生都有美好的理想和高远的目标，但如果目标过高，远远超出自己的实际能力，虽然全力以赴，但仍感力不从心，这就会使他们产生挫败感，进而产生自卑感。当然，目标也不能太低，过低的目标使自己的能力和水平得不到发挥，体验不到成就感，所以要制定合理的目标，即"跳一跳够得着"的目标。这既有利于提高自己的自信心，也能使自己体验到成功的快乐。

第四，利用补偿作用克服自卑。一个人如果在某方面自觉不足，可以通过努力取得其他方面的成就进行补偿，这就是所谓"失之东隅，收之桑榆"的补偿作用。心理补偿如果运用得当，将有助于人生境界的拓展。这种补偿作用，尤其对那些因不可改变的现实条件而产生自卑感的大学生有较好的效果。他们可以通过参与一些活动增强自信，使心理恢复平衡。

第五，积极参加集体活动。自卑的人性格一般较内向、敏感，所以应该多参加集体活动。在集体中，注意力会被他人吸引，在感受他人的喜怒哀乐中，他们会跳出个人的小圈子，心情变得明朗起来。在集体活动中大学生也可以培养开朗、乐观、热情、坚韧性、果断性、勇于进取等优秀的品质，克服自卑心理。

第六，有意识地培养自信心。方法一：加快走路的步伐。心理学家告诉我们，懒惰的姿势和缓慢的步伐容易使人拖拉、不自信。改变走路的姿势和速度，可以改变心态。抬头挺胸，走快一点，我们就会感到自信心在增加。方法二：学会正视别人。心理学家告诉我们，不正视别人意味着自卑和不真诚，正视别人则表露出诚实和自信。方法三：选择最前面的位置坐。心理学家说过，有关成功的一切都是显眼的。坐在前面有助于我们建立自信心，现在就把它当作一个规则，试试看，在去课堂或者聚会的时候尽量选择前排的座位坐下来，让我们一起来锻炼自己。

二、不愿交往——自我中心

■ 成长案例

小李从上大学第一天开始，就看不惯宿舍里的其余三名同学。她自命不凡，喜欢整洁，她的床铺是用布帘遮起来的，她的书桌非常整洁，杂物收纳在盒子里，书本、文具、化妆品摆放得有序整齐，而且每天都是如此，一看她的东西就与别的同学不一样。其余三名同学自然成为同盟，经常一起进出。小李一开始自得其乐，没有觉得不好，慢慢地她发现与大家渐行渐远。在需要宿舍同学一起参加竞赛，或者共同完成学科作业时，她自然也是那个落单的同学。她开始思考：是依然我行我素，还是突破自我？

一部分大学生因为性格过于内向，或者因为成长环境带来的冷漠情感，与人交往的成功经历较少，他们在现实中缺乏交往的愿望与兴趣。他们自我封闭、孤芳自赏，但又特别敏感，心理承受能力差，独来独往，不愿抛头露面，不愿与人交往。在高速发展的信息化社会，这部分大学生似乎显得不那么合群。是跟着内心的感觉走，还是顺应社会发展的大趋势？是保持内心的宁静，还是勇于突破自己呢？这是每个大学生不容回避的问题。

大学生自我意识增强，强烈关注自我，往往容易出现自我中心倾向。这种倾向如果与个人主义、自私自利思想相结合，就会发展为过分扭曲的自我中心。这样的大学生常常以自己的需要和兴趣为出发点，只关心自己的利益得失，不考虑别人的感受与需要，不为他人着想。他们强烈地希望别人尊重自己，却不知道自己也得尊重别人。有的大学生内心中充满了自我，却唯独没有他人，喜欢固执己见，盛气凌人。他们在与人交往中总是维护强烈的自尊，固守自己的态度，坚持自己的意见，在处理事情时总认为自己是对的，别人都是错的，常常把自己的意愿强加给别人。过分自我中心者很难赢得他人的好感，人际关系大多不和谐。

调适的方法主要有以下几种。

第一，在人际交往中摆正自己的位置。人与人是平等的，不要把自己看得过于重要，忽视他人的感受。

第二，实事求是地评价自己，要正确认识和评价自己，虚心接受别人的意见和建议。

第三，走出自己的小天地，设身处地替他人着想，学会换位思考，遇事多站在他人的角度去想一想，学会理解他人，尊重并关心他人。

三、不善交往——多疑敏感

■ 成长案例

男生小贾，性格十分内向，孤僻，不善言谈，很少与人交往。进入大学后，宿舍为四人间，室友小于性格外向，能歌善舞，喜欢打游戏，说话声音较大。小贾始终看不惯小于，尤其不喜欢小于大声说话的特点，但是他反馈给小于的方式令小于很不舒服，小于发表了自己的意见，小贾就受不了，于是就恶语回击，把氛围弄得很紧张。二人常常闹得不可开交，偶尔还大打出手，小贾由此调换了宿舍。可是换了宿舍之后，小贾仍然遇到很难相处的室友，于是他变得更加敏感多疑，继而逐渐失眠多梦，体质下降，学习效率降低，成绩急剧下降，考试不及格，后来失去坚持学习的信心，开始厌倦学习，厌恶与同学交往，最终不顾老师与家长的劝阻，坚持要求休学。

同案例中的小贾一样，有的大学生不善于交往，出于交往方法欠妥、交往能力有限、存在个性缺陷或交往心理障碍的原因，在交往过程中既不了解自己，也不了解别人，导致交往失败。例如，有的大学生有认知偏见，产生了理解障碍，不注意交往中的"第一印象"，不注意沟通方式，在劝说他人、批评他人、拒绝他人时不讲究艺术；有的大学生在与人交往的过程中不注意交往的原则，开玩笑时不注意场合，不懂得尊重对方的风俗习惯，或不懂装懂、夸夸其谈等。这些表现都有损自身形象的塑造，影响大学生之间进一步的交往。

多疑心理的大学生感觉周围好像总是存在着一些不利于自己的东西，如果看见同学在窃窃私语，就以为他们在议论自己，别人无意中看了自己一眼，就以为他们针对自己，怀疑别人对自己的真诚，认为这些都是虚假的，整个世界都是黑暗的，自己没有一个可以交心的朋友。他们对人缺乏起码的信任，和别人在一起时过分紧张、戒备，心理上很难放松，因而很少有真正的知心朋友。

调适的方法主要有以下几种。

第一，增强自信。对自己的能力不自信的人才会觉得别人瞧不起自己，议论自己，在说自己的坏话。多疑心理的人要树立自信，看见自己的优点，肯定自己，相信自己能与周围人处理好人际关系。

第二，认识到多疑的危害，提高修养。英国著名小说家培根说过：猜疑之心犹如蝙蝠，它总是在黑暗中起飞。这种心情是乱人心智的。它能使人陷入迷茫，混淆敌友，从而破坏人的事业。多疑的人要胸怀开阔，要用高度的理智和友善的态度对待他人，这样就不会为小事而斤斤计较、无端猜疑了。

第三，要多与别人沟通。多与人沟通，通过沟通，可以交换意见和看法，坦率诚恳地提出来问题，也可以使彼此更了解，关系更加密切，增加信任，减少不必要的猜疑。

第四，全面而理智地思考问题。当遇到问题时，应当立即寻找产生怀疑的原因，不要过早地下结论，要全面地思考问题，不能根据某一行为或者想象而得出一些不合理的结论。

第四节　大学生人际交往能力的培养

良好的人际关系是每个大学生梦寐以求的。在现实生活中，有的大学生的人际交往如鱼得水，而有的却不尽如人意，处处碰壁，严重的甚至造成人际交往障碍和人际冲突，严重影响学习生活和身心正常发展。究竟该如何改善人际关系、提升人际交往能力是每个大学生迫切希望解决的问题。

一、把握成功交往的基本原则

(一)尊重原则

人际关系的基础是人与人之间的相互尊重、相互支持。每个人在人格上都是平等的。交往是平等的，只有尊重他人，才能得到他人的尊重。大学生要尊重他人，不仅要尊重他人的人格、习惯、情感、兴趣和隐私，还要尊重彼此外在的或内在的心理距离，否则就是对对方的冒犯，势必造成对方的戒备、反感和疏远。

(二)真诚原则

真诚待人是人际交往中最重要、最有价值的原则。以诚待人是人际交往得以延续和深化的保证。在美国一位心理学家列出的555个描写人格的形容词中，大学生评价最高的品质是"真诚"，评价最低的是"虚伪"。待人以诚，以心交心。有了真诚，大学生之间才觉得安全、轻松，心情才会舒畅，才会有相互交心的渴望。大学生在交往中，只有坚持真诚的原则，正直无私，表里如一，襟怀坦荡，言行一致，才能互相理解、接纳、信任，在感情上引起共鸣，使人际交往良性发展。

(三)交互原则

人和人之间的交往都是交互的，交往中的互惠互利是利人利己的人际关系模式。"赠人玫瑰，手留余香"就是这个道理。付出便会有收获，没有付出就没有收获。大学生应在学习上互相切磋，在品德上互相砥砺，在生活中互相关爱，在工作中互相支持，只有这样，才能彼此心相连，建立融洽的人际关系。

阿伦森(Aronson)等人通过大量实验研究发现，人际关系的基础是人与人之间相互重视、相互支持。一个人不会无缘无故地接纳和喜欢另一个人。被别人接纳和喜欢的前提是，我们也要喜欢和承认别人的价值，并要支持他们。一般情况下，我们喜欢那些喜欢我们的人，疏远那些厌恶我们的人。

由此可见，在人际关系的建立和维持中，喜欢与厌恶、接近与疏远是相互的，因此大学生在人际交往中必须遵守交互原则。对于同我们交往的人，我们应该首先悦纳、肯定、支持、接受并喜欢他们，保持在人际关系的主动地位。

(四)宽容原则

宽容是指对非原则性问题不斤斤计较，能够以德报怨。大学生在人际交往中往往会遇到令自己不愉快的人和事，要学会宽容，学会克制和忍让，并勇于承担自己的行为责任，做到"宰相肚里能撑船"。只要我们胸怀宽广，宽容他人，发火的一方也会自觉无趣。宽容、克制并不是软弱懦弱的表现，相反，它们是有度量的表现，是建立良好人际关系的润滑剂，能"化干戈为玉帛"，有助于我们赢得更多的朋友。

(五)适度原则

交往的广度要适当。交往面不要过广，过广则容易滥，必然分散精力，既影响交往质量，又影响学习；交往面也不要过窄，过窄则容易陷入狭小的圈子，形成排他性，妨碍正常交往。

交往的深度也要适当。对交往的对象、层次要慎重斟酌，有的人适合成为普通朋友，有的人适合发展为亲密朋友，有的人我们要避而远之。大学生在交往中一定要有原则，要心中有数，不能混淆。"近朱者赤，近墨者黑""损友敬而远，益友宜相亲"。决定交往深度的主要因素是志同道合，相同的理想、志趣能使两个性格迥异的人成为莫逆之交。

交往的频率要适度。大学生在交往时关系好，则形影不离；一朝不合，则互相攻击，老死不相往来。所以，即使是好朋友，交往也不能过从甚密，交往的频率过密就会影响彼此的正常生活，增加出现摩擦和发生矛盾的概率。保持适当的距离，双方才有新鲜感、愉悦感。

交往的时间也要适度。大学生的主要任务是学习，要防止因过于强调交往的重要性而投入太多的时间和精力，注意协调和分配好交往与学习的时间。

二、利用人际交往的心理效应

知人者智，自知者明。在人际交往中，对交往对象的认知、印象、态度和情感等，都会直接影响交往的正常进行。大学生对人际交往中心理效应的把握有助于人际交往的开展。

(一)首因效应

首因效应是指最初接触到的信息所形成的印象对人们以后的行为活动和评价的影响。人与人在第一次交往中给对方留下的印象，在对方的头脑中形成并占据着主导的地位，这种效应即为首因效应。由于首因效应的存在，第一印象在人际交往中扮演着重要角色，因此大学生应该重视与人交往时留给他人的第一印象。在交友、求职等社交活动中，可以利用这种效应给别人留下良好的印象，为日后的交往打下良好基础。

(二)近因效应

近因效应是指人们在形成总体印象的过程中，新近获得的信息比以往获得的信息的影响更大的现象。近因效应不同于首因效应，它们之间的差异具体表现在两个方面：第一，当两种信息连续出现时，首因效应的作用较为明显，当两种信息断续出现时，近因效应的作用较为突出；第二，在与陌生人交往时，首因效应的作用较大，在与熟人交往时，近因效应的作用较大。

(三)光环效应

光环效应又称晕轮效应，是指在人际交往中，一个人某方面的特征掩盖了其他方面的特征，从而造成人们对他认识上的偏差。所谓"情人眼里出西施"，说的就是这种光环效应。光环效应常使人犯"以偏概全、爱屋及乌"的错误。"旁观者清，当局者迷"，大学生要善于倾听和接受他人的意见，防备光环效应的副作用，同时要利用光环效应的影响，增加自身的吸引力。在与人交往时，可以采用先入为主的策略，让对方了解自己的优势，以获得积极的评价。

(四)互酬效应

互酬就是互相酬偿、互相帮助的意思，人们以何种心态和行为去对待他人，别人即会以同样的方式给予回报。生活中那些相互帮助的人之间，总是交往比较密切、关系比较亲密，其实这就是人际交往中互酬效应的体现。在生活中，人们就是不知不觉地按照互酬效应去行事的。如果有人帮过我们一次忙，我们也会想着要帮他；如果有人送我们一份生日礼物，我们也会记住他的生日，届时也给他送一份礼物。互酬效应是人们在参与社会交往中应该遵循的原则。正是由于互酬交流，人与人之间的交往才有取有予、有来有往，交往才能顺利进行下去，才能有融洽和谐的关系。

(五)刻板效应

刻板效应也称定势，是指在人们头脑中存在着对于某一类事物或人物的一种比较固定、概括而笼统的看法。刻板效应是指人们在认知他人时，不自觉地产生一种有准备的心理状态，并从这种心理状态出发对其进行认知和评价。刻板印象在人际交往中有利有弊。一方面，它会导致在与人交往过程中无意识地对他人的认识的概括；另一方面，倘若在非本质方面做出概括，而忽视了个体间的个别差异，就会形成偏见，做出错误的判断。

在人际交往中必须克服上述心理偏见，要辩证地、发展地、全面地观察与了解一个人，提高对人、对事认识的广度和深度，从而提高交往的水平。

三、提高人际交往能力

人际交往能力是现代社会人成功和发展的重要因素之一。当代大学生要顺利地完成学业，在品德和能力等方面全面发展，并在未来的事业中有所作为，就必须努力提高自己的交往能力，掌握一定的交往艺术和技巧，与他人建立良好和谐的人际关系，创造有利于发挥自己才能的人际环境。

(一)善于运用语言艺术

"良言一句三冬暖，恶语伤人六月寒。"这句话告诉我们，在交往时要注意运用语言艺术。语言艺术运用得好，就能优化人际交往。相反，如果不注重语言艺术，往往会在无意间出口伤人，产生矛盾。

1. 称呼要得体

称呼反映出人们之间心理关系的密切程度。恰当得体的称呼使人获得一种心理满足感，使对方感到亲切，交往便有了良好的心理气氛。称呼不得体，往往会导致对方不快甚至愤怒，使交往受阻或中断。

2. 语言表达要恰当

表达清楚、准确、逻辑性强，少用土语和方言，切忌滥用辞藻、含含糊糊。要根据谈话的内容和场合，采取恰当的语音、语调和语速。讲笑话时要注意对象、场合、分寸，以免笑话讲得不得体，伤害他人的自尊心。

3. 妥善运用赞扬和批评

每个人都希望别人赞美自己，但赞美需要艺术，充分地、善意地看到他人的长处和优点，因人、因时、因地适当地赞美，会收到很好的效果。当然，需要提醒和指出对方必须改正的缺点时，应有真挚的批评。批评的措辞要讲究，分寸要恰当，善意真诚、委婉含蓄、入情入理的批评是祛病除疾的良药。

■ 练一练

优点轰炸

8～10人为一组围着圈坐。从任意一名学生开始，其他人轮流说出他的优点和令人欣赏之处，如性格、相貌、为人处世等。被称赞的学生说出哪些优点是他自己以前知道的，哪些是他自己不知道的，并分享被称赞的感觉。

要求：必须说优点，优点和赞美越具体越好，避免空洞、含糊的语言。赞美时要看着被赞美同学的眼睛，态度要真诚，赞美要有根据，不能毫无根据地吹捧，可以多赞美他人的行为和性格。

(二)重视非语言沟通的能力

非语言沟通也是交往沟通的重要途径，是指在人际交往过程中人们运用自己的肢体语言、肢体动作与周围的环境因素等交流思想、情感和信息的沟通方式。大学生重视非语言沟通，在人际交往中恰到好处地运用非语言艺术，巧妙地表达自己的思想感情，有时能起到"此时无声胜有声"的作用。

1. 用心倾听

人际关系学者认为倾听是维持人际关系的有效法宝。几乎所有的人都喜欢善于听他人讲话的人，所以大学生要学会有效地倾听。倾听时需要用心去听，同时要做出适当的反应。倾听时应当注意集中精神、表情自然，要通过目光接触、点头、应答等给予积极反馈，增强对方表达的自信心，使他乐于讲下去。倾听者要少讲多听，不要打断对方的谈话，最好不要插话，要等别人讲完后再发表自己的见解。

2. 学会用眼睛"说话"

眼睛是心灵的窗户，人际最能传神的非语言交往就是目光接触，在交往中目光的交流可促进双方的沟通，目光的方向、眼球的转动、眨眼的频率等都表示特定的意思，流入特定的情感。正视表示尊重，斜视表示轻蔑，双目炯炯会使听者精神振奋，柔和热忱的目光会流露出热情、赞许、鼓励和喜爱，呆滞的目光表现出不感兴趣或者不信服，虚晃的目光则表示内心的焦虑和束手无策，目光东移西转会让人觉得心不在焉。在人际交往中，眼神的作用万万不能忽视，大学生平时应该经常锻炼自己用眼睛说话的能力。

3. 善用微笑

微笑是表示对他人友好最简单、最直接的一种方式。微笑本身就是人际交往成功的一大秘诀，在面对他人时，只要轻轻一展笑颜，就胜过千言万语。微笑，能传递开心快乐的情绪，使你成为快乐的"磁铁"。在人际交往中，真诚、灿烂、动人的微笑，都会令你魅力倍增。微笑是对别人最好的礼物，也是给自己最好的犒赏。

四、增强自己的人际魅力

人际魅力是指在人际交往过程中形成的个体给予他人的积极和正面评价的倾向。每个人都有自己喜欢的人，并愿意与他们交往，这种现象反映的就是人际吸引。那么，大学生如何增强人际吸引力，成为一个受欢迎的人呢？

(一)留下良好的第一印象

怎样表现才能给人留下良好的第一印象呢？心理学家卡耐基在《怎样赢得朋友，怎样影响别人》一书中总结出给人留下良好的第一印象的六种途径：一是真诚地对别人感兴趣；二是微笑；三是多提别人的名字；四是做一个耐心的倾听者，鼓励别人谈他们自己；五是说符合别人兴趣的话题；六是以真诚的方式让别人感到他很重要。

(二)塑造秀外慧中的气质

追求美、欣赏美、塑造美是人的天性，美的外貌风度能使人感到轻松愉快，并且在心理上形成一种精神的酬赏。所以，大学生应恰当地修饰自己的外表，扬长避短，注意在不同场合中选择式样和色彩适合自己的服饰，形成自己独特的气质和风度。但是随着时间的推移、交往的加深，外在美的作用会逐渐减弱，对他人的吸引会逐渐由外及内，从外貌、仪表转为道德修养和才能。因此，大学生还应该注意追求外在美和内在美的协调一致，努力提高自己的才能修养和素质。

(三)培养良好的个性特征

良好的个性特征，对建立良好的人际关系，具有促进作用；不良的个性特征，阻碍良好的人际关系的建立。在社会生活中，大家都愿意与性格良好的人交往，没有人愿意与自私、虚伪、粗暴、狭隘的人打交道。因此，大学生要不断培养良好的个性特征，注意克服性格上的弱点。

(四)积极行动，提升关系

心理学研究表明，人与人之间空间距离上的接近是促进人际吸引的重要因素，因为人与人之间在空间位置上越接近，彼此交往的频率就越高，越有助于相互了解。即使双方的人际关系比较紧张，通过交往也有可能消除猜疑、误会。反之，即使双方关系很好，如果长期不交往，彼此了解减少，其关系也可能逐渐淡薄。大学生共同生活在一起，接触频繁，这是建立友情的良好客观条件。只有充分利用这一有利条件，与朋友保持适度的接触频率，才能使人际关系不至于淡化甚至消失。

有这样一个例子，可以很好地说明积极行动的重要性。在一堂生动的心理学课上，授课教师站在讲台上说："现在给大家布置一个任务。"他从口袋里拿出事先准备好的钢笔，问大家从他手上拿走这支笔有几种方法。正当大家七嘴八舌讨论时，突然一个人走过来，二话没说，伸手就把笔拿走。这时大家恍然大悟，原来把笔拿走只有一种方法——行动。同样，想拥有良好人际关系，行动才是关键。

1. 开拓行动

结交朋友会让人们更快乐。心理学家迪纳(Diener)和塞利格曼曾在一群大学生中做过一项研究。结果显示，在感到快乐和不忧郁的大学生中，有10％的人有一个共同的特征，就是他们都有亲密的朋友与家人，并花时间与他们共处。迪纳总结说，想要追求快乐，就应该培养社会技巧，建立亲密的人际关系，获得充分的人际资源。大学生应该多参加集体活动，扩展自己的人际交往范围。在与朋友交往中，大学生应该真诚地表露自己，同时对他人的真诚表露给予回应。大学生要把希望建立良好人际关系的愿望转化为行动。

2. 充值行动

你知道情感的账户吗？当然，这是一种隐喻。但不论你是否意识到，在人们初次相识时，彼此之间就开设了账户。科维(Covey)博士指出，通过人际关系的存款，你可以建立自己与他人的安全感跟信任感，也可以激发出正直、自律等品质。每个人心里都有一个账户，每一次你让对方开心，或做了一些让对方高兴的事，就是在对方的账户里存款。每次你让对方哭、受挫折、受痛苦，就是在你们的银行中提款。大学生要常常记得为自己友谊的情感账户"充值"。充值方式如下：第一，共享优质的美好时光；第二，默默为他做一件事，不计回报；第三，记住他的生日；第四，和他分享你的痛苦和喜悦；第五，在他需要的时候陪伴；第六，感恩行动，感恩是一种积极的人格品质，有利于人们建立和谐的人际关系。积极心理学研究认为，感恩与幸福感和人际关系有密切的关系。

■ 心理活动与体验

活动名称：同舟共济

每个小组准备一张报纸，代表本小组拥有的一艘救生艇。请小组组员一起想办法，让更多人的人站在救生艇(报纸)上，从而获救。

活动要求：脚不能离开报纸，站上的人越多代表获救者越多。

分享一下参与活动的感受。

第五章　恋爱与性心理

■ 思政课堂

　　国家发展精神卫生事业，建设完善精神卫生服务体系，维护和增进公民心理健康，预防、治疗精神障碍。国家采取措施，加强心理健康服务体系和人才队伍建设，促进心理健康教育、心理评估、心理咨询与心理治疗服务的有效衔接，设立为公众提供公益服务的心理援助热线，加强未成年人、残疾人和老年人等重点人群心理健康服务。

——《中华人民共和国基本医疗卫生与健康促进法》

■ 学习目标

　　《诗经·周南·关雎》中写道"关关雎鸠，在河之洲。窈窕淑女，君子好逑"，描述了浪漫的爱情。德国思想家、诗人、作家、科学家歌德曾说："哪个少年不善钟情，哪个少女不善怀春。"爱情是人类普遍的美好的追求。爱情变幻莫测，或甜如蜜汁，令人心动神怡；或苦如黄连，令人痛彻心扉。这些奇妙的情绪体验深入灵魂，也造就无数诗人和名篇佳作。18世纪以来，笛卡儿、黑格尔、斯宾塞、弗洛伊德、康德、拉康等无数学者从社会学、心理学、人类学的不同角度聚焦爱情这个主题，对爱情进行了探究。但关于爱情如何得以产生，为什么我们会爱这个人，而不是爱那个人，为什么那么多的爱而不得，又为什么那么多热烈缠绵的爱随着时间的流逝变得不再令人心动，甚至分崩离析了……这些关于爱情的基本问题，依然困惑着恋爱中的人们。本章尝试从爱情三角理论、爱情的类型、爱情的个体差异、爱情的心理效应、如何创造亲密、爱情中的性心理以及如何应对失恋等方面接近爱情这个神秘的主题，以期让大学生对爱情有更多理解。

■ 导入案例

　　她十七岁，脸上泛着灵动的笑容，眼神中透着大胆的波光，小巧的身姿轻盈活泼。

她生命中两个重要的男人登场了。一个是一腔热血，即将赴战场的军官克利福德上尉；另一个是比她还小一些，英俊高大，长着一头红发的厄普肖。她与克利福德两情相投，伤心的厄普肖报考了美国海军学院，以远离这个伤心之地。克利福德准备回到美国就与她结婚，可噩耗传来，克利福德在欧洲战场不幸牺牲，她十分伤心绝望，写信给朋友说她不会再爱了。

时间抚平了伤痛，到她二十三岁时，她又面临爱情的抉择。两个好朋友，一个是从海军学院退学，靠卖酒发了财的厄普肖，已对她展开旷日持久的追求；另一个是她的同事约翰·马什，被她称为灵魂伴侣、最好的朋友。她选择了与厄普肖结婚，可仅仅三个月就开始闹离婚；有意思的是，她拜托约翰·马什与厄普肖谈判和签订离婚协议。昔日的好朋友、结婚伴郎，最后娶走了自己的爱人，不知道厄普肖是什么样的心情。

在约翰·马什的鼓励与支持下，她全心在家写作。1936 年，两人十年心血换来《飘》的出版，这部小说一经发行就印发上百万册，走进读者的心中并于 1937 年获得普利策文学奖。这就是她——玛格丽特·米切尔女士（Margaret Mitchell）的爱情故事。

第一节　爱情三角理论

美国心理学家罗伯特·斯滕伯格（Robert Sternberg）的爱情三角理论，是广为传播和被人接受的关于爱情的理论。他在《爱情心理学》中认为，各种不同的爱情都能由三个不同成分组合而成。爱情的第一个成分是亲密，包括热情、理解、沟通、支持和分享等爱情关系中常见的特征。爱情的第二个成分是激情，其主要特征为性的唤醒和欲望。激情常以性渴望的形式出现，任何能使伴侣感到满足的强烈情感需求都可以归入此类。爱情的第三个成分是忠诚，指投身于爱情和努力维护爱情的决心。忠诚在本质上主要是认知性的，而亲密是情感性的，激情则是动机或者驱力。恋爱关系的火热来自激情，温情来自亲密，恒久则来自忠诚。

爱情三角理论认为，这三个成分就是爱情三角形的三条边。每个成分的强度都可由低到高地变化，所以爱情的三角形可能有各种大小和形态。为了简化，我们只考察几种相对纯粹的爱情类别，即某一个成分非常低而其他成分充足的爱情三角形。在现实生活中，这样明确定义的纯粹的爱情体验或许并不多见。

无爱：如果亲密、激情和忠诚三者都缺失，爱情就不存在。两个人可能仅是泛泛之交而不是朋友，彼此的关系是随意、表面和不受约束的。

喜欢：亲密程度高而激情和忠诚都非常低。喜欢多表现在友谊之中，伙伴双方亲近和存在温情，却不会唤起激情或者与对方共度余生的期望。如果某个朋友的确能唤起你的激情，或者当他（她）离开的时候你会强烈地思慕，那么你们之间的关系就已经超越喜欢了。

迷恋：缺乏亲密或忠诚却有着强烈的激情。人们在被几乎不认识的人激起欲望时就会有这种体验。"一眼万年""只因在人群中多看了一眼"，指的就是这种情况。

空爱：没有亲密或激情的忠诚就是空虚的爱。这种爱常见于激情燃尽的爱情关系中，既没有温情也没有激情，仅仅在一起过日子。

爱情是复杂的体验，如果我们把爱情的三个组成部分结合起来形成更复杂的爱情形态，这点就更清楚。

浪漫之爱：浪漫的爱情有着强烈的亲密感和激情，可以被视为喜欢和迷恋的结合。人们常常会表现出对浪漫爱情的忠诚，但斯滕伯格认为忠诚并非浪漫之爱的典型特征。比如，夏天般的恋爱可能非常浪漫，即使双方都知道夏天结束，爱情也就走到了尽头。

相伴之爱：亲密和忠诚结合在一起所形成的爱。产生相伴之爱的双方会努力维持深挚、长期的友谊，这种爱情表现出亲近、沟通、分享以及对爱情关系的巨大投入。相伴之爱的典型例子是长久而幸福的婚姻。对于大多数人而言，相伴之爱远比充满激情的浪漫之爱持续的时间更长。

愚昧之爱：缺失亲密的激情和忠诚会产生愚昧的爱情体验。这种爱情会发生在旋风般的求爱中，在压倒一切的激情基础上双方会闪电般地快速结婚，但彼此并不十分了解或喜欢对方。在某种意义上，这样的爱人在迷恋对方时投入太多很可能得不偿失。

完美之爱：当爱情的三个成分亲密、激情和忠诚都非常充足时，人们就能体验到彻底的或完美的爱情。这是许多人都追求的爱情类型，但斯滕伯格认为完美之爱在短时间里容易做到，但很难长久坚持。

所以，根据爱情三角理论，"我爱你"这句简单的陈述可能包含许多不同的情感体验。爱情的三个组成部分会随着时间发生变化，所以某对特定的伴侣在不同时期可能会体验到不同类型的爱情。在爱情的三个成分中，激情是最容易发生变化，也是最不容易控制的成分。（表 5-1）

表 5-1　爱情三角理论：爱情关系的类型

爱情关系的类型	亲密	激情	忠诚
无爱	低	低	低
喜欢	高	低	低
迷恋	低	高	低
空爱	低	低	高
浪漫之爱	高	高	低
相伴之爱	高	低	高
愚昧之爱	低	高	高
完美之爱	高	高	高

爱情三角理论为研究不同类型的爱情提供了一个非常有用的理论框架。从长期来看，它发现了在许多爱情关系中都特别有可能出现的两种类型的爱情。下面我们便仔细地来考察这两种爱情。

一、浪漫之爱

很多恋人在相伴多年后，其中一方遇到另一个人，要决绝地离开。离开的人大多会说"我爱你，但并没有爱的激情"。正如爱情三角理论所指出的，激情是浪漫爱情必不可少的特征之一。

(一)唤醒

当唤醒的情感是由于出现了一个有吸引力的人时，浪漫的爱情就会产生，或者至少得以增强。如果有吸引力的人的确是我们兴奋的原因，他/她对我们的浪漫吸引力就是适宜的。但我们偶尔也会犯错或做出错误归因，将别人对我们的吸引夸大或者使之错位。典型的例子就是兴奋转移过程，即由第一个事件引起的唤醒与第二个事件引起的附加唤醒结合在一起，个体却忽视了第一个事件。个体以为自己的情感仅仅是由第二个事件引起的，第二个事件看起来比实际情形更加重要。比如，在吊桥实验中，被采访男士的唤醒更多不是因为美女，而是因为恐惧。同样地，当你跑完 5 千米时，在心跳加剧过程中，你更可能发现令你心动的异性。

这些研究均表明，肾上腺素增强了人们的爱情体验。不同类型的高唤醒，包括简单的体力活动和恐惧、厌恶、快乐等情绪状态，都可以提高我们面对合意伴侣时所感受到的浪漫吸引力。

■ 扩展阅读

如果说爱情是甜蜜的花园，那么爱情诗可以说是花园里最美丽的花朵，因为它，爱情更美，更馨香，更撩拨爱人的心弦。

当你老了

威廉·巴特勒·叶芝

> 当你老了，青丝斑白，睡意绵绵，
> 在炉火旁打起瞌睡，请你取下这本书，
> 慢慢地读，静静地回想：
> 你眼睛中有过的温柔，和深深的忧伤；多少人爱你快乐优雅的时刻，
> 爱你的美丽，用假意或者真心。
> 但是只有一个人爱你那朝圣者的灵魂，
> 爱你容颜老去时的悲伤；

你在红红的炉栅前弯下腰，

有些哀伤地默默低声自语，爱情，

它是如何逃到了头上的山峦间，踱步，

将脸庞隐没在繁星间。

(二)思维

我们的思维会和浪漫发生关联，爱人对彼此的看法显然不同于对朋友的看法。人们往往对伴侣有着乐观美好的看法，爱得最深时对爱人的理想化和赞美也达到了巅峰，"情人眼里出西施"说的就是这个道理。浪漫爱情还能让人对当前伴侣更为忠诚，而不去选择那些具有挑战性、对我们有一定诱惑力的替代伴侣。

我们在坠入爱河时，甚至对自己的看法都会发生改变。社会心理学家阿瑟·阿伦（Artur Aron）和伊莱恩·阿伦（Elaine Aron）提出的自我延伸模型（self-expansion model）认为，随着伴侣给我们带来了新的体验和新角色，爱情会使我们的自我概念得到扩展和变化，我们会渐渐发现与恋爱前相比，我们的自我概念变得更加多样化，自尊也得到提升。借由爱人，发现更好的、更有魅力的自己，这就是坠入爱河让人快乐的原因。

二、相伴之爱

钱锺书（1910—1998年），中国学青、作家。在中国不知道钱锺书，不知道他的《管锥编》《谈艺录》《管锥编增订》等学术成就的人可能很多，但不知道他的小说《围城》的人就很少。杨绛（1911—2016年），本名杨季康，中国著名的作家、戏剧家、翻译家。1932年春天，杨绛考入清华大学与同为江苏无锡的钱锺书相识，第一次见面，钱锺书就说："我没有订婚。""我也没有男朋友"，杨绛回答。世纪佳缘由此展开，两人相伴66年，阴阳相隔未能阻断思念，到杨绛去世，这一段情持续了84年。

在生活中，钱锺书自理能力极差，不会做家务，生活的琐事都由杨绛打理，但在杨绛生下女儿后，钱锺书坚持要自己侍候，给足了体贴和照顾。他们俩的共同爱好就是读书、做学问。钱锺书有一个外号叫书痴，杨绛也是手不释卷之人，两人在生活中相互陪伴、不离不弃，精神上相互支持、携手共进，既是鹣鲽情深的爱侣，也是志同道合的朋友。杨绛和钱锺书两位先生用一生诠释了"愿有岁月可回首，且以深情共白头"，他们的爱情故事让我们无不为之动容。"最贤的妻，最才的女。""赠予杨季康，绝无仅有地结合了各不相容的三者：妻子、情人、朋友。"

杨绛和钱锺书相守一生，钱锺书走了，她虽深受打击，但她说，若是自己先走，他一个人难以承受。对杨绛最后的寄语是："好好活着。"这句质朴却又深情的话，支撑了杨绛的往后余生。这是世间最好的爱情，也是婚姻里最美的样子。

杨绛对于现代婚姻，曾给出这样的建议：

在物质至上的时代潮流下，想提醒年轻的朋友，男女结合最最重要的是感情和双方互相理解的程度。理解深才能互相欣赏吸引、支持和鼓励，两情相悦……门当户对及其他，并不重要。

钱锺书和杨绛相伴一生的爱情是亲密和忠诚的结合。爱情三角理论认为这是相伴之爱，也可以描绘成"对可爱伴侣的舒心的、温情的、信任的爱恋，它以深厚的友谊为基础，包含相伴相随、有共同的爱好活动、可以在一起欢笑"。它的表现形式是真挚、忠诚的友谊，而对方就是与我们的生活相互交织的人。

当询问数以百计的结婚15年以上的夫妻，为什么他们的婚姻能持续时，他们并没有像浪漫的爱人所认为的那样，"会为配偶做任何事情"或者"失去对方会很痛苦"。恰恰相反，男女双方提到的最多的两个理由为：①"配偶是我最好的朋友"；②"我很喜欢配偶这个人"。持久、满意的婚姻似乎包含了很多成分的相伴之爱。

当然，在浪漫之爱的背景下也能产生深厚的友谊。有一项研究发现，44％的年轻人在婚前表示，浪漫的情侣也是他们最亲近的朋友。在相伴之爱中，人们更容易觉察友谊的重要性，而在浪漫之爱中，人们更容易觉察到激情的存在。

■ 练一练

基于友谊的爱情量表（Friendship-Based Love Scale）是测量相伴之爱的实用工具。

请回想你目前最亲近的爱情关系，并用以下等级来评价每一项与你的看法相符或不符的程度：

1	2	3	4	5
完全不符				完全相符

1. 我认为我们的爱情建立在深厚、持久的友谊基础之上。（　　）

2. 通过享受共同的活动和互相关注，我能表达出对伴侣的爱恋。（　　）

3. 我对伴侣的爱恋包含了坚实、深厚的感情。（　　）

4. 爱情的一个重要部分就是我们能一起欢笑。（　　）

5. 伴侣是我认识的最可爱的人之一。（　　）

6. 与伴侣共同的友情是我对他/她爱恋的重要部分。（　　）

已婚男性的平均得分是25.2，而已婚女性的平均得分是26.4。在对爱情关系的满意度和持续时间的相关性上，个体在此量表上的得分要远高于在爱之激情量表上的得分。

第二节　爱情的个体差异

如果说一千个读者心中有一千个哈姆雷特，那在爱情中也是。每个人对爱情都有自己的美好想象、执着追求和不得已的妥协，从而使得爱情千人千面、因人而异。

一、性驱力

弗洛伊德是心理学精神分析学派的创始人。他在《性学三论》中谈到了性与爱情。弗洛伊德认为：性是人的天生需求，自人诞生后，性（Libido）推动着生命体的成长发展。人的成长经历口欲期、肛欲期、俄狄浦斯期、潜伏期、青春期、成年期等，在不同的阶段，性指向不同的客体。随着机体的成熟，性的欲望驱使个体寻觅一个对象，这是爱情产生的最基本原因。弗洛伊德认为自然的性在人类社会中因文化的约束而受到压抑，压抑的性能量可以转移为潜意识或在创造力中得到升华。

弗洛伊德认为一个孩子从 4 岁左右开始进入俄狄浦斯期，已经有了分化的个体意识，知道爸爸、妈妈和自己是三个不同的个体。男孩会意识到他喜欢妈妈，希望长大后能娶妈妈，但在现实中会发现妈妈和爸爸是一对，在孩子的无意识幻想中会认为如果他继续保有这个想法，会受到爸爸的惩罚，被阉割的焦虑促使孩子将这个想法抑制到潜意识中，这就是俄狄浦斯情结。女孩也会在 4 岁左右进入俄狄浦斯期，她发现自己不能成为爸爸那样的人，转而认同母亲，期望得到父亲的爱，幻想长大后要嫁给爸爸，随着长大，女孩也会将此抑制入潜意识中，这是女性的伊莱克特拉情结。俄狄浦斯情结和伊莱克特拉情结在人的爱情对象选择中有较大的影响，人们会无意识地选择那些在容貌、性格、待人接物等方面更像自己父母的人作为配偶；或者在与心仪的对象接触之初对其理想化，感觉他（她）正是自己等待多年的那个人；也可能走向另一个极端，刻意选择完全跟父母的性格、待人接物相反的伴侣。

二、年龄

心理学家埃里克·埃里克森认为人的自我意识发展将持续一生，并要经历不同的发展阶段。他把自我意识的形成和发展划分为 8 个必须经历的阶段，每个阶段都有一个特殊的矛盾或核心问题。如果这个特殊的矛盾解决了，人格就发展了一步，每个阶段都可能形成个人的心理危机。埃里克·埃里克森的人格发展八阶段包括：①1～3 岁是婴儿期，婴儿期的主要发展任务是获得基本信任感而克服基本不信任感；②1～3 岁是童年期，童年期的主要发展任务是获得自主感而避免怀疑感与羞耻感；③3～6 岁是学前期，学前期的主要发展任务是获得主动感而克服内疚感；④6～12岁是学龄初期，学龄初期的主要发展任务是获得勤奋感而避免自卑感；⑤12～18岁是青春期，青春期的主要发展任务是自我意识的确定和自我角色的形成；⑥18～25岁是成年早期，成年早期的主要发展任务是建立家庭生活的阶段，这是获得亲密感避免孤独感的阶段；⑦25～60岁是中年期与壮年期，这个阶段的发展任务是成家立业的阶段，这是获得创造力避免"自我专注"的阶段，所谓"自我专注"就是只顾自己以及自己家庭的幸福；⑧60岁以后步入老年期，亦即成熟期，成熟期的主要发展任务是获得完美感而避免失望感。

从青春期到老年期，个体都可能经历恋爱，但每个时期对爱情的期待因这个时期的发展任务不同而有所不同。青春期的发展使得个体获得自我同一性，对自己的性别、理想生活、使命等有了清晰的认识。到成年早期，恰好是大学生活时期和融入社会的初期，这个阶段个体在茫茫人海中找到相伴一生的伴侣，建立起亲密关系，在人生的旅程中不再孤独。大学生相对单纯，不太注重物质条件，更追求精神的契合，有较大的可能产生纯粹的爱情。

三、依恋类型对爱情的影响

每个个体来自不同的家庭，被父母以不同的方式养育，因此个体在成长中受到最大的影响来自家庭。每对父母人格的不同、每个家庭际遇的不同，塑造了个体不同的依恋类型。

依恋的两个维度——忧虑被弃和回避亲密非常重要，因为它们与爱情的所有成分都有关系：亲密、激情、忠诚和关爱。

亲密：安全依恋类型的人一般很重视他人，认为他人值得信任、心地善良。他们往往对自己的伴侣很坦诚，心情愉快地进行大量的自我表露。而那些不安全依恋类型的人则对他人持有戒心。高回避的人一般会怀疑他人，认为他人不诚实、靠不住，他们往往沉默寡言，很少对伴侣诉说自己的情感和愿望。总的来说，安全依恋类型的人与不安全依恋类型的人相比，与伴侣的关系更加亲密。

激情：如果一个不安全依恋类型的人陷入激情，常常会紧张不安，在亲密交往时他们总是会提心吊胆，担心爱的那个人离去，体验到忧虑而不是幸福快乐。回避亲密的人则更为疏远冷淡，他们很难有机会去体验到强烈爱一个人的感情。所以，安全依恋类型的人能够体验到最美妙的爱情。

忠诚：安全依恋类型的人比不安全依恋类型的人更加忠诚于他们的伴侣关系，因为安全依恋类型的人比不安全依恋类型的人有更亲密、更积极、更满意的交往。

关爱：当伴侣紧张不安、需要支持时，不安全依恋类型的人并不是有效的看护者，与安全依恋类型的人相比，他们提供的安慰更少，也不能让伴侣放心。当危难中的伴侣请求安慰和支持时，高回避的人的行为更消极，有时还会变得恼怒。焦虑型的人经常会提供很多帮助，但他们往往是为了一己私利才这么做的，希望获得伴侣的赞许。整体来看，最具有利他和无私精神的人一般都是安全依恋类型的人。

要注意的是，我们一般有多个依恋对象，如爱人、父母和朋友，这些人都是我们重要的依恋对象。依恋的质量在不同的对象关系中会发生变化，我们或许在某些关系中相对安全而在另一些关系中则不太安全。比如，有人焦虑地依恋母亲，但可能全心全意地信任自己的爱人。

忧虑被弃和回避亲密的变化程度能概括全世界所有人际关系的特征。安全地依恋于母亲的蹒跚学步的孩童，也往往在小学能与其他小朋友和睦相处，在中学也能拥有亲密的友谊，成年后，他们往往会拥有满意的爱情。

四、性别差异

整体来看，男性和女性在爱情方面的共同点多于不同点，性别的不同，呈现出的差异也是很明显的。

男性往往比女性有着更为浪漫的态度体验；他们比女性更可能认为爱一个人就已足够，其他的都不重要。他们也更可能相信一见钟情，他们往往比女性更快地坠入爱河。女性在爱情方面比男性更为谨慎，对爱恋的对象更为挑剔，更迟缓地感受到激情，她们将爱慕之情限制在适配价值更高的伴侣身上。

处于恋爱关系中的男女，从性别的角度来看，其情感需求也体现出明显的差异，这可能是在漫长的人类历史中建构而来的。

通常认为，能力被认可、成就被看到、付出被感恩三个方面是男性的情感需求的前三位，男性在这三个方面的情感需求得到满足，会在关系中更愉悦。从远古时代起，男性的成就——能否成功狩猎、能否提供给族群足够多的食物，就成为评判该男性是不是超于其他男性的标准。在当今，从狩猎场扩展到社会生活的方方面面，男性在各种岗位上工作，他们是否有能力去完成工作中的任务、持续面对工作中的挑战、不断取得成就，是他们最为看重的。男性的能力被认可、成就被肯定，他们会更加充满自信。直到今天，在全世界的绝大多数地区，男性依然是家庭的顶梁柱，他们负责获得经济收入、保障家人的生存和获得更优越的生活，这些部分依然是男性骄傲的部分，也是他们能力和成就的体现，他们期望对家人的付出能得到感恩，也是人之常情。女性若能对此给予回应，关系会更为融洽。

女性在关系中的情感需求则集中在感到安全、感到被关怀、感到被尊重这三个方面。从人类演化的进程中看，虽然人类历史上曾出现过母系氏族社会，女性有过高于男性的权威，但在历史的绝大多数时间中，相较于男性，女性体格更弱小，在社会角色上听从于男性，在家庭角色中主要负责家庭内的事务，直至近现代的女权运动的开展，才赋予了女性与男性平权的可能。女性的第一需求是安全，一般来说，如果在关系中女性感觉更为安全可靠、更有确定性，女性会对关系更为忠诚。可能因为跟绝大多数男性相比，她们的生活重心在家庭，所以在情感上一般比男性更需要关注和关怀，也需要更多的陪伴。男性在社会角色中的成就为他们赢得自信和尊重，而很多女性则需要伴侣来给予更多的尊重和赞赏。

五、爱情价值观

所谓价值观，就是指人们基于生存和发展的需要，对事物的价值的根本看法，是关于如何区分好与坏、善与恶、符合意愿与违背意愿的总体观念。价值观是人的行为准则、人生坐标，它可能在我们的无意识层面，也可能在意识层面。正因为有了价值观的引领，我们才能分辨生活中的甜酸苦辣，才能进退取舍。

爱情价值观是一个人社会生活价值观和个人生活价值观的总和，包括人生观、思想品德、知识结构、个性爱好、理想追求、性格、生活情趣、生活信念、生活方式、生活能力、职业偏好、外在气质等，这些方面的不同组合反映出每个个体独特的品质性格。爱情价值观驱使我们去选择有这些特质的个体，没有这些特质，个体将无法体验到美满的爱情。

卢梭说："我们之所以爱那个人是由于我们认为那个人具有我们所尊重的品质。"爱情的价值观体现在具体的对象身上，是一个整体，是对象呈现出的整体品质。就像我们欣赏一朵花的美，是花的姿态、花的馨香、花的风姿的整体美，而不仅仅是哪一个方面。

爱情价值观既然包含了社会生活和个人生活两个部分的价值观，个体在爱情选择中就会表现出对这两者的不同的偏重。有的人更偏重社会生活价值，有的人更偏重个人生活价值，偏重的不同，决定了每个人不同的爱情选择。

爱情价值观具有非常强烈的情感倾向，决定了我们的喜好、感受。符合爱情价值观的对象才能让人持久地喜爱，不符合爱情价值观的人会让人难以喜欢，甚至唯恐避之不及。爱情价值观还会影响我们的态度和行为，以及沟通中的表达。在沟通中，正是个人不同的爱情价值观，造成了巨大的差异性。

虽然随着个体的成长，爱情价值观会或多或少发生改变，但会在一定时期内保持稳定。澄清自己的爱情价值观，是自我认识的一个重要部分，有利于深入认识自我，看清自己真正需要怎样的伴侣。

■ **心理活动与体验**

活动目标：澄清成员的爱情价值观。

团体成员共30人左右。

活动过程

活动第一轮：

1. 指导成员制作八宝箱：把A4纸纵向对折1次，横向对折2次，打开后有8个格子，这就是人生八宝箱。

2. 让成员把自己在选择伴侣时认为对方最重要的8样东西装入人生百宝箱中，即写在8个方格里。

3. 组内讨论：你认为伴侣最重要的8样东西是什么？如果必须舍弃一些东西，你最先丢掉的是什么？依次丢掉的又是什么？丢掉这些东西会给你的人生带来什么影响？最后你留下了哪3样东西？留下它们的理由是什么？

4. 在分享后可以调整，然后写下"我的爱人是＿＿、＿＿、＿＿的人"这样一句话。

活动第二轮：

1. 让成员把自己最期待的恋爱关系中的8样东西装入人生百宝箱中，即写在8个方格里。

2. 组内讨论：你认为恋爱关系最重要的8样东西是什么？如果必须舍弃一些东西，你最先丢掉的是什么？依次丢掉的又是什么？丢掉这些东西会给你的人生带来什么影响？最后你留下了哪3样东西？留下它们的理由是什么？

3. 在分享后可以调整，然后再写下"我的恋爱关系是＿＿、＿＿、＿＿的样子"这样一句话。

全体分享：通过与组员讨论，你有什么收获？澄清自己的爱情价值观对你的生活有什么意义？

第三节　爱情中的心理效应

有些心理效应总在爱情中充当滤镜，让陷入爱情的人无法看到真实的伴侣，也无法真实地体验关系，让我们来看看爱情中的一些典型的心理效应。

一、吊桥效应

人们处在危险的情况中时，会心跳加速，如果旁边又刚好有人，就容易把这种紧张感误以为是因爱上对方而怦然心动，这是1976年加拿大的心理学家达顿（Dutton）与亚隆（Aaron）所提出的吊桥效应。在实验中，他们派出美丽的女助手去会见只身一人的年轻男性（年龄在 19～35 岁）。会见的情境有两种：一种是在可怕的吊索桥中央，另一种是在公园里一处又宽又稳、只比地面高出几米的桥中央。研究者对男性被试所编故事的性想象力进行了评分，发现位于吊索桥上的男性的性想象力要强于另一座桥上的男性。此外，位于吊索桥上的男性后来更有可能往女助手的家里打电话，女助手对于他们来说更有吸引力，由危险的吊索桥所引起的唤醒（或者恐惧）显然会激起他们对女助手的兴趣，在不太令人紧张的地点碰到同一名女助手的男性却觉得她的吸引力比较弱。吊桥效应提示的是当男性在高唤醒时，会更容易认为女性有吸引力。

二、首因效应

爱情中的男女，总是期望得到对方认可，给对方留下好的第一印象。有了好的第一印象，可能会"合眼缘"，甚至一见钟情；但要真正了解一个人，必须有意识地排除首因效应的影响，以免"恋爱脑"，以偏概全，难以看清对方真实的人品、才能及性格。

三、近因效应

近因效应指在总体印象形成过程中，新近获得的信息比原来获得的信息影响更大的现象。研究发现，近因效应一般不如首因效应明显和普遍。但人们往往受到近因效应的影响。比如，在恋爱双方发生矛盾的时候，他们就会忘记对方之前的好，只能看到当下的矛盾点，导致分手。其实在遇到这样的情况时，最好的解决办法还是双方先冷静下来，再好好地沟通，其实他们当时容易激化矛盾的原因，很大可能是近因效应的心理影响。

四、晕轮效应

晕轮效应也称光环效应，指在认知他人时，人们根据部分印象推论出整体特质的心理特点。也就是，人们对人的认知和判断往往只从局部出发，经扩散而得出整体印象，常常用既定印象以偏概全。如果一个人被认定是好的，则他身上的所有品质也都被认为是好的，这种"爱屋及乌"的知觉特点，就像月晕的光环一样，向周围弥漫、扩散，所以人们就形象地称这种心理效应为光环效应，"情人眼里出西施"指的正是这种情况。相反，因为光环效应，如果我们认定一个人是不好的，也会由此而扩散，认为这个人在各方面都是坏的。

五、布利丹效应

一天，苏格拉底带领几个弟子到了一块麦田边。他说："你们去麦地里摘一株最大的麦穗，只许进不许退，我在麦地的尽头等你们。"弟子们听懂了老师的要求后，就走进了麦地。地里到处都是麦穗，哪一株才是最大的呢？弟子们埋头向前走，看看这一株，摇了摇头；看看那一株，又摇了摇头，心想："最大的麦穗还在前面呢。"虽然弟子们也试着摘了几株，但是并不满意，便随手扔掉了。他们总认为机会还有很多，完全没有必要过早地定夺。弟子们一边低着头往前走，一边用心地挑挑拣拣，经过了很长一段时间。突然，大家听到了苏格拉底苍老的、如同洪钟一样的声音："你们已经走到了尽头！"这时，两手空空的弟子们才如梦初醒。他们回头望了望麦地，无数株小麦摇晃着脑袋，似乎在嘲笑他们。

这种因为害怕承担选择的后果而犹豫不定、优柔寡断的心理现象最早被 14 世纪的法国哲学家布利丹提出并详细论述，故心理学上将之称为布利丹效应。每个人在爱情道路上都面临着种种抉择，最终的选择关系到一生的幸福，因而人们都希望进行最佳的抉择，常常在抉择之前反复斟酌。适当地权衡利弊是人之常情。但在恋爱的抉择中，人们往往习惯性地以十分挑剔的眼光看待对方，于是就有可能出现这样的循环：一个姑娘在挑选对象的时候，嫌有才华的人长得丑，嫌长得帅的人挣钱少，嫌挣钱多的人不顾家，嫌顾家的人没出息，嫌有出息的人不浪漫，嫌会浪漫的人靠不住，嫌靠得住的人不出门……如此循环下去，全世界没有一个男人可以达标，以至于时光流逝，红颜老去。当然，有些男士也会有选择困难症，面对无数可人的姑娘难下决心，最终错过真爱。

六、投射效应

"你眼中的世界，就是你的内心世界。"在人际认知过程中，人们常常假设他人与自己具有相同的爱好、情感、倾向等，常常认为自己理所当然地知道别人心中的想法，这就是投射。投射是一种基本的心理现象，但过度投射可能会无法了解真实的人际和真实的自己。在爱情中，投射可能变成误解或控制。我看到对方是这样的，其实是自己的一些想法的反映。比如，有的人总觉得对方是个不负责任的人，可能是你自己没有安全感，把这种不安全感投射到伴侣身上，他（她）则变成了不负责任。或者"我"认为是这样的，无法真实地了解伴侣的意见或意图，爱变成一种自以为是。

七、斯德哥尔摩效应

斯德哥尔摩效应又称斯德哥尔摩症候群或人质综合征，是指被害者对犯罪者产生情感，甚至反过来帮助犯罪者的一种情结。这个名称起源于 1973 年发生于瑞典首都斯德哥尔摩市的一起抢劫案，两名抢劫犯在抢劫银行失败后，劫持了四名银行职员长达130 小时之久。出人意料的是，这四名被劫持的银行职员对绑架他们的抢劫犯显露出"怜悯"的情感。他们反对指控抢劫犯，并且对警察采取敌对态度。甚至有一名女性职员爱上了抢劫犯，在抢劫犯服刑期间与其订婚。

心理学家认为，这种心理效应源自某些懦弱的人性。一些人在极度恐惧和无助之下，失去了理性地辨别是非的能力，从而心理上不自觉地自我抚慰，并依从于正在伤害自己的人。

爱情中的斯德哥尔摩综合征有两种表现。一种是当事人最依恋、最忘不了的人往往是伤害自己最深、对自己的感情践踏最狠的人。由于无法摆脱对方给自己在感情上的折磨和伤痛，当事人越陷越深，受到对方带给自己的一次次伤害。受害者就是在被伤害时对施虐方心怀感激，认为施虐方是有难处的或有道理的、他们的行为是可以理解的，反而越来越觉得自己不好，不断检讨自己，最终失去独立的人格。有些受害者甚至支持施虐者的行为，对解救自己的人或者家人感到厌烦或者仇恨，被施虐者控制。

另一种就是双方彼此深爱，但由于一方懦弱胆小，无法承担起爱情的全部责任，也无法承受爱情可能带来的种种结果，强迫自己接受"这段爱情是不会有好结果的"这一假设。特别是当年龄的差距、家庭的压力、世俗的偏见这些因素成为爱情的强大阻力时，爱情中懦弱胆小的当事人，会认同这些压力转而放弃争取。

第四节　亲密可以被创造

当下社会，无数人感到寂寞，孤独成为人生常态。季羡林先生说：在人生的道路上，每个人都是孤独的旅客。

从哲学上说，人与人之间的"感同身受"是不可能存在的。人和人之间不存在"百分之百的理解"，更别谈"完全理解某个人的孤独"了，也别问"为什么没有人真的理解我的孤独"。真正的孤独只能被观赏、被体谅、被同情或瞻仰，甚至被曲解和污蔑，而永远不可能被理解。孤独只是人在成才路上的一场考验，唯有经由此，人才能更加成熟自由。

但是作为普通人，为什么我们期待有人亲近、有人理解，渴望远离寂寞和孤独带来的痛苦呢？依恋理论提出者、心理学家约翰·鲍尔比（John Bowlby）指出：与他人真正的亲密行为是人类存在的最高价值，对人们的幸福和社会良性运作发挥最大作用的就是亲密关系，没有什么比它更重要！作为普通人，亲密的关系能让我们身体更健康、生命更长寿、友谊更牢固、爱情更甜蜜、婚姻更美满。那么我们如何去创造一段亲密关系呢？

一、要充分了解自己

我们越充分地了解自己就越有可能发现合适的伴侣。我们应从哪些方面了解自己呢？

第一，发现自己的魅力。很多人在与别人的比较中看到了别人在某些方面的优点，备感赏识和羡慕，却忘记了自己在其他方面也展现了优点，被他人赏识和羡慕。如果静下心来，你总能发现自己的优势、长处、魅力。认可自己的魅力，才能自信，而自信有助于与别人建立亲密关系。由表及里，列举 10 个你最欣赏自己的地方，你会发现你比所知道的自己更优秀。

第二，了解自己欲望背后的需求和价值。我们每天升起无数种欲望，想吃美食、想买美衣、想找某人聊天、想见到某人、想独处，各式各样的欲望驱动着我们的行为。尝试关注自己这些欲望背后的需求和价值，我们为什么要找这个人？为什么我们想要这件衣服而不是那件？我们的需要是什么？它们怎样满足了我？我们的价值是什么？什么是我们不能放弃的？我们会遇到什么冲击和困难？我们要如何去坚守？

第三，回溯自己的过往，重新审视自己。也许我们的过去是幸福的，也许我们的过去是痛苦的。尝试回看我们的生活，从中看到过去的痛苦和幸福与今天的关系。过去的幸福带给我们什么？过去的痛苦依然还痛吗？我们害怕回想吗？害怕的是什么呢？如今那些令你害怕的东西还在吗？我们能怎样去改变？有谁可以帮助我们呢？有哪些渠道可以帮助我们呢？

第四，体会感受，辨识自己的情绪。尝试用语言去表达，是喜悦还是悲伤？是迷恋还是抽离？是担忧还是恐惧？……用语言表达情感，是与他人建立情感纽带的关键。如果我们不表达情感，对方很难知道我们的感受是怎样的，更谈不上回应或满足我们的情感。识别情绪，并思考这个情绪背后的原因和需求，可以帮助我们理解自己的情绪，进而了解自我、认识自我、关爱自我。

第五，关爱自己。哈利法克斯（Halifax）说："一个懂得恰如其分地热爱自己的人，一定能恰如其分地做好其他一切事情。"有热才能温暖他人，有光才能照亮世界，关爱自己正是给自己储光存热。关爱自己，就是在言行举止中无时无刻不传递"我在乎我自己"的信号，从身体和心灵两个层面呵护自己。我累了吗？我有足够的休息吗？我愉快吗？我伤心吗？我被爱着吗？我得到了尊重吗？……花一些时间来倾听我们内在的声音，花一些精力用于给自己创造快乐，给予自己欣赏、尊重、鼓励和安慰。

创造属于自己的仪式感，在自己的重要时刻关爱自己，也许是某次考试成功，也许是一次工作完成，也许是自己生日到来，也许是身心疲倦之时，总之，在那些自己需要爱的时候不让自己失望，记住这个世界上最爱你的人是你自己，你必须做你自己的依靠。

第六，不苛责自己。在这个世界上你是独一无二的，珍贵无比，但你也是普通的一员，不可避免地会犯错误，不要求自己在方方面面都是最优秀的，一颗平常心可能会让你更加地踏实。不苛责自己也可以让你严格地对待问题而宽容地对待自己，你承担问题带来的后果，努力解决问题，但你不会过度责难自己，不会带着内疚和羞愧继续往前。

二、要充分了解他人

（一）勇气

创造亲密，始于勇气。有勇气走近一个人，才可能了解别人，才可能被别人了解，这个人也许是家人、同学、社团伙伴。我们常常恐惧地想，"也许他不会喜欢我这样的人"。当缺乏勇气时，无论是什么样的人，一千个人有一千个理由想象自己被他人拒绝。"如果被拒绝，大家会怎么看我呢？""我一定会被拒绝吧？""为什么我要自讨没趣呢？"这样想着，勇气渐失，我们就更加不敢靠近别人。曾有一位同学总是在想到和别人说话时会非常紧张，但是一旦开口讲话，紧张感就完全没有了。勇敢地跨出第一步，你会发现与人开始交谈没有那么难。

（二）了解他的需求和价值

人与人的交往，每天都可能有各种各样的话题。但一切话题的背后，都隐藏着一个人的核心需求和核心价值。需求和价值很难泾渭分明，但二者最大的区别是：每个人的需求基本相似，而每个人的价值却大有不同。马斯洛指出人的基本需求分五个层次：生存的需求，如足够的食物和衣物、清新的空气、便捷的交通等，这是人的基本的需求；安全的需求，如健康的身体、稳定的工作、一定的积蓄等；归属的需求，如友好的同事、亲密的朋友、和睦的家庭等；尊重的需求，如自尊、被尊重、成就和自信等；自我实现的需求，如道德观、创造性、自律性等。一个人的需求总是在以上这些层次中，而价值是千差万别的。

价值是人对客体与自己的利益关系的评判，是一个人的意向、愿望和要求的表达。价值客体可以是物，可以是人，也可以是抽象的精神品质，满足的是一个人最内在的需要。有没有意义、有多大的意义是评判价值大小的依据。在亲密关系中了解一个人的价值观是很重要的，只有了解了这一点，才能真正做到命运与共、休戚相关。

(三)鼓励对方谈论他的过去和未来

跟一个人相处，我们可以通过观察他的行为，倾听他的语言了解现在的他，但仅仅了解现在，无法建立真正的亲密关系。当两个人开始互相分享他们的过去时，他们一定会变得更加亲密。当他们开始向对方描绘自己畅想的未来时，心灵会合奏出美妙的乐章。想了解他，就邀请并鼓励他谈论他的过去和未来吧！

(四)提问的艺术

提问，让交流成为一个互动的过程。好的提问，可以让交流如清泉流淌而出。好的提问的关键是注意邀请的态度，持续传达你对对方的好奇，对方会受到鼓励，感受到诚意，有信心去讲更多自己的事。

如何去问问题，才能更好地促进交流呢？比如，对方说他很难过，如果你询问他为什么难过，他可能很难去告诉你为什么。因为大多数人在被情绪主宰的时候，很难去思考。如果你关切地询问他发生了什么，他大概可以从一些事情说起，慢慢靠近他的情绪。你在这样的邀请式提问中要让对方去表达他个人的感觉、记忆、情绪、梦想和渴望等独特信息。批评和责难的提问是一定会扼杀一场对话的，试想，谁愿意在批评的氛围中吐露真心呢？

三、要学会关爱他人

(一)表达爱意

关爱他人，没有一个固定的方式。每个人的需求和价值也不一样，在你充分了解对方后，你的关爱都出自一个原则：你的爱。你对伴侣的爱意可能是为他做一顿美食，可能是准备一份生日的礼物，可能是关心他在学习中的困难，可能是规划你们的未来……关爱的本质是为了爱人的愉悦和成长，而不是为了愉悦自己，当然做这些事的时候，也会令自己愉快。

(二)接纳和感受

关爱对方，首先要接纳对方的情绪和情感。不管这个情绪是积极的还是消极的，都要欣然接纳。接纳对方的情感，令对方能倾心而谈，使你能更多地了解对方的情感。了解得越多，你面对的人越鲜活，你不仅知道发生在他身上的事实，还能知道这些事情带给他的情感体验是什么。在了解了对方的情绪和情感后，你要让自己去体验这些情绪和情感，从而感受对方的感受，真正做到同情共感。

(三)回应

你在感受别人的想法、感觉和体验时，应有所回应，对方会感觉到他不是在唱独角戏，他的世界你懂。通过你的回应，对方会感受到你在关注他、关心他，这样的感觉会让你们的交流如鱼得水，创造出情感共鸣。

(四)承担责任

与人相处，无论关系多么亲近，总会有体验到失望和不足的时候。在这些令人失望的时刻，主动检查自己有什么不足或过错，主动思考自己能做些什么，勇于承担责任，在关系中积极作为，可能会峰回路转、柳暗花明。当你们吵架或冷战时，一句道歉，一个问候，会缓和双方的关系；一个微笑，一个拥抱，这些非言语的表达也能传达很多的爱。当然，如果双方都能换位思考，必然能以心换心，创造出和谐的关系。

(五)接受对方的不完美

很多人都渴望完美的爱人，追求完美的关系，但世上本没有完美的爱人和完美的关系。人本主义心理学派认为，人与人不同，但人与人相同的地方就是都具有成长性。在恋爱中共同成长、共同进步，慢慢成为更好的自己，也帮助对方成为更好的他自己，这样的关系是真实而完美的。经营恋爱，经营婚姻，经营的重点不是美丽的外表，也不是巨额的财富，而是携手共创出丰盈的精神居所，在这个居所中，两个人都能自由地安住。

(六)接受关爱

你可能没有想到，接受关爱也是关爱他人的一个方面。通过接受关爱，你肯定了他对你的情感价值，使他认识到，因为有他的付出，你感到了温暖和幸福。借此，他也能相信，你给出的关爱，不是施舍，不是待价而沽的商品，而是一份不求回报的爱。他可以坦然地被你关心，不再有愧疚感，不再认为会给你带来麻烦，不再担心被人视为自私或贪婪。接受对方的关爱，也能让对方更坦然地接受你的关心和爱护，平等互惠的爱更能长久。

■ 心理活动与体验

一、热身活动

大风吹：全体人员坐在椅子上，椅子数比人数少一个。带领者说"大风吹，吹×××人"(指成员中有某个共同特征的人，如穿黑皮鞋的人)，成员中有此特征的人要起身跑起来，去抢一个椅子，未抢到椅子的人要表演一个节目并继续说"大风吹，吹×××人"，循环几轮。

二、信任之旅

第一轮信任之旅：

1. 请所有组内成员两两组队。

2. 一组戴上眼罩扮演盲人，另一组扮演帮助盲人的拐棍，由"拐棍"帮助盲人完成设置了障碍的旅行。"拐棍"全程不能说话。完成后两组交换身份再次进行。

3. 设置障碍包括跨杆、绕过凳子、找东西等。

分享：

(1)你被蒙住眼睛看不见时心里是什么感觉？

(2)你对帮助你的朋友是否满意？

(3)你在帮助你的朋友时有什么感受？这让你想起什么？

(4)作为助人者，当你的朋友没有完全顺着你带他的方向走时，你有什么感受呢？

第二轮信任之旅：

接下来，我们变化一些规则：两名同学都要蒙住眼，然后相互握着手向前走，在这个过程中双方都能体验到同伴的力量，双方在走的过程中可以交流，可以相互鼓励。（在设置这个游戏时，要保障学生的安全，任务不能太难，路程不用太长。）

问题讨论：这次跨越障碍和上次有什么区别？当你们俩都被蒙住了眼、相互握着对方的手时，你在想什么？

三、你说我画

1. 请一名学生上台担任传达者，其余参与游戏的学生都作为倾听者。传达者看事先准备好的样图一2分钟，之后背对全体倾听者，下达画图指令。

倾听者根据传达者的指令画出样图一上的图形，倾听者不许提问。倾听者展示自己所画的图，传达者和倾听者分别谈自己的感受。

2. 再请一名学生上台，看样图二，面对倾听者传达画图指令。允许倾听者不断提问。

3. 请传达者和倾听者谈自己的感受，并比较两轮过程与结果的差异。

相关讨论：

1. 第一轮游戏和第二轮游戏的结果是否有差别？为什么？

2. 这个游戏给了你什么样的启示？

四、你的情绪我来读

1. 带领者请所有成员来说说表达情绪的词语，将这些词语写在小纸条上，折成团。

2. 将成员分成10～20人的小组。

3. 在小组中分别扮演A角和B角，A角的第1个人根据自己抽到的情绪词语表演这个情绪，B角的第1个人不说出他领会的是什么情绪，而是说出他怎么去应对这种情绪；A角的第2个人根据自己的理解和B角的第1个人说的应对方法继续表演，直到小组中的所有A角和B角全部表演完。

4. 小组讨论：为什么我想到的是这种情绪？我的应对方式和别的同学有什么区别？这种区别让我想到什么？

5. 大组分享：每个小组选 1～2 人分享在这个活动中的感悟和体会，对你与他人相处有什么启发呢？

第五节　恋爱中的性心理

性是人性中最基本、最原始的部分，是我们身体的一部分，是内在的欲望，是一种愉悦的体验。恋人之间的性是自然的，它是繁衍生息的途径，是人类美好的情感。但生活中除了身体和物质之外，还有更广阔的精神世界。本节我们主要探讨大学生恋爱中跟性有关的问题。

一、性的形象

性的形象是一个男人或女人产生性吸引力的基础，它包括性的生理形象、性的心理形象和性的社会形象。性的生理形象包括面容、体形、声音、体味等。性的生理形象受到遗传因素的制约、社会流行文化的影响。在充分认识到自身遗传因素的基础上，在对社会性别观念、社会文化的影响进行筛选后，大学生对自身的性的生理形象会进行修正与改变，逐渐建构出自己悦纳和认同的生理形象。

真正的美丽，不仅是青春的容颜，更是绽放的心灵。除了外在形象之外，一个人在与异性交往中对自己的气质类型、性格差异、情绪表现、意志品质、责任感和成就等有一个内在的评判，体现在自己对自己作为男性或女性的魅力的肯定。有的大学生阳光自信，在恋爱交往中敢于表达、敢于追求，但有的大学生则没有自信，觉得自己处处不如人，不值得被爱。

当对自己的个性不满意时，大学生可以去探寻成长过程中是否有不利于自己成长的因素，从家庭人际关系、父母教养方式、父母人格特征、家庭结构等方面去厘清家庭生活对自己成为一个男人或一个女人的影响，也可以从过去的学校教育模式、师生关系、校园文化中去理解各种压力和阻碍，必要时可以向专业心理咨询人员寻求帮助。

大学生要积极融入大学校园生活，通过参加各类学术组织、学生组织、各类校园文化活动以及社会兼职等，在各种活动中发展各种各样的人际关系，提升自己的人际交往能力，也在无数的工作中锻炼自己语言表达、组织管理、规划决策等方面的能力。道德品质和风度修养的提高也是大学生素质提升的一个重要部分。虽然每个时代甚至同一时代的不同时期道德的具体标准可能是变化的，但以做一个道德高尚的人作为对自己的要求却是道德的不变之处。无论在哪个时代，有着高尚的道德情操和良好的风度修养的人都让人们尊重和敬慕，它是一个人的内在魅力的核心部分，经得起时间的检验，超越皮相，直达精神。

从人生成长的阶段看，大学生处于成年早期，身心都处在急速成长期。不自信的同学要坚信"你若盛开，蝴蝶自来"，有意识地去了解自己、改变自己、塑造自己。

二、平等的性

无论是东方社会还是西方社会，都经历了漫长的封建社会。在西方社会，直到17、18世纪的启蒙运动才开启了人人平等的思想。到19世纪末期，从弗洛伊德的学术著作中我们可以看到，即使在西方社会，不管是男性还是女性，他们的性都是压抑的，女性更甚。1919年"五四运动"时期，以胡适、鲁迅为代表的知识分子开始大力宣传女性独立和平等思想，在广大青年中引起反响，中国的知识女性才开始以独立的人格与男性平权。

恋人之间的关系是平等的，在恋爱中要不要性，在何时何地、何种情境下发生性，双方应该协商，男性应尊重女性的意愿，女性应大方表达自己的想法，性行为应该建立在双方愿意的基础上。即使是恋人、夫妻，若违背对方意愿，强行发生性关系，也是性侵，严重的可判定为强奸，是违法行为。

第六节　失恋的应对

花前月下、山盟海誓、两情相悦固然美好，但劳燕分飞、各奔东西时又心痛几许？失恋，常指在恋爱中被迫中断恋爱关系，这是很多人都曾品尝过的一种痛苦。

一、失恋后的心理变化

对于每一个失恋者来讲，失恋都是个创伤性事件，根据情感的深度，这个创伤严重程度不等，爱得深则伤得痛。一般来说，从失恋的痛苦、颓唐到走出失恋的阴影，一般会经历六个心理阶段。

（一）否认

他/她提出了分手，或许是早有预料，或许是突然之间，不论是哪种情况，此时此刻，你都被分手了。你的脑海里会冒出很多想法，如"他/她只是一时冲动""他/她还是爱我的""他/她一定还会回来找我的""他/她不会这样轻易离开我"等。听见电话铃响，你会迅速反应是不是他/她打来的；你会去频频查看微信和QQ消息，生怕错过了他/

她发来的信息；听见脚步声，你会迅速联想是不是他/她回来了。总而言之，你否认分手的事实，依然怀着期盼。

(二)愤怒

面对对方提出分手的那一刻，你的脑海里闪现了很多自我安慰的念头，你相信你的恋人还会回头，可很长时间过去了，这件事仍然没有发生。于是，你不再去否定失恋的事实，你开始真正相信和面对恋情结束的事实。这时候的你，或许流过眼泪，或许假装坚强，但无论怎样，内心的那股愤怒之火都在熊熊燃烧。这股愤怒，有可能转化为你对他/她(包括他/她的物品)的攻击，也有可能转化为你对自己内在的攻击。适当的愤怒在最初的时刻对排解失恋的痛苦是有好处的，发泄情感可以让你暂时忘掉伤痛。但在愤怒之后的冷静期，痛苦会再次光临你的内心。

(三)自怜

自怜这个阶段也可以被称为自暴自弃的阶段。在这个阶段里，你会出现很多糟糕至极的思维信念。比如说，"他/她走了，我彻底完蛋了""我这么爱他/她，他/她最后还是走了，一定是我非常糟糕""他/她都不爱我了，在这个世界上不会再有人来爱我了"……总之，这些观念让你觉得自己是世界上最不幸的人。在自怜的状态下，你会开始封闭自我，甚至拒绝别人的关心。这种自我封闭或者说自暴自弃并非完全是坏事，经过一段时间的自我封闭，你可以为自己的内在积蓄能量；但是，这种自我封闭的时间不宜过长，你最好是跟自己订个"合同"，封闭一个固定的时间段后，努力地走出去。

(四)不屑

在不屑这个阶段，你已经开始真正在主动疗愈自己的失恋创伤。之前，你所有的思维方式都是在自我否定，而到这个阶段，你会开始否定对方，为了减少伤痛，你本能地去挑对方的毛病。这是一个良好的开始，你能够利用否定对方来重拾自信，转移注意力。

(五)理解

经过了前面四个阶段的挣扎，你会慢慢冷静下来，开始思考过去的那段感情，开始认真分析感情中的是是非非，进而开始理性地理解对方分手的决定，理解恋情的变化。如果失恋后能走到这个阶段，你就已经从失恋中获得了成长，开始能够抛开怨怼，客观冷静地重新审视这段感情。这对以后开始一段新感情，寻找适合自己的人有相当大的益处。

(六)自由

终于，你已经从失恋的阴影中走了出来。或许这时，你还有点感伤，还有那么一点自怜，但是无论如何，你重获了自由。经历了前面的几道关卡，你现在重新感受到了生活是美好的。空气是清新的，你已经不需要任何麻醉剂，完全恢复过来了。面对工作、朋友和家人，你都可以重新开始投入全部的精力。回头看看，失恋甚至带给你新的力量。

但并不是所有人都那么幸运，能够从失恋的创伤中走出来。有些人情伤深重，终其一生也不能走出来，选择回避亲密关系，孤独终老。有些人甚至选择伤人或自伤，给自己或他人带来终生的痛苦。

如果确实无法应对失恋的痛苦，你可以选择心理咨询或心理治疗，接受专业的帮助，以走出内心的困扰。无论如何，失恋其实也是一次重生的机会，如同凤凰涅槃，一旦走出，你的内心会变得更加强大。

二、失恋后面临的心理困扰

■ 成长案例

玲玲与男友分手了，她非常痛苦。分手的原因是在谈了一年恋爱后，玲玲和男友常因一些小事吵架，虽然冷战一两天后，男友会给她打电话，哄她求和好，但她发现男友对她没有以前好了，很多时候会不耐烦，她感到不久以后男友可能就会受不了她，跟她提分手，所以她先向男友提出"要不我们分手吧，还是做回朋友"。本来她想试探下男友，没想到男友立即答应了。

分手后，玲玲常想起谈恋爱时她和男友相互关照和理解的时候，常常后悔自己对男友提分手。她又跟男友说："我们复合吧，分手太痛苦了，我不能没有你。"男友却告诉她，他俩性格不合，以后也会分手，还是做朋友好些，拒绝了复合的提议。玲玲被痛苦、自责、羞愧和愤怒折磨，整天以泪洗面，室友的关心让她觉得自己是个失败者，连谈个恋爱都会搞砸。

持续一段时间后，她求助于心理咨询师。在咨询中，她可以尽情宣泄失恋的痛苦，咨询师和她探索了她亲密关系中的想法、感受，讨论了她应对和男友之间的矛盾的模式，分析了这种模式形成的原因。在经过十多次心理咨询后，她明白了自己对男友既渴望又排斥的原因，对自己在其中的矛盾感受有了更深的理解。在咨询结束时，她说："我感谢他曾经带给我的美好，也感谢我们的分手，我对自己了解得更多了，我相信我能成熟地处理下一段感情。"

失恋后产生的心理困扰主要有恋人离去的失落感、生活常规被打破后的不适应、对失恋的不合理认知导致的挫折感。

(一)恋人离去的失落感

恋人的离去和与之伴随的爱情的破灭，对失恋者而言无异于失去生命中极为宝贵的东西。失恋，通常是指被动失去恋人与爱情，而非主动放弃一段感情。主动放弃者可能会有一时的内疚感，但更多的是如释重负；失恋者直到关系结束时，对恋人和曾经的爱情还有着深深的眷恋，因对方的放弃而不得不接受关系结束的现实，所以失恋者都会有强烈的失落感并因此而感到痛苦。

如果失恋后只有失去的痛苦，那么这种痛苦持续的时间并不会太长。随着时间的推移和另一段感情的产生，这种痛苦也就逐渐淡化了。

(二)生活常规被打破后的不适应

无论是主动还是被动结束恋爱关系的一方，在结束关系之后的一段时间里都会面临生活常规被打破后的不适应。恋爱以后，恋人通常在固定的时间有共同的活动和安排，久而久之形成一种生活常态；这种常态在恋爱关系结束后被打破，会使双方在新的生活秩序建立起来之前有空虚、落寞之感。这种感觉有时会给人以错觉，令人觉得是还爱着对方的表现，即使是主动结束关系的一方，也可能因此怀疑自己是否做出了一个错误的决定。

生活常规被打破后双方都在承受不适应，被动结束关系的一方表现得更为强烈。主动结束关系的一方对此有思想准备，摆脱困扰也较快；而失恋者，有时会很久都不能振作，痛苦程度也很深，状态比较消极，为了摆脱空虚、落寞的痛苦，甚至匆匆开始另一段草率的感情。失恋后最好将精力和时间投入学习、工作或集体活动中，让生活充实和有意义起来，消极情绪就能慢慢转化成中性或积极的情绪。

(三)对失恋的不合理认知导致的挫折感

恋爱是恋爱双方不断感受、比较和选择的过程，恋爱的结局不外乎两个：牵手走进婚姻殿堂或分手重新选择。失恋者在痛苦中往往对失恋产生不合理认知，从而加剧了失恋所导致的挫折感。例如，"我不够好，所以被抛弃""我痛苦，证明我对他/她的爱不可改变""我不能放弃，只要继续付出感情，或只要恳求他/她，我就能重新得到爱""男人/女人没一个好东西，我以后还是少爱为好""真爱一生只有一次，我不可能再去爱别人，生活已经变得毫无意义"。

以上五种不合理认知是很有代表性的，对失恋缺乏理性认识的人极易产生这类极为偏激的观念，它使对爱情抱有美好憧憬的大学生在感情受挫后走向另一个极端：丧失对异性的信心，对爱情的态度也由憧憬变为怀疑。这不仅使人失去追求爱情的动力，甚至使人可能在今后的婚姻中，缺乏夫妻间应有的信任，进而影响婚姻质量。失恋，尤其是对方提出中止关系的失恋，让失恋者产生"被抛弃"的挫折感，对关系结束的归因也是"我缺乏魅力"，这种自我否定足以摧毁个体固有的自信，而导致深深的自卑感，其杀伤力也是最强的，易导致心理危机。

■ 扩展阅读

亲密关系中的"末日四骑士"

婚姻家庭治疗专家认为，爱情或婚姻关系常常出现以下四种情况，就表明你们的关系已出现了大的裂痕，不小心检视和修正，可能就会导致关系破裂！

"骑士"一：批评。

你对伴侣不再欣赏和赞美，而是不断指责、抱怨。你甚至无法再觉得你的伴侣总体上是一个值得爱的人，你对他/她充满失望，你忍不住批评他/她，希望通过你的批评，他/她能改变。这时双方应好好谈谈，到底是什么令你们的关系产生了裂痕。

"骑士"二：鄙视。

矛盾多了，批评多了，慢慢会演变成冷嘲热讽和挖苦。你认为他/她是糟糕的，他/她也不可能改变。你不再批评他/她，因为批评已无法让对方改变，你表达自己的厌恶，希望对方感受到你是多么讨厌他/她。鄙视是"四骑士"中最能毒害关系的一个，只会增加矛盾，不能解决问题。

"骑士"三：防卫。

防卫其实是努力保护自己，而不愿意与伴侣面对问题。真诚地检视问题，你会发现可能情况不至于这么糟。防卫者总是企图将问题的起源归于对方，"这不是我的问题，而是你的问题""都是因为你怎么样，所以我才怎么样"是他们的口头禅。这只会让矛盾升级，而无法解决矛盾。

"骑士"四：回避。

争吵很久，不能解决问题的伴侣之间可能被无力感打败。遇到问题他们不再激烈交锋，代之以回避，而冷战一般是回避的主要形式。两个人不理不睬，完全不沟通交流，这种情形表明你们的关系已岌岌可危，预示着你们的关系可能要走到尽头了。

（参见[美]约翰·戈特曼、朱莉·施瓦茨·戈特曼、杜格拉·阿伯哈等：《爱的沟通》，151页，冷爱译，杭州，浙江人民出版社。）

三、失恋心理的调适

（一）合理情绪疗法

失恋后产生的不合理认知，容易带来自我否定，导致心理危机，或者对异性和婚姻产生极端悲观的看法。调节失恋的心理挫折，要改变对失恋的看法，合理情绪疗法是很好的一个方法。

合理情绪疗法是美国的心理学家埃利斯（Albert Ellis）在长期的咨询实践中总结出来的。合理情绪疗法的理论基础是ABC理论。埃利斯认为，情绪不是由某一事件本身所引起的，而是由经历了事件的个体对事件的解释和评价所引起的。在ABC理论模型中，A（activation）是指诱发性事件；B（belief）是指个体对这一事件的看法、解释和评价，以及看法、解释和评价背后的信念；C（consequences）是指在特定情境下，个体的情绪及行为反应。通常人们会认为人的情绪及行为反应是直接由诱发性事件A引起的。ABC理论指出，诱发性事件A只是引起情绪及行为反应的间接原因，而人们对诱发性事件所持的看法、解释和评价B才是引起人的情绪及行为反应C的更直接的原因。

人们的情绪及行为反应与人们对事物的想法、看法有关。在这些想法、看法背后，有着人们对事物的共同看法，这就是信念。合理的信念会引起人们对事物适当的、适度的情绪反应；而不合理的信念则相反，会导致不适当的情绪及行为反应。当人们坚持某些不合理的信念，长期处于不良的情绪状态中时，最终可能会导致情绪障碍的产生。运用合理情绪疗法，帮助失恋者与他自己对失恋事件的不合理认知辩论，动摇过去的信念，建立新的合理认知，实现认知改变，才能摆脱失恋事件带来的不良情绪，获得看问题的成熟眼光，实现个人成长。

(二) 以"双方不合适"代替"自己不够好"

恋爱是彼此有意的男女通过进一步接触，深入了解对方并加深感情的一种交往形式。如果双方在恋爱期间发现彼此并不合适，确定对方并非自己理想的伴侣，选择分手是一个理性的决定，分手是让双方重新拥有选择机会的行为。被结束关系的一方因此而体验到挫折感属于正常反应，但不能将其归因于自己做人失败，这就是认知产生了偏差。恋爱不成功，未必就是谁有过错，多数情况只是双方不合适而已，主动提出分手的一方也只是为了重新选择合适的对象。

根据这个思路，失恋者要与自己的不合理认知展开辩论："一方主动退出恋爱是因为另一方不够好吗？"失恋者会发现这是个站不住脚的命题，再进一步深入反思："那可能会有哪些原因呢？"失恋者会发现有多种可能，再进一步思考："为什么我一定认为是自己不够好而导致分手呢？会不会有其他可能？哪种可能性最大？"通过辩论与反思，失恋者能够使判断回归理性，不再因失恋而自责、自卑。

(三) 以"获得新机会"代替"遇到坏男/女人"

恋爱终止，如果不是外力影响，只是当事人自己的选择，他只是想结束一段不合适的缘分。但是很多情侣的分手都是在一系列争吵和冲突之后提出的，他们会将失恋归因于某次冲突事件，尤其是被动失恋的一方会因此而自责。其实，正是因为彼此不合适已经成为潜在的分手诱因，所以才会在他们日常的交流中以冲突的方式显现出来。

这种冲突会积累敌意，这就使失恋者把自己承受痛苦这笔账算在对方头上。一直以来，由男方提出终止恋爱关系，或者提出离婚，女方难免会有"秦香莲"式的哀怨，产生"男人没一个好东西"的强迫观念；如果是由女方提出来的，男方会难以接受自尊心的打击，而以"势利"或"忘恩负义"等缘由将问题归咎于女方。持这种观念的失恋者在冲动之下甚至可能产生伤害对方的意图和行为。

为此，失恋者需要与自己的不合理认知展开辩论，可以向自己提一些夸张的问题，把自己的认知偏差以漫画式的手法表现出来，放大给自己看。"你认为你的前男/女友是个恶棍，对吗？""如果他/她认为即使你们将来生活在一起不幸福，也不能提出分手，否则就不是好人，这种观点对吗？""占世界人口一半的男/女性都是坏人，对吗？"这样提问能够促使失恋者反思自己在失恋之后的偏激看法，回归理性评价，减轻或消除仇恨心理。

当失恋者的原有信念开始动摇，并逐渐形成正确观念时，不能就此止步。当前问题的解决只是一个初步目标，更重要的是促进自己的成长，形成理性看待挫折的正确视角，要让自己明白过去习惯性的不合理认知是困扰自己的根源，从而有实现认知更新、促进人格成熟的动力。

■ 扩展阅读

名人的失恋治愈方法

杰克·伦敦——我要与新世纪一起出发

当进入 20 世纪的钟声敲过，美国作家杰克·伦敦对心爱的玛贝尔的又一次求爱又因对方父母的反对而失败了。杰克怀着失恋的痛苦回到家里，大声喊着："我要与新世纪一起出发！"他埋头读书，用发奋自学迎来了 20 世纪的第一个黎明。从此，他抓紧学习和写作，终于成为轰动美国文学界的作家。

贝多芬——从音乐中寻找安慰

大音乐家贝多芬在他 31 岁时，境况艰难，无法娶心爱的朱莉埃塔。两年后朱莉埃塔嫁给了别人，贝多芬痛苦地写下遗嘱想自杀。但他最终从音乐中找到了安慰，不久即创作出《第二交响乐》。36 岁之后，他的爱情又被毁了，这又是一次无情的打击，但他决心为事业奋斗，接连创作出《第七交响曲》《第八交响曲》《第九交响曲》，成了伟大的"音乐主帅"。

恩格斯——向美丽的大自然倾诉

20 岁的恩格斯，在不来梅商行当实习生时，和一个姑娘的恋爱告吹了。回到家乡后，为尽快摆脱失恋的痛苦，他开始翻越阿尔卑斯山去意大利旅行。沿途的湖光山色，使他心胸格外开阔，失恋的痛苦逐渐清除。事后，他写道：向美丽的大自然倾诉爱情的痛苦，能使自己融化在温暖的生活协调之中。

居里夫人——生活和科学在召唤她

居里夫人年轻时，第一次爱上的是她当家庭教师的那家主人的大儿子卡西密尔。由于对方父母反对，漂亮英俊的卡西密尔向她宣布断交。失恋的痛苦像反作用力一样，推着她以发狂般的勇气去奋斗。生活和科学在召唤她，她终于跳出了失恋的深渊，踏上了科学大道并觅到了知音。

罗曼·罗兰——失去爱情不等于失去友谊

法国大文学家罗曼·罗兰向心爱的索菲娅求爱被拒绝后，感到很痛苦，但他认为，不能因失恋而失去对生活的勇气和热情，失去爱情也不等于失去友谊。他在后来漫长的岁月中，依然与索菲娅保持友谊，互相通信探讨人生和艺术，时间长达 33 年。

心理活动与体验

活动名称：伤心剧场

活动目标：以情景剧的方式来引发对失恋的情绪、态度、认知和行为的思考。

活动过程：

1. 在成员中征选一个双方分手的爱情故事，或由带领者编写一个失恋的故事。

2. 在成员中选出故事的相关角色，带领者给每个角色取个名字，并用语言表达出来。其余成员作为观众。

3. 各角色根据自己的理解，表演出故事中人物的语言、行为、态度等，这个情景剧的深度和广度都由表演者创造。可以用道具、灯光、音乐等增强表演效果，这些可由表演者自己决定。

4. 表演完毕后，观众就这个情景剧向表演者提问，带领者引导各角色分享他们在表演时激发的情绪、体验、态度和领悟。分享完后，带领者以"你不是×××"为导语去除表演者的角色设定。

5. 观众分享这个情景剧对自己有什么启发。

第六章　情绪调节与应对

■ **思政课堂**

精神卫生工作实行预防为主的方针，坚持预防、治疗和康复相结合的原则。

——《中华人民共和国精神卫生法》

■ **学习目标**

本章旨在增强大学生对自身情绪的觉察与认识。通过本章学习，我们需要了解情绪的概念是什么，是什么引发了我们的情绪，我们如何评估自己的情绪状态，如何识别、改善自己的情绪，如何正确地释放压力。通过对这些知识的学习，我们要能够保持良好的心境和乐观的情绪，对未来充满信心和希望，当遇到负面的事情时学会自我调节，适度地表达和管理情绪。

■ **导入案例**

小莉是一个美丽而热情的女孩，她从小就过着衣食无忧的生活，受到父母的格外呵护，享受着"小公主"般的感觉，这样的生活一直伴随着她走进了大学。刚进大学时，小莉在各方面都表现得还不错，积极而热情。但在大一时，她参加了学校和学院的各类学生干部、干事竞选，结果都失败了。长这么大，小莉第一次体会到如此"沉重"的打击，一向好胜的她陷入了自我否定的泥潭，情绪常常会因为一件很小的事情而大起大落。每次看到别人高兴地在一起玩或学习时，她的内心便充满了孤独感；晚上常常做噩梦，睡眠出现问题，精神状态不佳；没有胃口，不知道自己为什么总发脾气，也很难控制自己的消极情绪，最终变成了同学中的"另类"。小莉很痛苦，虽然曾经努力尝试过改变自己，但坚持不下来。在大二期间，小莉精神萎靡，对生活缺乏热情甚至出现了自闭的状态，自我否定几乎表现在她生活的所有内容中。每到晚上，小莉总是睁着眼看着天花板发呆，痛苦极了，不知道如何是好。

现今的大学生群体普遍存在学习压力、生活压力及情感压力较大的现象。那么作为一名大学生，我们应怎样客观认识、了解自身的情绪压力？如何适当地进行自我心理调适？情绪压力管理的方法有哪些呢？通过本章的学习，相信你能够找到这些问题的答案。

第一节　情绪与压力概述

一、情绪概念

(一)何为情绪

情绪是人对客观事物的态度体验，是人的需要是否得到满足的反映。客观事物或情境符合主体的愿望和需要时，就能引起积极的、肯定的情绪。例如，渴求知识的人得到了一本好书会感到满意，生活中遇到知己会感到欣慰，看到助人为乐的行为会产生敬慕之情，找到志同道合的情侣会感到幸福等；客观事物或情境不符合主体的愿望和需要时，就会引起消极、否定的情绪，如人在失去亲人时会感到悲痛，在无端遭到攻击时会感到愤怒，在工作失误时会感到内疚和苦恼等。

20世纪70年代，心理学家保罗·埃克曼(Paul Ekman)确定了6种基本情绪，他认为这些基本情绪在所有人类文化中都是普遍存在的。他确定的情绪是幸福、悲伤、恐惧、厌恶、愤怒和惊喜。后来，他扩大了基本情绪的清单，增加了骄傲、羞耻、尴尬和兴奋等情绪。

情绪在我们的生活中起着至关重要的作用，从影响我们在日常生活中与他人互动的方式到影响我们做出决定。通过了解不同类型的情绪，我们可以更深入地了解这些情绪的表达方式，以及它们对我们的行为的影响。

1. 幸福

在所有不同类型的情绪中，幸福往往是人们最努力争取的一种。幸福通常被定义为一种愉悦的情绪状态，其特征是满足感、喜悦。自20世纪60年代以来，对幸福的研究在包括心理学在内的许多学科中显著增加，这些学科被称为积极心理学。幸福通过多种方式表达：面部表情，如微笑；肢体语言，如放松的姿势；语音语调，如一种令人愉悦的说话方式。

2. 悲伤

悲伤通常被定义为短暂的情绪状态，其特征在于感到失望、悲伤、绝望等。在某些情况下，人们可能会经历长时间的悲伤，这可能会变成沮丧。悲伤可以通过多种方式表达，包括哭泣、昏睡、保持安静、避免与他人接触等。

3. 恐惧

恐惧是一种强大的情绪，在生存中发挥重要作用。我们在面临某种危险、感到恐惧时，可能会做出所谓战斗或逃避反应。这时我们的肌肉变得紧张，心跳加快和呼吸效率提高，思想变得更加机敏，使我们的身体从危险中逃脱或站起来搏击，从而有助于确保我们有效应对环境中的威胁。恐惧可以通过多种方式表达：面部表情，如睁大眼睛；肢体语言，如试图躲避威胁；生理反应，如快速呼吸和心跳加快。

4. 厌恶

厌恶是埃克曼描述的最初 6 种基本情绪中的其中一种。厌恶可以通过多种方式表达：肢体语言，如远离厌恶的对象；身体反应，如呕吐；面部表情，如皱鼻子和卷曲上唇。

5. 愤怒

愤怒可以是一种特别有力的情绪，其特征是充满敌意、躁动、沮丧和对他人的敌对情绪。就像恐惧一样，愤怒会促使身体做出战斗或逃避反应。当威胁引起愤怒的情绪时，我们可能会倾向于抵御危险并保护自己。愤怒通常通过以下方式表达：面部表情，如皱眉或瞪眼；肢体语言，如站稳或转身离开；语音音调，如说话粗鲁或大喊；生理反应，如出汗或脸变红；攻击性行为，如击打、踢或扔东西。

愤怒通常被认为是一种消极情绪，有时却是一件好事。它可以帮助我们明确关系中的需求，也可以激发我们采取行动并为困扰我们的事情找到解决方案。但是，当愤怒过度或以不健康、危险或对他人有害的方式表达时，愤怒就可能成为问题。不受控制的愤怒会迅速转变为侵略、虐待或暴力行为。这种情绪可能会造成心理和身体上的后果。无节制的愤怒可能使人难以做出理性的决定，甚至可能对身体健康产生影响。

6. 惊喜

惊喜通常很短暂，其特征是意外发生后会产生生理惊吓反应。这种情绪可以是积极的、消极的或中性的。惊喜通常通过以下方式表达：面部表情，如抬高眉毛、睁大眼睛和张开嘴巴；身体反应，如手舞足蹈；口头反应，如大喊、尖叫或喘气。

惊喜会对人类行为产生重要影响。例如，研究表明，人们倾向于不成比例地注意到令人惊讶的事件。这就是新闻中令人惊讶和异常的事件在记忆中比其他事件更突出的原因。研究还发现，人们倾向于被令人惊讶的争论所左右，并从令人惊讶的信息中学到更多。

■ **小贴士**

情绪和情感的关系

（一）情绪和情感的区别

情绪主要指的是感情的过程，是个体需要与情境相互作用的过程，即脑的神经机制活动的过程。情绪是人和动物都具有的。它还具有明显的情境性和易变性，只要引起情绪的情境发生了变化，情绪会很快地变化。情绪还具有激动性，它会伴随着明显的生理变化。

情感主要是指那些具有稳定的、深刻的社会意义的感情，它具有显著的稳定性、深刻性和持久性，如对祖国的热爱、对敌人的仇恨、对美的欣赏、对丑的厌恶等。

（二）情绪和情感的联系

情绪和情感是同一心理现象的两个不同的方面，具有密切的联系。

首先，情感是通过情绪来表达的。我们会为祖国取得的成就而欢欣鼓舞，也会为祖国受到侵略而同仇敌忾。离开了情绪的外在表现，爱国主义的情操也就无从表达了。其次，情感也会制约着情绪的外在表现，因为人的需要受社会的制约。

（二）情绪的影响因素

情绪产生的原因错综复杂，既有生理因素、心理因素的影响，亦有家庭、学校、社会诸多环境因素的影响。

1. 生理因素

人体的生理活动不是恒定不变的，而是按照一定的规律起落变化，这就是生物钟。人体的血压、体温、脉搏、心跳、神经的兴奋抑制、激素的分泌等 100 多种生理活动都要受生物钟规律的支配，从而产生生理活动的高潮和低潮。在高潮时期，情绪往往比较饱满，工作效率高。而在低潮时期，情绪一般比较低落，容易表现出不耐烦等不良情绪反应，办事效率低下，容易出差错。一般来说，中午和黄昏以后这两个时间段生物钟处于低潮，人们互相之间应尽量避免打扰，特别注意不要安排重要的活动内容。

2. 心理因素

认知方式、情感成熟水平、意志品质和个性特点等心理因素都会对情绪变化发挥作用。例如，容易陷入情绪困惑中的人，其心理特点通常在情绪特征方面表现为：不稳定、好冲动、易怒，或者消沉、冷漠、郁郁寡欢。在意志特征方面表现为：固执、刻板、任性、胆怯、优柔寡断、缺乏自制力、遇到困难后过分紧张不安、经受不住挫折、不易摆脱内心矛盾。在自我意识特征方面表现为：过分自尊或缺乏自信。在社交特征方面表现为：孤僻、自我封闭、敏感、多疑、心胸狭窄、好嫉妒。

3. 环境因素

家庭因素包括家庭结构、家庭气氛、父母关系、父母情绪特征及教养方式等。许多研究表明，家庭结构稳定、家庭气氛融洽和谐、父母情绪稳定、民主型的教养方式等均有利于儿童青少年情绪心理的健康发展，而家庭压力过大，气氛紧张或淡漠，教养方式不当，过于溺爱、严厉或漠视，都可能使青少年适应不良，产生情绪困扰。学校因素包括教育方式、学习压力、人际关系、教师身心健康状况等。学校因素包括人际关系紧张、繁重的学习压力、单调的教育方法以及教师不当的教育方式等这些都会引发大学生的情绪问题。

(三)大学生的情绪特征

大学生正处在向成年期过渡的阶段。这既是一个可塑性很强的时期，又是一个充满情绪和情感冲突的时期。在这一阶段，大学生很容易出现情绪困扰。因此，了解大学生的情绪特点，认识其情绪和情感发展过程中存在的一些问题，并及时进行有针对性的疏导和调节，对于促进大学生身心健康发展就显得尤为重要。

1. 丰富性和复杂性

从生理的发展来看，大学生正处于青春期，一个充满梦想和憧憬的年龄阶段，人类所具有的各种情绪，都可在他们身上体现出来，并且各类情绪的强度不一，有遗憾、失望、难过、悲伤、哀痛、绝望；从自我意识的发展来看，大学生表现出较多的自我体验，自尊的需要强烈，易产生自卑、自负等情绪体验；从社交方面来看，大学生的交际范围日益扩大，与同学、朋友及师长之间的交往更细腻、更复杂。而大学生的恋爱活动往往又伴随着深刻的情绪体验，这种特殊体验对他们有十分重要的影响。

2. 波动性和两极性

波动性和两极性具体表现为强烈、狂暴与温和、细腻共存。大学生的情绪表现有时是强烈而狂暴的，有人曾用"疾风骤雨"一词来形容这个时期大学生情绪强烈的特点。周围人的评价、社会的偏见使大学生情绪容易冲动，容易爆发激情，有时也容易因一时莽撞而发生过激的行为。例如，对于一件很不公平的事他们往往表现出愤慨、激动、反应强度很大。甚至有的大学生会因一点小小的不愉快而大动肝火，与他人争吵甚至拳脚相加，不能控制自己的情绪，严重的还会发生情绪型犯罪，害人害己，造成不可挽回的后果。有时，他们又表现出温和、细腻的特点。例如，许多大学生在阅读了一部文艺作品之后会长时间地沉浸在某种情绪之中，一句话也不说，这种情绪不单纯来自书中的内容，还有相当一部分是通过他们的思考与遐想而派生出来的较为复杂的情绪和情感。

3. 阶段性和层次性

由于大学不同年级的培养目标和培养重点不同，教育方式和课程设置有所区别，各个年级大学生面临的问题不同，其情绪和情感的特点也不同。大学新生所面临的是适应环境、改变学习方法、熟悉新的交往对象、确立新的学业发展目标等问题。大学一年级学生自豪感和自卑感混杂，放松感和压力感并存，新鲜感和恋旧感交替，情绪波动大。大学二、三年级学生经过了一年级的适应过程，能够融入校园生活中，情绪较为稳定。毕业班学生面临毕业论文（毕业设计）及择业等多方面的重大问题，压力大的同时情绪波动也大，消极情绪多。另外，由于社会、家庭及自身要求、期望不同，能力、心理素质的差别，大学生也会体现出不同的情绪状态。

4. 内隐性和外显性

随着认知水平的不断提高，处于青春后期的大学生能够通过社会实践活动更多地接触到抽象的社会性材料，并主动进行抽象思维，从而能在深刻认识的基础上把不同的情绪成分联结在一起，逐步形成比较稳定而复杂的情绪结构。大学生在情绪上已逐渐失去了那种毫无掩饰的单纯和率真，内向性和表现性并存。他们会在某种场合，将喜、怒、哀、乐等各种情绪隐藏于心；然而有时候，为了从众或其他一些想法，他们也会将某种原本的情绪加上一层表演的色彩，失去了童年时的那种自然性。大学生的很多情绪是一眼就可以看出的，如他们在考试第一或者赢了比赛时就马上喜形于色。但大学生在成长过程中面临学习、交友、恋爱和择业等具体问题，这时他们的情绪往往深藏不露，具有很大的内隐性。

（四）情绪的功能

情绪具有四大功能，即适应功能、动机功能、组织功能和信号功能。这些功能会通过人的行动表现出来。

1. 适应功能

情绪能够帮助有机体做出与环境相适宜的行为反应，从而有利于个体生存和发展。情绪的功能性在于，为个体提供对与目标导向相关的行为的评估，并根据评估结果引导个体的适应性应对行为。表 6-1 是奥特利（K. Oatley）和约翰逊-莱尔德（P. N. Johnson-Laird）提出的五种基本情绪及其诱发原因，以及指导个体做出的适应性行为转变。

表 6-1　五种基本情绪及其诱发原因和行为转变

情绪	诱发原因	行为转变
高兴	子目标得以实现	继续计划，在需要调整时做出适当修改
悲伤	主要计划失败或行动目标丢失	什么也不做/寻找新计划
焦虑	自我保护目标受到威胁	停止活动、对周围环境提高警惕/逃跑
愤怒	目标受到阻碍	更努力地尝试/攻击性行为
厌恶	与味觉有关的目标受到侵犯	排斥该物体或回避

另外，面部表情在动物和人类进化过程中有重要的适应性功能。例如，婴儿在具备言语交际能力之前主要通过情绪表情来传递信息，成人也正是通过婴儿的情绪反应来获知和满足他们的需要。随着人类社会生活的丰富和发展，许多表情动作成了一种

交际手段，用来表达思想和感情，如用微笑表示友好、用哭泣表示哀伤。人们通过察言观色来了解对方的情绪状况，以便采取适当的应对策略。

2. 动机功能

情绪是动机系统的一个基本成分，能够激发和维持个体的行为并影响其行为的效率。一方面，情绪具有重要的学习动机功能。兴趣和好奇心等强烈的情绪能够激发学习者产生积极的学习行为，获得最佳的学业成就，正所谓"知之者不如好之者，好之者不如乐之者"。另一方面，情绪是一种重要的道德动机。羞耻、内疚、尴尬和自豪等自我意识情绪，以及愤怒、蔑视、厌恶、钦佩等他人指向情绪，既能够激发良好的道德行为，又可以阻止不良的道德行为。众多研究表明，真正的自豪、移情和感激能够激发个体的亲社会行为，内疚和羞耻与个体犯罪以及吸毒和酗酒等不良行为存在显著的负相关。但是，愤怒也容易激发个体的攻击性行为。因此，人们应学会适当调控愤怒等消极情绪，以免遭受"冲动的惩罚"。

3. 组织功能

情绪具有组织功能，会对注意、记忆和决策等心理过程产生重要影响。一般来说，正性情绪起协调组织的作用，而负性情绪起破坏、瓦解或阻断的作用。研究发现，个体的情绪状态会对注意产生一定的影响；情绪不仅会影响记忆的准确性，而且会影响记忆的内容。例如，负性情绪可以提高空间工作记忆任务的成绩，但会降低言语工作记忆任务的成绩；正性情绪可以提高言语工作记忆任务的成绩，但会降低空间工作记忆任务的成绩。决策者在做决策时所处的情绪状态或预期情绪会直接或间接影响决策结果。

4. 信号功能

信号功能，即传递信息和沟通思想的功能，这种功能通过情绪的外部表现——表情来实现。通过表情，我们可以知道他人正在做出的行为及其原因，也可以知道我们在相同情境下如何进行反应。同样，尽管他人并没有同我们一样经历使某种情绪产生的诱发事件，但他们可以根据我们的表情体验我们感受到的情绪。当婴儿吃饱了微笑时，父母通过婴儿的表情可以了解到他是满足的、开心的。与此同时，父母还会产生类似婴儿表情的面部肌肉反应。

(五)大学生常见的情绪困扰

大学生的情绪困扰会不同程度地影响他们的学习效率和日常生活质量，阻碍大学生的自我成长，影响个体发展。下面我们介绍大学生常见的几种情绪困扰。

1. 焦虑

■ 成长案例

小李从小学习就很优秀，一直都是同学眼中的天才、家人的骄傲。到了大学，小李的成绩也很好，第一年就获得了校级奖学金。可是随着学习难度的提升、社会活动的增加、同学间的竞争日益激烈，小李的学习优势不再明显。越临近期末考试，小李越紧张担心，她害怕自己考得不好，怕自己得不到奖学金，怕看见同学轻视的眼神。离考试时间越近，小李的失眠状况越明显，有时想到考试她都会全身发冷、手心出汗、心跳加快，根本没有办法专心复习。

焦虑是个体主观上预料到将会有某种不良后果产生或模糊的威胁出现时的一种不安情绪，并伴有忧虑、烦恼、害怕、紧张等情绪体验。在紧张刺激不断增多、竞争不断增强的现代社会里，每个人都可能处于一定的焦虑状态。由于学习、人际、就业压力，大学生体验焦虑的可能性比一般的社会群体更大，体验到的焦虑的程度更强。大学生常见的焦虑类型主要表现为考试焦虑、人际焦虑、特定场所焦虑等。

焦虑不自主地影响着一个人的精神状态、认知、行为和身体状况。当然，并不是所有的焦虑都是坏事。研究表明，适度的焦虑可以唤起个体的警觉、激发斗志，具有动机功能，是生活中不可缺少的动力源泉；中等程度的焦虑最有利于个体自我能力的发挥，而无焦虑或高度焦虑均不利于个体水平的发挥；而高度焦虑的个体常表现出烦躁不安、思维受阻、行为不灵活、动作不敏捷、身体不舒服、失眠、食欲不振等状况。如果大学生的焦虑水平是适度的，则不要过于担心；如果焦虑水平太高，已经影响了身心健康，则需要合理调适，降低焦虑水平。

2. 抑郁

■ **成长案例**

小乐的性格比较内向，考到的大学也不是他的第一志愿，他试图努力调整但一直提不起对所学专业的兴趣，学习也总不上心。就这样到了大四，同学都开始找工作了，他却不着急，成天悠悠闲闲的。女朋友说过他好几次，他总是无所谓的样子。3个月以前与女朋友大吵一架后，女朋友提出了分手，并且到外地去实习了。分手后，小乐很痛苦，他想拉着室友诉苦，但室友则忙着考研没时间；他想找以前的同学喝酒，同学每天都在实习没有空；小乐每个星期给家里打电话时，爸爸妈妈总要关心他找工作的情况，关心他与女朋友对未来的打算，这些都让他觉得郁闷无比。小乐一天天地消沉，做什么事情都提不起兴趣，不愿意见人，甚至觉得人生无望了。

抑郁是大学生常见的情绪困扰之一，是一种感到无力应对外界压力而产生的消极情绪，常常伴有恶心、痛苦、羞愧、自卑等情绪体验。有些大学生经常将"郁闷"挂在嘴上，无所事事时郁闷，与朋友闹了矛盾时郁闷，成绩不理想时郁闷。"郁闷"这个词往往反映的就是抑郁的情绪。每个人都曾体验过这种情绪，对于大多数人来说，抑郁只是偶尔出现，是一种历时短暂的情绪体验。然而，也有少数人出于多种原因长期陷入抑郁状态。

情绪抑郁的大学生主要表现为：干什么事都提不起精神，对学习失去热情，不愿意参加社交活动，故意回避熟人，对生活缺乏信心，体验不到生活的快乐，感觉生活无意义，并伴有食欲减退、失眠等状况。大学生抑郁情绪产生的原因较复杂，有些大学生是因为不能全面地认识自我、不能正确地评价自我而感到自卑、抑郁。例如，他们只看得到自己的缺点，忽视自己的优点，认为自己什么都做不好。有些大学生总有不合理的认知，认为学习成绩优秀的人应该在各方面都优秀，当他们不能达到自己的期望时，就容易产生抑郁情绪；有些大学生因遇到困难与挫折时缺乏人际帮助而感到抑郁。

因此，大学生不仅要学会正确地认识自我、合理地评价自我，同时要学会与人交往，建立和谐的人际关系，学会调整抑郁情绪。如果大学生长期受抑郁情绪的困扰（临床上认为，如果抑郁情绪持续 2 个月以上），应到相关机构寻求专业的心理帮助。

■ 练一练

在大学的学习生活中，你曾经遇到过或正在经历什么情绪困扰？它对你造成了什么影响？你又是采取什么方式来应对它的呢？你可以尝试着将这些问题记录下来并与你身边的人进行交流探讨。

_____

_____

_____

二、压力概念

(一)何为压力

压力这一概念最早是由加拿大著名内分泌专家汉斯·薛利（Hans Selye）提出的，因此他被称为"压力之父"。薛利认为，压力就是表现出某种特殊症状的一种状态，这种状态是由生理系统中应对刺激的反应所引发的非特定性变化所组成的。

国内将压力译为应激，通常有三种解释：第一种是指环境中存在的导致个体产生紧张反应的刺激；第二种是指个体对刺激的紧张性反应；第三种是指由于个体与环境失衡而产生的一种身心紧张状态。

目前，心理学上对压力的解释多指第三种，即压力是指由刺激引起的伴有躯体机能及心理活动改变的一种身心紧张状态，通常也被称为心理压力。压力是一种心理状态，是个体在心理能量和外界能量失衡时的一种体验。

(二)压力的特点

1. 压力是一种主观反应

压力是主观思维对客观存在的一种反应，这个反应是基于客观事实的，可以准确，可以过度，也可以不足，这取决于我们的主观态度和观点。很多在一般压力面前太脆弱的人，就是对压力反应过度。同样是考试不及格，有的学生可能会非常伤心难过，有的学生却可能无动于衷。基于压力的这种属性，人们实际上常常使用切断或转变压力信息的办法，不让主观进行反应或让他反应不足，有效地进行压力管理。

2. 压力由压力源引起

压力源，即压力的来源，是我们感到紧张的事件和环境，如前面讲的考试不及格就属于压力源。它的属性是客观的，不以我们的主观意志改变而改变。

3. 压力的大小由个人的身心承受能力大小决定

压力的大小，即人们不适应的心理感觉强度，它是由压力源事件的客观性和自我感觉的主观性两种因素共同决定的，即压力的大小＝压力源/承受力。对于同一个事件，不同个体的心理承受力不同，因而感受到的压力大小是不一样的。学习压力管理，就是要提高心理承受力，改变人们对待压力事件的态度。

(三)压力产生的影响因素

大学生在日常的生活、学习中，承受着来自各方面的压力：学习难度大、同学间竞争激烈；自身经济拮据而同学生活条件优越，因此感到自卑；就业竞争加剧，工作无着落；渴望纯真友情但发现人与人之间心的隔阂……如果大学生不懂得如何应对生活中大大小小的挫折，就会逐渐产生压力。

1. 环境适应

从高中进入大学，是人生的一大转折，也是环境的大变迁。离开了曾经长期依赖的家长和老师，面对新的集体、新的生活方式、新的学习方式，一些大学生感到不适应。有的学生是第一次离开父母到远方求学，缺乏独立生活的能力，不知道怎样洗衣、购买日用品等；有的学生继续用高中的学习方法来学习大学的课程，结果再怎么努力学习也考不出理想成绩；有的学生觉得大学里的人际关系不像中学那么单纯，担心自己交不到知心朋友，怀念高中的老同学；有的学生从来没有住过宿舍，很不习惯几个人生活在一个寝室里，加上寝室内同学的生活方式不同，会产生各种人际矛盾；还有的学生在原先所读的中学里非常优秀，但是一进入大学就发现自己原来只是一个"普通人"，优越感的丧失也使得部分学生产生心理落差，无法适应。

总之，由于个体适应能力的差异，有些大学生会较快地适应新的生活，有些大学生却因环境变化而适应困难，从而情绪低落、迷茫。

2. 学业挑战

进入大学是高中生向往、追求的目标，也是他们曾经放弃许多兴趣爱好甘于在题海中跋涉的精神支柱。进入大学后，部分大学生为了保持自己在中学的优势，废寝忘食，除了学习自己的专业课程之外，还自学一些社会急需课程，再加上英语四六级、计算机等级考试等使他们整天处于紧张的学习状态中，导致压力过大。而与此同时，部分学生则感到考入大学后如释重负，觉得自己应该好好享受美好的大学时光，提不起学习的劲头。因学习内容变化而需要学习方法随之发生变化，但有些大学生还是用高中时的学习方法，最终导致学习效果差，甚至挂科，因此产生焦虑、沮丧、自卑等情绪。

3. 人际关系

一位美国心理学家曾说："人离不开人——他要学习他们、伤害他们、支配他们……总之，人需要与其他人在一起。"人生需要友情，人与人之间需要交往。大学生也渴望能在校园里遇到知心朋友。很多大学生带着良好的人际关系期望与同学往来，但往往一段时间之后便失去了耐心和宽容，抱怨同学太自私、太难相处了。大学生之间在生活习惯、个性等方面存在着很多差异，加上交往频率过高、空间距离过小，因此在交往过程中难免会发生摩擦和矛盾冲突。有的大学生不知道应该如何与人交往，甚至害怕交际，不愿与人沟通。还有的大学生因为以前从未过过集体生活，到了大学后必须住寝室、与同学朝夕相处，感觉同学间生活习惯不一样，就不适应集体生活，与同寝室同学经常因小事发生矛盾，导致寝室人际关系紧张，产生孤独感。

4. 情感需要

情感是人类最基本的精神需要，而爱情是人类生活不可或缺的一部分。大学生青春年少，处于性觉醒期，对爱情充满了憧憬，渴望拥有幸福甜蜜的爱情。大学生在品尝爱情的甜蜜时，也会遭遇爱情的苦恼。大学校园里的爱情有许多不确定因素，大学生的爱情价值观还不成熟，他们在恋爱时往往很冲动。大学生渴望爱情，追求爱情，却不知道自己需要什么样的爱情。有的大学生盲目恋爱、从众恋爱，他们把爱情想象得很美好，一旦遇到问题，往往没有准备，难以承受。有的大学生失恋后长时间沉浸在痛苦的情绪中，无法自拔，荒废了学业，甚至引发抑郁症等严重的心理问题。

5. 择业和就业

大学生群体的扩大，加上人才市场上供需关系的变化，使大学毕业生的就业形势越来越严峻。人才市场和企业对大学生的培养标准与要求越来越高。迫使象牙塔中的大学生不得不考虑未来的就业情况。只要到招聘会现场走走，人们就会发现普遍存在这样的声音："求职人太多，职位太少，找工作太难了。"有的大学生在得知自己应聘的单位收到了成千上万份简历的时候，在心头笼罩已久的就业阴影，就变成了实实在在的现实压力。4 年的精心准备能带来什么？未来的路在何方？这是大学毕业生不得不去思考的现实问题，也给他们带来了很大的心理压力。

第二节　情绪觉察

一、何为情绪觉察

情绪觉察并不仅仅意味着关注你的情绪。你可能完全清楚自己此时此刻处在什么情绪中，你知道自己是焦虑的，或者是抑郁的，甚至是失望的。情绪觉察还有着更深层的意义，它还代表着走出思维、躯体的感觉（或感受）及行为这三者互动的循环，它可以帮助你更客观地看待你的情绪。只有通过这种方式你才可以厘清情绪体验的哪个部分是真正契合你此刻所在的情境的，而哪一部分的情绪体验是由不太有益的心理过程（如灾难化的想法、适应不良的行为等）造成的。

二、识别你的情绪反应

为了更好地理解并改善情绪状态，你首先要识别自己的情绪。然而，情绪往往难以被辨认：你可能长期感到疲惫，甚至不知道自己抑郁了；你可能经常紧张到失去控制，甚至没有意识到这是焦虑的表现。

你会有一种情绪反应，如对你周围发生的事情的恐惧，甚至是对你内心发生的事情的恐惧。但这些最初的情绪反应本身并不是问题，它们也不会自动变成问题。正如我们之前讨论过的那样，情绪发挥了各种作用，它们本质上具有很强的适应性。所以，这种最初的恐惧其实是要提醒你注意那些对你有潜在威胁的一些事情。然而，你的情绪不会停留在最初被唤起的恐惧上。相反，一系列相关的想法、感觉和行为是由最初的情绪产生的。这些反应是对你的情绪的反应，它们在情绪障碍患者的生活中扮演了重要角色。从根本上说，这些反应是在帮助你评估最初的信息，然后由你决定应该做些什么，所以这些反应本来是有益处的、有用的。

例如，当我们感到恐惧时，我们意识到一些潜在的威胁，并对此产生警觉。一种情况是，如果我们确信目前的局势并不危险，我们就会认识到，我们最初的恐惧只是虚惊一场。这种感觉过后，恐惧就会慢慢消散。另一种情况则是，我们的恐惧促使我们在危险的情况下迅速采取行动以保证自己的安全（在这种情况下，恐惧扮演着重要的角色）。我们可以评估这些信息，在确认没有威胁（我们没有受到伤害）之后，就会发现情绪反应帮助了我们，但现在它不是必要的，恐惧也会随之消失。我们还可以看到，伴随情绪的躯体感觉（如心跳加速、手心出汗）是帮助我们逃离危险情境的反应之一。尽管这些次级反应本来是适应良好的，但它们仍然可能会变成适应不良的、有问题的，如果评估结果是带有批判性的（如"我没办法了"），或不能准确反映当下正发生的事件，尽管我们知道我们最初的情感反应，但是我们可能没有注意到我们恐惧的程度是否超出了适当的界限，这反而对我们不利。

你可能会觉得意识到你的情绪反应不是关键，但如果你对自己的情绪缺乏控制力，你无法处理，或它们太过混乱，这些情绪似乎就是那么自然而然地产生了。你可能没有意识到，你的情绪反应是由你的思维、躯体的感觉及你的行为持续互动发展而来的，而这种互动会影响你的情绪反应的结果。

■ 成长案例

当你过马路时，一辆摇摇晃晃的汽车向你驶来。这时你感到非常恐惧，若你对恐惧具有很好的适应能力，那么在它驶来之前你会迅速躲过。在这种情况下，恐惧的情绪会促使你迅速采取行动来拯救自己的生命。恐惧也会让你心跳加速和颤抖，即便你意识到危险已经过去，但这些感觉仍然存在。紧张、恐惧感不会消散，你开始担心这种感觉会变得更糟，无法平静下来。当你的心跳加快时，你可能会认为你会心脏病发作。你开始担忧死亡，无法走出这段经历，甚至认为处处是危险。这种负性的体验感具有强烈的压迫性，你可能会立刻离开，不再踏入这条道路，即使会因此花费更多的时间。

在这个想象的情境中，恐惧引发了我们不想要的和不舒服的感受（心跳加速、手心出汗），激起了一连串负性的思维和行为，引发了焦虑，而这种焦虑情绪即使在事情过去很久之后还持续存在。你最初体验到的恐惧被看作对你有威胁的情绪，而不是自然而然出现的情绪，它提醒你要警觉，要去注意在周围环境中在特定的时刻发生的事情（如远离那辆向你开过来的车）。

面对外界刺激，我们的反应可能存在不适应的问题，甚至还会加剧、延长那些让我们不舒服的情绪。我们越把自己的情绪视为具有威胁性的，是我们不想要的，越告诉自己我们的感受是糟糕的，或者说我们是很糟糕的（因为我们有那样的感受），我们就会越发强化这种思维。躯体的感觉及行为的恶性循环，会恶化我们的情绪体验。

■ 小贴士

通过观察我们的情绪体验是如何发展的，不带评判地接纳我们的情绪反应，认识到这实际上是给我们发出的信号，我们就可以合理地自主判定周围发生的一些重要和不重要的事情，在思维、躯体的感觉（或感受）及行为这一相互作用的恶性循环还没有战胜我们之前，把它拦截住。

■ **练一练**

　　请你尝试着将自己一周内的情绪变化以表格的形式记录下来，并思考自己的情绪从何而来、为何而来。（表 6-2）

表 6-2　情绪晴雨表

时间	我遇到了这样一件事	我的情绪

三、情绪从哪儿来

（一）我们的认知三角

　　当你体验到某种情绪的时候，你的思维会帮助你分辨这种情绪是什么。比如，你在一次聚会上认识一位新朋友李明，当你和他交谈的时候，他的视线总是越过你的肩膀，看向屋里的其他方向，从不放在你的身上。下面是你可能会有的三种想法，请你试着圈出每种思维可能引发的情绪。

　　想法一：他非常没有礼貌，他通过忽视我来羞辱我。
　　可能产生的情绪（圈出一个）：愤怒　悲伤　紧张　关心
　　想法二：他认为我很无聊，我让所有人都感到乏味。
　　可能产生的情绪（圈出一个）：愤怒　悲伤　紧张　关心
　　想法三：他可能有点害羞。对于他而言，直视我可能会感到不太舒服。
　　可能产生的情绪（圈出一个）：愤怒　悲伤　紧张　关心

这个例子说明，我们体会到的情绪取决于我们的思维方式，对一件事情的不同认知会触发不一样的情绪。由于情绪经常会引发一些相关的行为，或者让我们自己产生困扰，因此准确地识别自己的思维并在行动前确认就非常重要了。假如李明只是害羞，认为他粗鲁这个想法就是不准确的，你也会为自己愤怒的反应而感到后悔。

即使在那些看起来会引发相同感受的情境中，不同人也会因不同的信念而产生多种情绪。比如，面对考试失利，有的人可能会想"我是个失败者"，进而感到抑郁；有的人可能想"题目太难了，这是在为难我"，进而感到愤怒；还有的人可能会想"虽然这一次失利了，但至少我有机会了解自己还能在哪些地方改进，这也是一种激励"，进而心怀自信和期待。

思维能帮助我们分辨特定环境中的情绪。一旦某种情绪出现之后，我们相应的想法又会进一步强化这种情绪。举例来说，愤怒的人总是想到他们被伤害的方式，抑郁的人只看到生活中的消极面，焦虑的人则关注危险的事物。当然，并非错误的思维方式才导致某些强烈的情绪，但不可否认的是，我们在体会到某些强烈的情绪时，很有可能会歪曲或忽视真实的情绪和信念。换言之，情绪越激动，思维可能越极端。再假如我们在参加一个聚会前感到有些焦虑，可能会产生这样的想法："我在陌生人面前不太会说话，这有点尴尬。"但若我们处于极度焦虑的状态下，我们的想法可能就变成："我完全不知道要说什么，脸会涨得通红，让我看起来像个傻瓜。"在这个时候，我们不会想到之前应对自如的聚会，只会关注眼前的担忧。我们在真正了解自己的思维之后，就会知道它们是如何影响情绪的，而这也能帮助我们从痛苦的情绪中解脱出来。

■ 成长案例

王红认为自己不够优秀，是一个平凡、普通甚至始终比不过别人的人，王红不相信有人会发自真心地称赞她，这令她备感抑郁和自卑。当他人称赞她时，王红总是做出如下表现。

• 由于王红在一次集体实践活动中的优异表现，大家都对她的能力表示认可，一名同学告诉她："你这次肯定会被老师表扬！"而王红则回应道："怎么会，老师从来没有说我表现得好。"（对积极的信息视而不见）

• 当老师称赞王红时，她的想法是："老师这样说只是为了鼓励我罢了。"（忽视积极的信息）

• 当老师让王红去一趟办公室时，她想到："我可能在这次活动中表现得太糟糕了，老师需要花费额外的时间来和我谈论。"（直接得出消极的结论）

• 在一次会议中，老师表示每名同学在活动中都配合得很好，尤其是王红的表现让他印象深刻，希望王红以后可以多参与类似的集体活动。王红心想："哦，他对每名同学都这样鼓励，并不是单单是我一个人。"（忽视积极的体验）

王红坚信自己不够优秀，因此她会忽视或曲解一些信息，处于抑郁和自卑之中的她也很难相信别人的建设性的意见。通过练习，我们可以不再忽视那些与现有认知相悖的信息。对于王红而言，积极看待自己具有优秀的一面会是个好的开始。

面对同一个情境，我们可能有很多种不同的解释和评估方式，特别是当我们的关注点不同时，我们的体验会非常不一样。如何解释和评估情境会在很大程度上影响我们的情绪体验。为了解释这一点，让我们想象一个情景：给全班同学做一次报告。想象一下，在报告之后你遇到了你的老师跟你讨论你刚才的表现。在谈话过程中，你的老师一开始就表扬你刚才的报告做得非常好。假设在谈话的后半段，你的老师还告诉你，你有一个方面做得不是太好，还可以再提高。也许她会说："你在报告的时候可以和听众多一些眼神交流。"在这种情况下，大多数人要么关注老师的表扬，要么关注她的批评。即便你们关注的是同一点，也可以有不同的解释或评价方式。举个例子，你可以解释说：你的老师指出你可以提高的部分，就是在暗示你失败了（如"因为我的老师指出我需要多一些眼神交流，所以实际上我的报告搞砸了"）；同样你也可以将这个反馈解释为有建设性意义的批评（如"这次谈话进行得很好，下次报告我可以多一些眼神交流，这样我就可以做得更好了"）。如果这个事件或情境对你有着不同的意义，你的解释或评价就可能有很大的差别。举个例子，你可以将这次失败看作你人生的失败（如"我真的把这次报告搞砸了，我就是个失败者"），或一个简单的负性事件（如"这次报告我做得不是很好，但下次可以做得更好"）。

我们的大脑总是聚焦情境的某些方面，并为这些方面赋予意义，而忽略其他方面，这样我们就可以针对某些特定情境提高工作效率和加工速度。同样地，我们都倾向于运用过去的经验来帮助我们解释或评价当下的情境，而且我们常常会用这些解释和评价来预测未来可能发生的事情。还有一点非常重要，那就是不同的评价会引起不同的情绪，包括我们的感受和行为。

所以，让你伤心的不是糟心事，而是你的想法。你或许认为某些事件的产生引起了你的情绪体验。但其实这些情绪体验，不是由某件事直接引发的，而是由你对事物的认知，也就是想法直接引发的。事件本身并无好坏之分，只是你的想法让它具有了好坏的属性。认知也会间接影响你的行为。例如，前面案例中的王红，她认为自己不够优秀，这是她的认知，这种认知使她产生了一种抑郁的情绪与自卑感，她可能对努力失去了兴趣，从而没有力量实现本可以达到的目标，这是负面情绪导致的行为。认知间接影响了人们的行为。认知、情绪、行为这三个变量合在一起就是认知三角形，它们相互关联，又彼此影响。认知会产生情绪，情绪导致行为，行为又会反过来塑造认知，如图6-1所示。

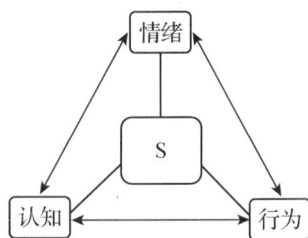

图6-1 认知三角形

（二）如何识别自动思维

1. 何为自动思维

每个人都会主动地感知到一些事件，同时也会被动地遭遇某些事件。对某些事件、情境、问题的条件反射式的自动思考、评价、预测、解释就是自动思维。换句话说，我们自动地抓住某些思维和解释来帮助我们过滤我们的经验，以便快速、高效地对情境做出反应的过程，这就是自动思维。一方面，自动思维对于我们来说是有适应意义的，在某些情境中，它可以帮助我们聚焦某些关键的信息，排除其他冗余的信息。举个例子，如果现在有一个直接的威胁或危险，如一辆车从马路上朝我们冲过来，我们会聚焦车的速度以及它和我们的距离，而不是车的颜色。这一过程是有益的，它可以帮助我们快速加工那些潜在的威胁和危险，让我们能够高效地对这些威胁做出反应。然而，这个自然的适应过程也可能是有问题的。久而久之，个体就发展出了一种特定的解释情境或事件的方式。研究发现，有情绪障碍的个体更有可能聚焦那些负性的、消极的评价和解释，它们会影响个体的感受和行为。

2. 识别自动思维

学会识别自动思维可以帮助我们更准确地对情境进行认知解释。然而，有时候我们识别自动思维可能有些困难，因为通常自动思维是转瞬即逝的，我们很难有效地察觉，所以，我们在情绪唤起情境中练习识别这些自动思维，是非常有用的。

■ 练一练

指导语：当你注意到你的情绪开始变糟时，问问自己，此时你在想什么？尽快、粗略地记下你此刻的想法或脑中出现的画面。（表6-3）

表6-3 识别自动思维——三栏记录表

事件（情境）	想法（自动思维）	情绪和行为反应
参考问题：什么时候？你在哪里？你在做什么？你和谁在一起？	你脑中第一时间浮现出的想法是什么？	1. 你当时的情绪是什么？情绪的强烈程度有多少？（0~100，100代表情绪非常强烈） 2. 你当时的行为反应是什么？
示例：昨天我告诉我的一个朋友我在学开车，她说："你也在学开车啊？"	她认为我没有能力；我真是很差劲。	生气（60） 难过（60） 涨红了脸，不知所措

事件(情境)	想法(自动思维)	情绪和行为反应

第三节　灵活认知

一、识别思维陷阱

我们的思维和行为习惯组成了心灵地图，心灵地图指导我们如何看待世界和他人。我们对待他人的态度，会影响他人对待我们的态度。我们总是会无意间掉入思维陷阱中，以致影响了我们对待他人的方式，给自己的情绪带来诸多困扰。操控我们的常见的思维陷阱有哪些呢？

认知扭曲类型清单

读心术(mind reading)：在没有足够证据的前提下，你认为自己知道别人是怎么想的。比如，"他认为我是个失败者"。

预测未来(fortune telling)：用消极的方式预测未来。比如，"我要考砸了""我得不到这份工作"。

灾难化(catastrophizing)：相信已经发生或即将发生的事情是恐怖的，是无法承受的。比如，"如果我失败了，那简直太恐怖了"。

贴标签(labeling)：把泛化的消极特质扣到了自己或他人头上。比如，"我不招人喜欢""他是个坏人"。

贬损积极面(discounting positives)：觉得自己或别人做的积极事件都是微不足道的。比如，"这就是我男朋友应该做的，这不能代表他对我好""这些成功来得太容易，算不得什么"。

消极过滤器(negative filter)：几乎总是关注消极方面，而不去注意积极方面。比如，"看这些人，全是不喜欢我的人"。

泛化（overgeneralizing）：根据单个事件做出了普遍性的消极推断。比如，"这件事总在我身上发生，我在好多事上都失败了"。

二分思维（dichotomous thinking）：用全或无的视角看待自己和他人。比如，"我会被所有人拒绝""这完全就是在浪费时间"。

"应该"思维（should）：把事情解释为它就应该这样，而不关注它本来是什么样的。比如，"我本来应该做好的，如果我没做好，我就是个失败者"。

个人化（personalizing）：错误地把造成消极事件的原因归于自己。例如，"因为我不好，所以我失恋了"。

责备（blaming）：把别人当作消极情绪的来源，拒绝改变自己，拒绝接受自己也需要承担责任的事实。例如，"我这么难受全是她造成的""我的所有问题都是父母造成的"。

不公比较（unfair comparisons）：用不现实的标准来解释某个事件。只看到了那些比你好的人，在与他们的比较中总觉得自己很糟糕。例如，"她比我成功多了""别人都比我考得好，我简直就是个失败者"。

后悔倾向（regret comparisons）：总是关注本应选择更好的选项。例如，"如果我去尝试，我本可以有一份更好的工作""我不该说那些的"。

"万一呢"（what if）：遇到事情，总是问自己"万一呢"，任何答案都无法令自己满意。例如，"是的，但万一我焦虑呢""万一我喘不上气呢"。

情绪推理（emotional reasoning）：让情绪引导对事实的解释。例如，"我感到抑郁，所以我的感情要完蛋了"。

无法驳斥（inability to disconfirm）：拒绝一切与消极思维相反的证据。例如，当你觉得"我不可爱"时，你拒绝看到一切喜欢你的人，例如，"这都不是真的，我有更深层的问题，他们没有看到其他因素"。

评判聚焦（judgment focus）：评判自己、他人或事件时，会采用好或坏、高级或低级的方式，而不仅是描述、接受和理解。总是用武断的标准来衡量自己和他人，总是发现自己和他人身上的缺点。总是批判性地看待自己和他人。例如，"我在大学里表现不好""如果我去打网球，我肯定打不好""看看她多么成功，我就一点也不成功"。

思维陷阱有很多。它们通常并不是单独出现的，而是相伴出现的。思维陷阱越多，我们就越容易被消极、负面的情绪所困扰。因此，要想更好地控制情绪，我们就需要识别并化解自身的思维陷阱。

■ 练一练

在表 6-4 的左栏中记下你的自动思维（在上一小节中有详细介绍），在表 6-4 的右栏中对该自动思维的认知扭曲进行分类。请使用以下认知扭曲类型：读心术、预测未来、灾难化、贴标签、贬损积极面、消极过滤器、泛化、二分思维、"应该"思维、个人化、责备、不公比较、后悔倾向、"万一呢"、情绪推理、无法驳斥、评判聚焦。

表 6-4　我的认知扭曲清单

自动思维	认知扭曲类型

二、改善情绪的方法

(一)应对和评估侵入性思维

我们是否会觉察到自己那些自发产生的想法或画面呢？我们每个人平均每天会产生四万到六万个想法或念头，但绝大部分都一闪而过，我们甚至都没有留意到它们的存在。侵入性思维是强迫、焦虑、惊恐、创伤后应激障碍等心理问题的核心特征，也是抑郁性思维反刍和慢性焦虑的成因。有这些问题的人往往认为那些侵入性思维相当可信，并给他们带来了不快或痛苦。例如，一个曾遭到暴力殴打的人在床上躺着怎么都睡不着，总觉得一旦放松警惕，就会有人来袭击他。他很容易受到惊吓，当风吹到窗户上发出声响时，他就会认为有人会破窗而入。这些侵入性的想法、画面和感觉就像真的正在发生一样。又如现在的容貌焦虑，那些认为自己太胖的人，可能会严格控制自己的饮食，过度运动，频繁地称体重，甚至吃泻药，侵入性思维困扰着他们，也影响了他们的日常生活功能。比如，有的人回避人际交往或一些展示自己的机会，以免被评价、被羞辱，可能还因此陷入抑郁等情绪陷阱。为了消除进一步的侵入性思维，他们回避、过度行动等行为短期缓解了焦虑不安，但长期更受其扰。

怎样解决这些侵入性或不必要的思维，让我们的情绪得以改善呢？下面我们就来分享一些好用的技术，帮助大家应用在日常学习、生活中。

1. 转换视角

情绪管理的有效方法是改变自己看待问题的视角，或改变对事物的偏见态度。大多数情况下，我们的情绪来源于我们自己对事物片面且固执的看法和信念。例如，从图 6-2 中，你看到了什么？

图 6-2　两可图形

这是心理学中很有名的两可图形。有的人看到的是一名年轻的妇女，有的人看到的是一名年迈的老妇人。同样，在社会生活中，有的时候我们能看到事物的其中一面而看不到另一面，或者不同的人对某件事物看到的方面不一样，这种认识取决于他们过去的经验。它有可能是不正确、不合理的。比如，在童年时期缺乏家庭关爱并且总是受到父母批评的人，他的经验告诉他与他人的关系是不值得信赖的，他会认为人与人的关系只有评价和被评价，以及不平等的社会交换。因此，当他持有这样一种信念，在老师给他布置任务的时候，他就会认为老师缺乏感情，是在故意"压榨"他，但同时他也会认为如果表露出完不成任务的意思，老师就肯定会瞧不起他，或者会故意为难他。因此，他会产生强烈的内心冲突，被迫接受任务，同时又积压了对老师的愤怒情绪。在某种压力事件导致负性情绪的时候，我们需要检查一下自己对事件的看法是否有偏见，是否需要换一个角度来考虑问题。

在认知中增加新的可能性，就能使我们免于被负性情绪所困扰。比如，我们是否能够理解到老师也有很大的工作压力。由于急躁并缺乏沟通，老师没有意识到给自己的学生布置了一个不可能完成的任务，因此还伤害到了学生的自尊。心理学研究证明，当我们能够对他人的行为给予合理解释的时候，我们的愤怒情绪就会得到缓和，侵犯行为也会相应降低。因此，当认知发生改变时，我们会放弃那些负性情绪，采取更为积极的行动。

2. 正念脱离

我们可能发现在自己脑海里经常出现一些并不被期待的想法。我们会关注这些想法，试图去解释或摆脱它们，也可能想要回答它们提出的问题，想要做点什么事去回应它们。就好像这些想法控制住了我们，而我们没有办法摆脱或逃离。如果我们有这样的困扰，那么不妨来尝试一下正念脱离的方法吧，它可以让我们注意到这些想法，观察它们，而不去做任何干预和处理。我们注意到有些想法出现了，就可以后退一步站在那儿，只是这样由着它们，而不做任何干预，应对侵入性想法最有效的干预方法就是不做干预。

正念脱离的技术证明，如果不去有意控制一个想法，这个想法就会变得不再重要，进而自行消失。

过往我们习惯性地想要控制或压抑住自己的某些想法，但事实上我们发现，越是想要控制住自己，越容易被想法牵着鼻子走，这也是心理学上有名的白熊效应。

可能有些人会说，道理我知道了，但是我就是很难跳脱出来去观察这些想法，这些想法就像磁铁一样，牢牢地吸住了我。这可能是很多人最初都有的困惑，如果我们也有这样的困惑或疑虑，请想一想过往我们有没有成功地做到了没有被这些侵入性思维牵着鼻子走的经历。我想答案是肯定的，那我们是如何做到的呢？我们可以在想法出现时注意它或不注意它，我们可以自由选择。如果把这些侵入性思维想象成推销电话，我们可以选择接与不接，也可以选择在何时挂掉电话。只是我们需要刻意练习，如果我们给正念脱离技术一些固定的时间和频次去练习，那么我们在需要时，就更能够游刃有余地让它为我们所用。

3. 放弃控制思维

有时我们可能有这样的不良信念：我们必须控制、压抑思维，否则它们会失控，会让我们做出不想做的行为。我们往往会觉得一旦我们想到了就等于我们会行动，把思维和行为混淆了。举个例子，一个人有这样的思维："我会在课堂上尖叫。"他注意到了这个思维，就尝试去压抑它，反复告诉自己："我不会在课堂上尖叫。"他尽一切努力想要消除这个思维。因为他相信，不受控制的思维会导致不受控制的行为。与此相似的还有混淆思维和现实的信念：思维会导致现实发生改变（即便和个体的行为无关）。首先，我们可以使用放弃控制思维技术检验自己的信念，看看思维到底是不是危险的，是不是必须压抑它。其次，接受侵入性思维的存在。最后，重复告诉自己："我希望××（不受控思维的内容）发生。"然后问问自己："不去控制思维和重复这个思维，哪个能引发不良后果？还是都不会引发不良后果？"

请记住，想法不一定是事实。

有时我们掉进了思维的陷阱里，把我们的想法不经思索地等同于事实了。一产生侵入性思维，我们就觉得必须控制住它，否则它就会变成现实。我们尽力压抑思维，试图确保自己是安全的。有时候我们会反复向别人确认，不愿相信，思维却还会回来。我们可能会陷在思维里，反复琢磨它到底是什么意思，我们还需要做些什么。可是，当我们想压制思维时，它却好像有自己的想法，完全不受控制。你是否曾经试图控制过思维？有用吗？是不是越控制就越会注意到它？如果你只是让它待在那儿，作为背景噪声而不做任何处理，你是否就能去从事其他更有意义的活动了？

你可以尝试这样做，试着识别并记录针对自己的侵入性思维的不良应对方式，这会给你带来意想不到的收获。举个例子，如表6-5所示。

表 6-5 侵入性思维的不良应对方式

困扰我的思维	我对该思维的控制或压抑	结果
我要失控了，我要发疯了。	我试着说服自己："我没问题。"	只保持了几分钟，这个思维就又来了。
重复这个思维："我要失控了，我要发疯了。"		0～10 评估焦虑水平（10 是最焦虑） 重复之前：8 重复 1 分钟：8 重复 5 分钟：5 重复 10 分钟：2 重复 15 分钟：1

结论：重复这个侵入性思维的次数越多，就越觉得它无聊。这让我认识到，就是有这样的思维，我也不会发疯。

(二)修正焦虑和思维反刍

焦虑有积极的功能，它促使我们提前做准备，提升我们做事的效率和质量，但过度焦虑又会给我们带来许多消极的影响。如果长期处在焦虑状态，总是关注消极的事物，回避可能有问题的情境，不能享受当下，就可能导致抑郁、躯体问题、人际问题等。

焦虑的人可能常常告诉自己不要担心、要相信自己、不要再惩罚自己、试着想想积极的事情或者放松心情。这些建议不仅不会起作用，往往还会使焦虑者士气低落，因为这些建议只会让他们更加确信不存在什么有效的救治手段。事实上，抑制焦虑只会导致焦虑的反弹，这种反弹强化了焦虑，让它变得更加强大和难以控制，甚至需要进一步压制。

一些实证研究结果表明，焦虑实际上抑制了不愉快情绪的生理唤醒，导致焦虑思维的反弹，并且为了抑制情绪，焦虑变得更强了。这里介绍几种有助于减少焦虑及其负面影响的技术。

1. 接受不完美的解决方案

在面对问题的时候，有些人一定要找到完美的解决方案，希望这个方案能够彻底摒除一切不好的方面。遇到问题，他们会想到一种解决方案，然后把这个方案跟最完美的标准比对，若发现达不到，就会拒绝这个方案。接着，他们又开始焦虑，于是产生了更多问题，想到更多解决方案，结果这些方案都不完美，最后陷入恶性循环。

没有完美的解决方案，接受不完美但具有实操性的方案，可能也是一个不错的选择。你可以循序渐进地练习"不完美的成就"，朝一个方向迈出不完美的一小步，随着时间增长，慢慢累积，你就会看到明显的变化。

有些人认为，不完美的方案风险太大了。不完美的风险有两种，你可以先来进行风险评估。第一种，要承担持续焦虑并且更大的风险；第二种，要承担解决方案并不完美的风险。关于第一种风险，继续寻找完美的解决方案，将会花费更多时间和精力，在这个过程中可能会产生更多问题，导致享受美好生活的机会丧失，甚至会影响生活质量。关于第二种风险，你可以在诸多不完美的方案中选择一个最好的。这时，你可以给自己设定一个时间上限，在特定的时间内思考出尽可能多的方案，在这一小段焦虑的时间内，你可能会想出一些新东西。比如，设定 15 分钟的时间，想出各种解决方案，然后按喜好度排序，这种方法可以给你提供新的视角。

不管怎么样，如果你愿意，可以尝试使用不完美的解决方案，接受不完美的解决方案。

有时候，为了取得进展，我们不得不采用不完美的方案。我们称之为"成功的不完美"。例如，每周锻炼 5 次、每次 45 分钟，这个方案是完美的，但是我们可能坚持不下来。如果我们接受一个不太完美的替代方案，如散步，或者每周锻炼 3 次、每次 20 分钟，那也是不错的。一件事刚开始的时候，往往是以不完美的方式起步的。在表 6-6 中，写出可以采用的"不完美的解决方案"（如"比现在多锻炼一点就好"）。列出采用不完美方案的成本和收益。最后，写出具体可以做些什么（如"每天走 30 分钟"）。

表 6-6　接受不完美的方案成本收益示例

可能的不完美的解决方案	成本	收益
针对这个不完美的解决方案，具体可以做些什么？		
行动：		

2. 分配焦虑时间

对于一些人来说，焦虑似乎占用了他们太多时间，无论是在学习中还是在生活中，他们时刻处于焦虑状态，甚至在他们试图入睡的时候也在焦虑。应对这样的长期焦虑，我们可以建立"刺激物控制"，用这种技术来克服焦虑，也就是说，把焦虑控制在特定的时间和地点，尽量减少它对学习、生活等领域的影响。

设定特定的焦虑时间可以让我们明白，通过练习能够控制焦虑，尽管这可能要消耗几小时。再者，这也能让我们明确，焦虑往往指向有限的内容，也就是说，我们总是为同一类事情焦虑。这个发现可以让我们重拾信心，知道自己并不是在所有事物上都感到焦虑。我们可以专门为焦虑选择一个合适的时间和地点，在这段限定好的时间内，随意焦虑，但是不能超出这个时间。如果焦虑在一天中的其他时间里发生了，那么可以把焦虑写在纸条上"存"起来，等到了"焦虑时间"再拿出来。到了"焦虑时间"，就不要再做任何其他活动了，可以尽情地焦虑，可以把自己的焦虑写下来，但是不要做任何挑战或质疑，也不要试图解决任何问题，只焦虑就好。需要提前设定好时间，如30分钟。一旦时间到了，就要停止焦虑，但是不要在时间截止之前强行让自己不焦虑。

我们可以从焦虑时间里产生的焦虑来看看应该怎么做，如表6-7所示。

表6-7　焦虑应对记录示例

引发焦虑的情境	我的焦虑	我以前有过这种焦虑吗？
这个周末	我会感到抑郁、孤独。	有。和恋人分手后，每当临近周末时我就会这样。
计划晚上和朋友吃饭	见朋友的时候，他们会觉得我很无聊。	有时候，这取决于我当时的感受。
独自坐在家里	我要永远这么孤独、悲惨下去了。	分手之后总会这样，和别人分别之后也会这样。

焦虑日期：××月××日	持续时间：20分钟

地点：在公寓里，一个人

焦虑时间开始时的焦虑水平（0～100％）：60％

焦虑时间结束时的焦虑水平（0～100％）：20％

焦虑内容：
我会一直孤独。
我永远不会快乐了。
我会孤独地死去。

我焦虑的共同主题：
孤独、抑郁和与世隔绝。

这种焦虑的成本和收益：
成本：让我焦虑和痛苦，我没法享受生活。
收益：也许我就是被这种焦虑驱动着，也许我最终会找到合理的解决方式。

这是建设性的焦虑还是非建设性的焦虑？
非建设性的。只是让我不开心。

今天我能通过什么有建设性的行为来解决问题？
我可以联系朋友、看电影、旅游、健身、读书、做瑜伽。

如果我接受自己此时的局限性，如就是有一些不知道的东西、一些做不了的事情，认识到生活就是有很多的不确定性，感觉会不会好一些？
我觉得会吧。我也没有其他选择。再怎么焦虑，不确定的事情还是不确定。

(三)全面看待事物

认知行为取向认为，消极思维有时是真的，至少部分为真。然而，消极思维往往具有极端性、严肃性和普遍性，这才是问题所在。有时候我们觉得"我受不了""太可怕了""这太难了""糟透了"是很正常的。理性的意思是，以合理的比例和视角看待事物。所以我们要明白，当焦虑、悲伤或愤怒达到极端时，我们看待事物的视角就可能发生扭曲。此外，这里我们所强调的是，随着时间的推移，以前看起来很困难的事情对我们情感的影响会减弱，甚至消失。对于这一点，我想大家在回忆自己的过往经历时，也会有类似的感受。

消极思维也可能部分为真。例如，一个人确实会遇到挫折，会在考试中没有别人考得好，或者在股票市场上赔钱。当人们以最极端的方式看待这些负面事件时，问题就出现了。例如，一个人考试没有考好。他可能会认为自己完了，或者自己再也学不好了，无法找到理想的工作、过上想要的生活了。事情真的如他自己想象的那样吗？下面我们总结了一些技术，可以帮助大家更加全面地看待事物。

1. 饼图技术

有人喜欢说"这都是我的错"，然后陷入长时间的自责。每当有坏事发生，他们就觉得这事百分之百应该责备自己。一名寝室关系紧张的大学生认为，自己需要为寝室人际关系问题承担全部责任。找工作失利的时候，有的大学生认为百分之百都是自己的问题。这样的人把所有问题都个人化了，用全或无的方式解释因果关系。一旦遇到负面事件，有的大学生会只关注自己做得不好的部分，完全排除了其他可能因素。拿寝室关系问题来说，这名大学生只看到了自己的错误，没看到其他原因，如他的室友有边界问题、缺乏承诺等，另外，他在担任宿舍长工作过程中缺乏室友的支持，让他压力倍增。

我们常常喜欢用单一因果的思路来看待事物的发生、发展，也就是说，在遇到问题的时候，我们要么完全责备自己，要么把错误完全推给他人，而看不到一个结果可能是由多种因素共同作用的。饼图技术是对全或无思维进行干预的有效方法。饼图上不同的大小代表不同的责任程度，大家可以用划分面积的方式看到一个事件中的不同因素分别起了多大的作用。这样，我们就可以在饼图中看到自己在整个事件当中究竟应该承担多大的责任。

例如，一名大学生因为学业负担太重，总是责备自己不能很好地完成计划，就认为自己是个"失败者"。他的假设是："我应该把全部学习任务都做好，如果做不好，就都是我的错误。"可以让这名大学生列出影响学习的全部可能因素，并且给每个因素划分其所占的权重，所有因素的权重加起来应该小于等于100%。

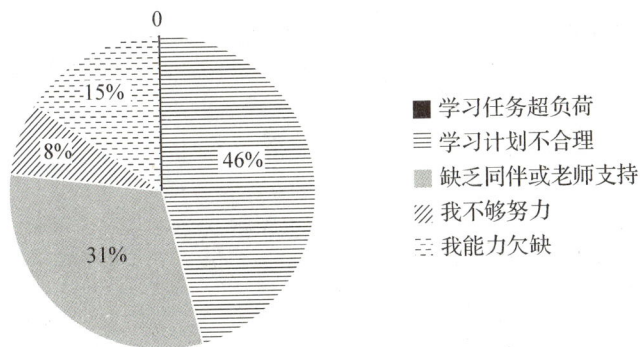

图 6-3 饼图技术示例

我们可以尝试使用这种饼图技术来分析。首先，记录下困扰我们的消极事件，列出引发该事件的所有可能原因，包括我们自己的原因。其次，用百分比将这些原因按权重分配在饼图里。最后，通过饼图技术练习，看看事情的多面性和多种可能性。我们可能会发现，原来我们一直执着地认为全是自己的问题、自己的错误，正是掉入了全或无的绝对化的陷阱，而事实上还有很多其他的因素导致了某个结果，相信通过饼图技术练习我们会看到自己的认知扭曲，并修正它，在做了这个练习后，我们会发现自己的情绪"神奇地"好转了。

2. 转换角度——认可消极面

我们所认为的消极面到底是否真实存在呢？每个人都有自己不满意的行为和特质。这就是生而为人的一部分。我们都不认识真正完美的人，一味地追求完美是不现实的。我们可以把消极面看成值得肯定的东西，接受它的存在，并认为在合理的应对之后，消极面可以转化为生活的价值。所以，我们可以为生活的消极面留出一个空间，接受自己的不完美，在人性的脆弱面看到闪光点。接纳、共情、认识不完美，看到自我的不同侧面，这样，我们就有机会将消极转化为积极，不再一味地责备自己。

如果可以，我们来想象一下，我们所担心的事情是真的——我就是"失败者""疯子""丑陋的人"，然后，描述自己如何接受这个特质。想象一个人如果拥有这个特质，他要如何克服？我们用一个工作表来承认消极面的存在，并且检验自己如何应对这些负面特质。我们常常陷入消极的观点中不能自拔，好像没办法接受自己的失误、错误或不完美。但是，每个人都有缺点。想象一下，我们正处于一个有点无聊的谈话中，与其跟对方争执，不如接受这个对话的存在，甚至迎接它："是的，我觉得这个对话有点无聊，但是我还是可以继续我的生活，做很多别的有意思的事。"在表 6-8 的左栏中，列出你觉得自己拥有的负面特质或不良行为。试着根据表 6-8，在中间栏中列出能证明你确实拥有这个缺点的例子，在右栏中写出你拥有的其他积极特质。由此看来，拥有一些缺点也不是什么重要的问题。

表 6-8 转换角度示例

我的负面特质或不良行为	能证明其为真的例子	为什么这不是个问题？我还能做些什么积极的事情？我还拥有什么积极特质？
我总是嫉妒别人，而且会抱怨。	是的，这是真的，我总是嫉妒别人，总是抱怨遭到不公平的对待。这可能很招人烦，让我的同学、朋友都很讨厌我。	如果我持续这样做，确实会是个问题。但是我可以改变。我觉得，长期嫉妒和抱怨不会有什么好处。我应该关注于如何做好自己的事情，如何闭嘴。
我常常拖延。	我确实常常把要做的事情搁置一旁，然后上网做些毫无意义的事情。	我可以集中目标，监控时间，不上网做无关的事。如果我把事情做好，可以给自己一些奖励。

3. 从丧失和冲突中寻找机会和新的意义

丧失和冲突是生活中不可避免的方面。我们必须承认，丧失和冲突会引发痛苦，需要我们努力调整、适应，但同时我们也应该认识到，丧失可能提供了重构的机会，让我们打开新视野，迎接新挑战，获得个人成长。一个刚失恋的大学生觉得自己抑郁了。因为他失去了一段亲密关系，并且觉得自己可能以后都不会有亲密关系了。但事实上，分手也可能帮助他认识到：①重新定义个人价值，重新认识亲密和联结的意义；②得到结交新朋友、寻找新伴侣的机会；③把更多注意力放在个人发展上，获得其他方面的价值。不要只盯着丧失中不好的方面，应鼓励自己和身边的人在这样的情境中寻找其他机会、挑战和意义。研究发现，95％的灾难幸存者都能报告出至少一条从灾难中获得的积极经验。丧失和冲突也许能帮助我们认识到生命的重要，改变我们的价值观，使我们增强应对灾难的心理弹性。

对于有些人来说，从事件中发现意义会导致更大的抑郁，因为他们觉得，现在没有的，以后也不会有。对此，我们必须要承认，在丧失和冲突事件发生后，有低落的情绪是非常正常的，但是从中发现的价值同样可以让我们获得潜在的力量。每一种价值都是生活中的原动力。就像前面举的例子一样，一段关系的结束让人产生孤独的情绪，想要重新拥有亲密关系，这都可以转化成生命中的重要价值，对于一个人来说，和他人建立有意义的联结非常重要。这样的发现可以帮助他在其他关系中走得更深入，更诚实地面对自己，以更直接的方式和他人获得联结。

这里分享一个检验机会和新的意义的自助练习给大家，如表 6-9 所示。

表 6-9 检验机会和新的意义

在生活中，每一次危机都会让我们失去一些东西，同时也会带来新的机会。在下面列出你最近遭遇的困境或丧失，想想这件事让你发现你最珍视的东西或需求是什么。然后，列出这个情境可能给你的生活带来的新机会或新挑战，并回答最后面的问题。

目前的情境（或丧失）	这件事让我发现我最珍视的东西或需求	生活的新机会或新挑战

现在看来，哪些价值对于我来说并没有那么重要？
哪些价值对于我来说更重要？
我该如何利用这次经验来加深我与他人的联结？
这件事让我的生活获得了什么意义？
为了让生活更有意义，在接下来的一周里我可以做些什么？

第四节　行为改变

一、行为改善情绪

心理学家瑞尼斯（Rainisto）等人提出情绪健康的六项指标：

①发展出某些技巧以应对挫折情境；

②能重新解释与接纳自己与情绪的关系，不会一直自我防卫，能避免挫折并安排替代的目标；

③知觉某些情境会引起挫折，可以避开并寻找替代目标，以获得情绪满足；

④能找出方法，缓解生活中的不愉快；

⑤能认清各种防卫机制的功能，包括幻想、退化、反抗、投射、合理化、补偿，避免形成错误的习惯，以致防卫过度，造成情绪困扰；

⑥能寻求专家的帮助。

对于大学生来说，情绪健康具体表现为：情绪的基调是积极、乐观、愉快、稳定的，对不良情绪具有自我调控能力，情绪反应适度；高级的社会情感（理智感、道德感、美感等)能得到良好的发展。

在第二节中我们提到了认知三角形,包括情绪(感受及生理反应)、认知和行为三个方面。如果你在第二节中跟随着我们的指导做过练习,就可能已经认识到了我们在识别自动思维、觉察认知三角形中的认知扭曲,以及通过小策略调整认知的过程中认知对情绪的影响。这里我们就来看看另一角——行为,它和认知一样对我们的情绪产生了影响。如果我们能做点什么,在行为上做出一些调整和改变,我们的情绪就会发生变化。情绪、认知和行为三者之间是相互作用和影响的。

举个例子来说,可能有些人也会有类似的经历,一边担心作业没有写,一边刷手机或做其他不相关的事情。随着交作业时间的临近,我们的焦虑程度会逐渐升高,原本刷手机、打游戏等让我们轻松愉快的事情,此刻也有点无法投入和享受了……而此刻,无论是迫于压力还是任何其他原因,如果我们能打开电脑开始为做作业做准备,就会发现我们的焦虑程度可能停止持续飙升了。如果我们开始打字、完成部分作业了,我们的焦虑可能已经有了明显的降低或缓解。如果再进一步,我们一鼓作气完成了作业并提交了,也许我们的焦虑已经消失不见了,随之而来的是轻松愉快和满足感。那这个焦虑的变化过程是如何神奇地发生的呢?答案是我们做出了行动改变。我们的行为会影响到我们的情绪。

二、行为改善情绪的小妙招

大学生常常面临的情绪困扰主要有抑郁、焦虑、愤怒、恐惧、自卑等。这些不良情绪如果程度过于强烈,就会对大学生的学习和生活产生消极的影响。因此,通过一些行为策略改善不良情绪十分有必要。

(一)时间管理

是否你也有这样的感觉,每天都忙忙碌碌,但回头一看又感觉自己碌碌无为?说不定还会因此而惆怅沮丧……你的时间去哪儿了?也许对每天的安排做一点记录,你的感受会不一样。一周记录下来,你对自己的生活和感受会更有掌控感,并且从中获取到更多的支持性信息和证据。

曾经一名有苛刻标准的来访者在使用了每周活动安排表后反馈说:"这个记录太有意义了,看到这张安排表后我不禁会感叹原来自己一周做了这么多事情,觉得没那么焦虑沮丧了,以前我会对自己不满,现在我感觉很好……"

曾经一名有抑郁倾向的来访者在记录了自己的一周活动安排后发现:"原来每次有所行动时,我的感觉都还不错;以前我以为我没力气,躺着休息会让我感觉好起来,但现在看来一直躺着或休息并没有让我感觉更好,反而更糟……"看来他发现了动起来的神奇之处。

如果你愿意，那也来尝试一下这个方法吧，看看有什么发现。

■ 练一练

写下每个时间段的主要活动，用 0～10 分对自己在这些活动中得到的愉悦程度评分。0 分表示完全不觉得愉快，10 分则代表高度愉快。（表 6-10）

表 6-10　每周活动安排表

	星期日	星期一	星期二	星期三	星期四	星期五	星期六
6：00—8：00	和室友一起吃饭						
8：00—10：00							
10：00—12：00							
12：00—14：00							
14：00—16：00							
16：00—18：00							
18：00—20：00							
20：00—23：00							
23：00 以后							

（二）放松训练

当你学习太忙太累、入睡困难、考试焦虑、压力过大时，学会放松都是应对这些问题的好办法。不止一次我听到有同学向我反馈说，放松训练对他没有帮助，这时我会询问他是怎样做放松训练的，绝大多数时候我们会发现，不是放松训练无效，而是他没有学会正确的放松方法或没有充分的练习。我们可以尝试并选择适合自己的放松训练方法。

1. 深呼吸法

深呼吸即腹式呼吸，用通俗的话来说，就是吸气时肚子会鼓起，呼气时充分将腹部排空。我们平常深呼吸到一定程度的时候会不经意地耸起双肩，这样做是不对的。标准的深呼吸是将所有的气息在吸的时候沉在腹部，这时你会感觉到腹部和腰部有膨胀的感觉，直到不能再吸气为止，然后让吸入的空气停留在腹部 3～4 秒，再以最慢的速度把气呼出来，尽量让呼气的时间保持长一些，不要一下子把气全吐出来。我们可以在练习的时候把双手按在腰上，在吸气的时候如果感觉手被腰部的力量顶了出去，那就是正确的吸气方法。在练习的时候，我们可以对着镜子，如果看到自己的肩膀抬起来了，就是错误的。反复做几次深呼吸，不仅能增强肺部机能，还能使血液循环减慢、心神安定下来，全身有一种轻松感，从而缓解紧张、焦虑的情绪。

2. 自我暗示法

考前一定不要跟自己说"我这次肯定考不好，因为我准备得一点儿也不充分"等，而是要进行积极的自我暗示，如"不只是我考试紧张，任何人考试都紧张"，并与深呼吸同步进行。有人说，一个人平时所发挥的能力不过是其所能拥有的 $3\%\sim5\%$，还有 $95\%\sim97\%$ 的潜能需要激发，积极的自我暗示将会有很大的帮助。

3. 肌肉放松法

将全身所有能控制的肌肉从头至脚全部绷紧，然后慢慢放松，直至全部放松下来，反复 3 次。注意肌肉不可绷得太紧，以免拉伤。也可以让身体的每个部位逐个放松，一般是从上至下：眼睛、嘴巴、脖子、手臂、手指、双腿、脚趾等部位。在逐个放松的时候让各部位先绷紧到最紧张的程度，再慢慢放松。

4. 正念

正念是以一种不加评判的方式，专注于当下的内在体验和外部环境，从而培养出敏锐、稳定的觉知。正念可以帮助你改变抑郁、焦虑等消极状态，保持身心健康、幸福感，改善人际关系等。正念强调有觉察地、非评判地关注当下的事情。我们这样去关注事情时，就完全立足于当下的现实以及我们现有的选择上了。这样，我们才能促使新的学习结果和新反应（如"我可以处理这件事情"）出现。

对于很多人来说，要以正念的方式关注当下并非自然而然地就能做到的。我们感到不安或痛苦的时候，专注于当下显得尤其困难。学会关注我们的体验，客观地、非评判地观察它们，接纳并理解当下的体验，这些都不是短时间之内就可以做到的事情。我们可以把学习这项技能看作在锻炼肌肉，因为锻炼肌肉也需要不断地练习。如果你想跑马拉松，当然不是报完名就算了，一开始你要参加训练，一点点地练习，直到跑很长一段路程对你来说已经变成习惯。这里也是如此，学会观察你在当下的情绪体验，评估哪些方面是有益的，哪些不太有益，并据此做出改变，在它变成问题之前做练习。你需要不断地练习这项技能，它会帮助你更细致地观察你在思维、行为和躯体的感觉或感受这几个方面的反应模式。

为了掌握这项技能，很重要的一点是，要习惯在体验发生的当下去觉察它。你可能会惊讶地发现，在大多数时候，我们根本没有注意当下！为了习惯这一点，你可以在至少一周之内每天都拿出不少于 5 分钟时间，规范地练习正念，聚焦当下的体验。下面提供了一个小练习，我们可以连续做这个小练习，把它列入每天的日程中。关键在于至少要练习一周，这样你才会习惯于观察你的体验。

■ 练一练

正念——3分钟呼吸空间练习

指导语

请闭上眼睛，在椅子上坐好。通过短暂的3分钟，将注意力集中于当下，去觉察身体感觉的变化，观察自己能否享受觉察本身，安于当下，让自己达到一种更加舒适、柔和的状态。这是一种随时可以练习的冥想，让你能清楚地知道处在压力状态时自己的感觉是什么。正念练习可以使你在思想很难控制时停下来，通过重新找到一种更平静的视角，安于当下。

第一阶段：进入觉察

请采用一个挺拔的姿势进行练习，可以坐着也可以站着。如果可能的话，闭上你的眼睛。然后，将觉察导入你的内部经验，自问："我此时此刻的体验是什么？""有什么想法掠过脑海？"尽自己最大的努力将这些想法看成精神事件。现在你的感觉是什么？有什么不舒服或不愉快的感觉，承认这些情绪，而不去改变。此时此刻，你的身体感觉是什么？快速扫描全身去找到任何紧绷的感觉，承认感觉，但是，再强调一次，不要去改变它们。

第二阶段：聚焦注意力

现在，将你的注意力集中到呼吸的生理感觉上来，关注呼吸的身体感觉，近距离地感受呼吸，感受腹部随着吸气而鼓起的感觉，以及随着呼气而下沉的感觉。伴随着吸气和呼气的全过程，利用呼吸将自己锚定于当前的状态。

第三阶段：扩展

现在将觉察的范围从呼吸扩展开去，除了呼吸的感觉之外，还包括全身的感觉，仿佛整个身体都在呼吸。如果你感觉到任何不适或紧张，请通过深度呼吸将它们消融在每一次轻柔的吸气和呼气中，在这里，呼吸正在帮助你消解这些情绪，把它们当作朋友，而不是试图去改变它们。如果它们让你的注意力不集中了，请立刻回到整个身体的感觉上来。

最后，试着让自己回到房间里。想象你坐在这个房间里，想象房间的样子，想象房间是怎样布置的。当你们准备好后，睁开你的眼睛。

(三)系统脱敏

消除焦虑恐惧可采用系统脱敏法。系统脱敏法是在充分放松的心境下，让个体逐渐接近他所惧怕的事物，或逐渐提高刺激强度，使其对惧怕的事物的敏感性逐渐减轻，直至完全消失的方法。换句话说，系统脱敏法就是通过一系列步骤，按照刺激强度由弱到强、由小到大逐渐训练心理的承受力、忍耐力，增强适应力，直至达到对真实情境不产生"过敏"反应、保持身心正常或接近正常的状态。系统脱敏法主要分为以下三种。

1. 快速脱敏法

快速脱敏法，又称真实生活脱敏法。此法的主要特点是：用造成恐惧反应的实际刺激物代替对它的想象；治疗者陪伴着来访者通过一系列令其感到恐惧的情境，直到抵达原先最害怕的情境而不再紧张为止。这种方法比较适用于广场恐怖症者和社交恐怖症者。例如，对于一个害怕拥挤和害怕同陌生人接触的来访者，可以让他在治疗者的陪同下于清晨时分乘车到闹市区去，到达后先让来访者在车内坐几分钟，如果他不感到焦虑，可鼓励他下车到商店门口走走……直到他敢于进入拥挤的商店购物而无焦虑反应为止。

2. 接触脱敏法

接触脱敏法特别适用于对特殊物体的恐惧，如对蛇和蜘蛛的恐惧。接触脱敏法也采用按焦虑层次进行真实生活暴露的方法，与其他脱敏方法的不同之处在于它增加了两项技术——示范和接触，即让来访者首先观看治疗者或其他人处理引起其恐惧的情境或物体，而后让他一步一步地照着做。如果来访者害怕的是一种东西，如蛇，那就让他观看治疗者触摸、拿起和放下蛇的示范，之后再从事一些与接近、触摸蛇有关的一些活动，再逐渐接近、触摸蛇，直到来访者敢于拿起它而无紧张感为止。

3. 自动化脱敏法

根据同来访者的一系列交谈的结果，心理咨询师识别出使来访者焦虑的情境（如喧闹嘈杂的声音、拥挤的人群或看见爬行中的蛇），而后利用与焦虑情境相关的录音、录像对来访者进行治疗。自动化脱敏的突出优点是：①来访者可以在家里独立使用，而不必花费治疗者太多的时间；②来访者可以依情况自己决定脱敏的速度和进度，这有助于减少系统脱敏治疗中的一些不良反应；③录音和录像中可加入治疗者的指导和有关的治愈范例，从而可起到指导与示范作用。

■ 成长案例

下面以帮助一名女性来访者克服"惧怕陌生异性"心理为例，具体谈谈系统脱敏法的应用。

第一，让她想象自己在拥挤的电梯里，想象自己周围挤满了异性，在感到紧张时深呼吸，调节情绪。让她在这种不断的想象中，获得对人际交往那种可怕情境的"免疫力"。

第二，让她在大街上远距离观看异性人群，想象自己就在人群中，并告诉自己与其他人没有什么不同。

第三，让她走在大街上，面对迎面走过的异性，告诉自己"没有人特别留意我"。

第四，让她在公共汽车上等人群拥挤的地方与异性近距离接触。

第五，让她在电梯中与身旁的异性有目光接触。

通过以上几个步骤的练习，可以纠正该来访者惧怕异性、心理紧张的弱点，增强其心理承受能力。

■ **练一练**

情绪暴露练习记录。

暴露任务：

_____

_____

在任务开始前预期痛苦强度（0～10）：

你在任务开始前注意到的想法、感受和行为：

_____

_____

_____

重新评估关于任务的自动思维：

_____

_____

_____

你在任务进行过程中注意到的想法、感受和行为：

_____

_____

_____

你完成任务的时间：_____

在任务进行中感受到最大的痛苦程度（0～10）：

在任务结束时你的痛苦程度（0～10）：

你从本次暴露任务中学到了什么？你担心的结果发生了吗？如果发生了，你能不能应对它们呢？

_____

_____

（四）其他改善情绪的实用方法

1. 情绪清单

很多时候，人们会认为情绪是任性的，是管理不了的。这是因为，我们从来没有认真地对自己的情绪做过了解、记录、分析，所以自然也就控制不了自己的情绪。情绪清单能够帮助我们正视自己，勇于面对情绪问题，如我们的不安、愤怒、疑惑、恐惧等。我们可以将自己的主要情绪分为两类，记录自己经常出现的一些情绪关键词。

正面情绪关键词：兴奋、感恩、自信、满足、希望、热爱、同情……

负面情绪关键词：愤怒、妒忌、恐惧、失落、悲伤、烦躁、贪婪……

情绪控制的第一步骤就是，拿出本子，记录下来，不管是何种情境——令你开心或不开心的，或能够引起情绪起伏的人或事。这张清单分为两列：一列是正面情绪；另一列是负面情绪。前面是事件，后面跟着这件事所引发的情绪关键词。

经过一段时间的记录与分析，你就能大概清楚什么类型的事件能够引发你的情绪、情绪的关键词类型、情绪发作的频次与发作的力量。

在纸上写下来的过程，就是一个整理思绪、分析情绪的过程。以后一旦你发现刺激情绪的因素时，便可采取行动，规避或利用这些情绪。

2. 转念情绪

当我们能够清楚地知道哪类事件会触发我们自己的情绪时，我们就能觉察并接受在自己内心里所发生的事情。如果我们处于情绪低潮时，也可以按照正面情绪清单，给自己列一张计划表，采取行动将负面情绪转念为正面情绪，如运动，来一场5千米慢跑；出门，闻青草的香味；发一张美美的自拍；约上自己的好朋友，一起做一件喜欢的事情……

这样一来，情绪问题就会在有意识的情况下，慢慢得到转变。如果能够发现自己的所作所为对于自己来说会引发何种问题，这样的觉知就会教我们该如何解决自己的问题和调整即将来临的情绪风暴。

3. 行为检验

很多时候，情绪都是由想法引起的，而不是事件本身。在强烈情绪的驱动下，我们往往把想法当成事实，沉浸其中。比如，在一次考试失利后，我们的想法可能是"我与奖学金无缘了""我得不到保研资格了"等。那么，我们要检验一下这个想法是不是符合事实，想想有没有其他可能的解释，是否我们只是假想了一个威胁，如果所假想的灾难真的发生了，我们是否可以应对，比较理性的想法是什么样的。

■ 练一练

1. 与负性情绪相关的威胁性的解释 _____

2. 替换的解释 _____

3. 对这个练习的假设（预期的结果）_____

试着完成以下行为实验—假设检验练习（表6-11）。

表6-11　行为实验—假设检验练习

实验名称	记录实验实施的过程	描述实验的结果

4. 比较实验的结果与预期的结果

通过练习可以发现，当我们选择更符合实际情况的想法之后，我们强烈的情绪也将随之减轻。在检验事实之后，所采取的行为是我们智慧的体现。例如，我们在感到愤怒，想要和他人争吵时，询问自己以往这样的行为反应产生了什么样的作用，是否能达到自己预期的目的？如果不能，如何调整？采取相反的行为可以是一种替代选择。比如，与发脾气、吼叫、争吵等相反的行为是停下来，离开当下的环境（到另一个房间、阳台或外出喘口气），给自己一点时间，缓慢地深呼吸，改变身体的姿势（松开手、手心向上、手指放松、放松面部肌肉等）。再次沟通时，试着降低语音语调，让化解矛盾的想法能够传递给他人，而不是被情绪淹没和阻挡。

改变原来的行为反应，建立新的反应模式并不是一个容易的过程，如果在一次又一次尝试调整的过程中感到挫败，这也是正常的学习过程。可能第一次、第二次的练习仍然没有获得任何改变，第三次、第四次可能只调整了一点点，不必评价每次练习的效果，坚持有意识地反复、规律地练习，可以三个技能一起练习，或者选择其中之一练习，改变会在练习的过程中自然发生。

5. 快乐行动

通过行动改变较少负面情绪的办法之一是，我们可以有意识地寻找和实施令我们快乐的活动。有没有一些活动可能是你之前会做但最近没有做过的，也可以是你还没有做过，但你认为如果自己做了会让自己开心的？尝试写下这些活动，尽量多写一些，如写出 10 项。记录下来后，你可以考虑给这些活动排个序，标出序号，从你最想尝试的依次到比较难达成或自己不太想去做的。

如果你选出了最容易开始的活动，就开始制订并实施计划。大家都知道，有时候我们想做某些事情，但最终很可能没有做。这种情况即使在你明确知道做了会让你轻松愉悦的事情上也很有可能发生，因此制订个计划帮助自己行动吧，计划得越具体越好。例如，接下来的两周你会在什么时间参与哪些活动、频率是多少，你还可以想象什么情况会影响你参与这个活动，如果有，如何排除这些阻碍或挑战？你会做哪些努力来帮助自己，以及身边有哪些人或资源可以帮助你更好地落实这些活动。

如果你参与了这些活动，你的情绪有怎样的变化呢？

■ 练一练

填写下面的快乐活动清单，积极调适不良情绪。（表 6-12）

表 6-12　快乐活动清单

1.
2.
3.

4.	
5.	
6.	
7.	
8.	
9.	
10.	
本周，你计划做的是：	
你的具体计划是：	

第七章　生命的意义

■ 思政课堂

加强心理健康服务体系建设和规范化管理。加大全民心理健康科普宣传力度，提升心理健康素养。加强对抑郁症、焦虑症等常见精神障碍和心理行为问题的干预，加大对重点人群心理问题早期发现和及时干预力度。加强严重精神障碍患者报告登记和救治救助管理。全面推进精神障碍社区康复服务。提高突发事件心理危机的干预能力和水平。到 2030 年，常见精神障碍防治和心理行为问题识别干预水平显著提高。

——《"健康中国 2030"规划纲要》

■ 学习目标

人最为宝贵的，莫过于生命。因为生命对于每个人来说，都只有一次。生命如花，本应幸福绽放，然而，现实生活中并非人人都能做到惜花、爱花、护花。自杀、伤人、虐待动物等一幕幕伤害生命的悲剧，会对家庭、对社会造成不可估量的伤害！那么，我们应如何理解生命、尊重生命并珍爱生命呢？如何把握自己的生命之舟，使自己的生活变得更加精彩，创造一个个生命的奇迹呢？这是每一个人应该思考的问题。

■ 导入案例

黄文秀，北京师范大学硕士，她放弃在大城市工作的机会，毕业后回到家乡，2018 年担任广西壮族自治区百色市乐业县百坭村的驻村第一书记。黄文秀带领全村，通过易地扶贫搬迁脱贫 18 户 56 人，教育脱贫 28 户 152 人，发展生产脱贫 42 户 209 人，贫困发生率从 22.88% 降至 2.71%；村级集体经济收入达 6.38 万元，实现翻倍增收。她坚持扶贫与扶志相结合，注重乡风文明建设，成立"乡村振兴、青年作为"志愿者服务队，开展村规民约吟诵比赛和文明家庭评选活动。百坭村获得百色市 2018 年度"乡风文明"红旗村荣誉称号。2019 年 6 月 17 日凌晨，黄文秀从百色返回乐业途中遭遇山洪因公殉职，年仅 30 岁。黄文秀被授予"时代楷模""全国五一劳动奖章""全国敬业奉献模范""最美奋斗者""全国优秀共产党员""2019 十大女性人物""感动中国 2019 年度人物"等荣誉称号。

黄文秀毕业后放弃留在大城市工作的机会回到家乡，到边远的深度贫困村担任第一书记，她把双脚扎进泥土，为群众脱贫攻坚殚精竭虑。她不忘初心、牢记使命、无私奉献，在平凡的岗位上，实现了生命的价值。

人最宝贵的是生命，没有生命的世界是残缺的世界。生命是一切智慧、力量和美好情感的唯一载体。人生是个有始有终的过程。我们每个人无法决定生命的长度，但我们可以掌握自己生命的宽度，即实现生命的意义，活得精彩，体现价值。生命总会面临无尽的挑战，唯有探索生命的意义、培养尊重生命的态度、珍爱每个生命的价值、热爱生活，才能拥有丰富的人生。

第一节　生命教育概述

一、生命教育及其目标

(一)生命的含义

1. 什么是生命

何为生命？古今中外、各学科、学派给出了不同的解释。古代哲学认为，"生"字的本义是指草木从地下长出，引申为事物的产生、发生，再引申为生命的孕育、发展、生生不息。生命有无限潜能，值得珍惜、探索、发展。现代生物学认为生命是蛋白质和核酸的复合体系的存在方式，一种特殊的、高级的、复杂的物质运动形式……根据现代生物科学的研究成果，生命起源首先由无机物生成有机小分子，由有机小分子形成生物大分子，生物大分子组成多分子体系，最后发展为原始生命。生命是主要由核酸、蛋白质大分子组成的，以细胞为最基本单位的复合体系的存在方式……恩格斯也曾提出："生命是蛋白体的存在方式，这个存在方式的基本因素在于和它周围的外部自然界不断地新陈代谢，而且这种新陈代谢一停止，生命就随之停止，结果便是蛋白质的分解。"而生命哲学则认为"生命是世界绝对的、无限的本原，它和物质、意识不同，是积极地、多样地、永恒地运动着的。生命不能借助于感觉和逻辑思维来认识，只能靠直觉或体验来把握"。由此可见，无论是从哲学角度还是从生物学角度，生命的定义都在认同一点：自我更新与发展是生命的本质含义。

人的生命是一个复杂的系统，是由相互联系的要素所组成的一种生物体的特殊存在形式。人的生命具有三重属性，即自然性、精神性和社会性。人的生命存在形式有生物性、精神性和社会性三种形态。

第一，生物性。人是生物性的存在，生物性是人的生命的最基本的特性，是人的生命的社会性、精神性存在的基础和前提。人的生命作为一个自然生理性的肉体生命而存在，人的生长、发展就必然要服从生物界的法则和规律。所以，衣食住行、吃喝拉撒、生老病死是每一个人都必须面对的，也是每一个人无法逃避的。

第二，精神性。人之所以为人，就在于人不仅仅是为了满足自己的自然生命而活着，还要追求超越生物性存在的精神性存在。人要规划自己的人生，创造自己的价值，指导和提升生物性的存在。正是有了生命的精神性的存在，才使人的生命有了人文意义和价值，有了理性的意蕴和道德的升华。

第三，社会性。每个人要想生存下去，就必须参与和融入社会活动中，在与人的沟通、交往和互动中追求生命的意义，实现生命的价值。正是这种社会性的存在使人在面对千差万别、千变万化的社会生活时，能够有一种生命的智慧和坚定的信念；使人在面对生死、爱恨、聚散、得失时，有一种豁达的胸怀和安然的态度。

谈到生命，必然会联系到死亡。受我国传统文化"未知生，焉知死"的影响和束缚，人们往往只注重对生的研究，而很少愿意甚至忽视对死的谈论。对于死亡，我们普遍缺乏客观、理性的认识，对死亡话题的回避态度也使我们对死亡感到恐惧。恐惧死亡是因为不了解死亡。人们对死亡的定义包括三个方面。①生物医学定义：身体机能、脏器、器官及其他生命系统的永久的、不可逆的停止功能。②社会学定义：指人类有意义生命的消失，没有思想、没有感觉。③心理学定义：个体心理活动的停止，没有感觉、没有意识、没有行为。

罗斯(Ross)认为：死如同生一样，是人类存在、成长及发展的一部分，它赋予人类存在的意义，它给我们今生的时间规定界限，催迫我们在能够掌握的那段时间里，做一番创造性的事业。

2. 生命的特征

生命教育的开展必须建立在对人对生命的充分了解和认识的基础之上，只有这样，我们的生命教育才具有针对性和实效性。

第一，生命具有有限性。就个体来说，生命是非常短暂的。正是由于生命如此短暂，人们越发感到生命的珍贵，促使人们去努力思考、奋发创造，在短暂的时间里实现更多的人生价值，努力工作、积极生活，去实现人生的超越。可以说，正是由于这种时间的紧迫感，才督促、激发出人们的潜力，使人们努力地实践、创造、发明，让自己在有生之年实现更大的价值。生命的有限性正是人类不断进步的强大动力。

第二，生命的不可逆性。对于每个人来说，过去的永远过去，人们面对的只有现实。正是生命的这种特征，才使得人们应该更加关注、珍惜和呵护自己的生命，过好生命中的每一天，只有这样，"当回忆往事的时候，他不会因为虚度年华而悔恨，也不会因为碌碌无为而羞愧"！

第三，生命的独特性。每个人的生命都具有个体的独特性，就像世界上没有两片完全相同的树叶一样，世界上也绝不存在两个完全相同的生命个体。生命的独特性不仅取决于个体遗传素质所决定的外表等生理性因素的差异，还表现在后天形成的个性上，表现在思维、精神的独特性上。人比动物优越的地方在于人的意识和行为具有自为性，人在面对不同的境况时会有不同的选择，人会根据自身的特点选择不同的行为方式和生活方式，使自己的生命呈现出自己的特色。

第四，生命的整体性。人的生命是一个复杂、矛盾的有机体。它是自然生命、精神生命、社会生命的统一体，也是认知、情感、意志、行为的统一体。生命的各个部分并不是独立存在的，而是共同存在于一个生命体内，相互影响，共同发展。德国哲学家雅思贝尔斯(Jaspers)在《什么是教育》中指出："毋庸置疑，生命是完整的，它有着年龄、自我实现、成熟和生命可能性等形式，作为生命的自我存在也向往着成为完整的，只有通过对生命来说是合适的内在联系，生命才能是完整的。"生命是完整的，是矛盾的统一体。我们对生命的把握绝不能只关注生命的某一部分，而要从整体着眼。开展生命教育也要从个体生命的整体出发。

第五，生命的超越性。生命的超越性源于生命的有限性，生命是有限的，但人的生命追求是无限的，人从不满足于有限，而在不断地追求无限。很多哲学家都把超越性看作人的生命本质。人是有意识的生命体，自我意识使人不断地意识到自身的有限性，人对自身生命存在状况进行有意识的反思形成了人对自身的一次次超越。正是这种超越性决定了人们生活在现实世界之中，然而他们又不满足于停留于此，他们的目标永远在前方，追求一种终极完满的存在方式。

3. 生命的价值

第一，生命的存在价值。从生命的自然属性来看，人的生命作为一种特殊的物质存在，本身就具有一定的价值，这是人的生命所特有的属性。"在价值中，最首要、最一般的价值是生命本身，因为失去生命就不能利用其余的一切价值。"人生命的存在价值是无可取代的。生命是人之根本，人的生命是人们创造价值、实现自身价值的前提，而人的其他价值归根结底是生命存在价值的具体表现。每个人的存在是平等的，正如马克思所言，"一个人就其自身来说，他的价值不比别人大，也不比别人小"，不能因性别、年龄、受教育程度或社会贡献的大小等方面的差异就把生命分为三六九等。生命是人之根本，维持人的生命存在是每个人不可剥夺的权利，因此所有人的存在价值理应平等地受到他人及社会的承认、尊重和维护。

第二，生命的生活价值。从生命的社会属性来看，人生命的延续具有生活价值，人生活在社会这个大家庭中，必须学会在社会中生存和发展。一方面，从个人的生活价值而言，在生命延续过程中，个人只有在与他人交往过程中不断地完善自我、充实自我、更新自我，才能学会享受生活、创造生活；另一方面，从社会的角度看，人的生活价值指向于社会、指向于群体。为社会、为人民、为集体而生活，通过人的社会性创造活动，促进社会的发展，改善人民的生活，就成为生活的价值。生命的生活价值是基于生命生存价值之上的创造价值。个体的生活价值源于生命的创造性，要求每个社会成员应当在有限的生命过程中发挥最大的能量和潜力，尽可能多地为社会、为人民创造价值，从而实现个人的生活价值，使自己的人生更加富有意义。

第三，生命的超越价值。从生命的精神属性来看，人的生命具有超越价值。人的生命是有限和无限的结合，也是肉体和精神的统一。由于生命有限，人才追求精神、信仰的无限。超越价值主要侧重于个人精神层面的追求，主要表现为个人对人生意义和生命价值的思索与追寻，"是在个体的层面上，围绕着生命的状态、生命的质量等问题而提出来的价值概念"。人置身于社会关系中，要不断探寻生命的价值和意义，共同构建一个有理想、有信念、有道德修养的精神家园。人是社会中的人，每个人都是社会的一个成员，不能脱离社会而单独存在，人只有通过关爱他人、关心家庭，对他人、对集体负责，为社会做出应有的贡献来体现自己的生命价值，从而满足自我实现的需要。生命的本能是爱自己的生命，但同时人是有意识、有感情的，具有同情的本性，能够推己及人，"老吾老以及人之老，幼吾幼以及人之幼"。生命超越性的本质在于生命理念的升华及生命本质的超越，他人的生命与自己的生命同样重要，我们必须善待一切生命。

(二)生命教育的含义

1968年，美国学者杰·唐纳·华特士(J. Donald Walters)在《生命教育》一书中首次倡导和践行生命教育思想，引起了世界的广泛关注，并逐渐发展为一种新的教育思潮。

生命教育是指在个体从出生到死亡的整个过程中，通过有目的、有计划、有组织地进行生存意识熏陶、生存能力培养、生命价值提升，最终使自己的生命质量得以充分展现的活动过程。

生命教育的宗旨是珍惜生命，注重生命质量，凸显生命价值。生命教育是一种认识生命现象、感悟生命境界的教育，是一种了解自己的优缺点和性格，并对各种生命现象持尊重态度和人道关怀的教育，是一种在生活中发生、在生活中实践的教育，是一种身临其境的感受和体会的教育。生命教育既是一切教育的前提，同时也是教育的最高追求，通过生命教育，使个体树立健全的生命观，珍惜自己和他人的生命，敬畏生命，以积极的态度维护生命权利、提升生命价值。

(三)生命教育的目标

通过生命教育活动，个体自觉地认识生命、体验生命，关注自身的生命以及与其他生命之间的关系；激发个体反思生命、思考人生，拓展自身对生命价值和意义的理解深度与广度，从而积极主动地探求生命的价值，创造生命的价值，最终实现个体生命的整体和谐。

1. 认识生命、珍视生命

认识生命、珍视生命是基础性目标，它要求个体能够对生命的历程有一个比较科学的认识，并以此为起点去理解生命的无可替代和不可逆转的特征，理解自身生命与他者生命之间的密不可分的关系，从而达到对自己、他人以及对所有生命的尊重与珍爱。要做到这一切，个体应当从以下几方面着手去做：①从生物学的层面了解自身的特征；②从健康层面认识健康的真正内涵，并掌握保持健康的知识和技能；③从生存的层面来认识生命，并获得在各种紧急情况下求生的技能；④从生命之间的关系层面来理解生命，完善对自我的认识，珍爱生命。

2. 探求生命意义、创造生命价值

探求生命意义、创造生命价值是发展性目标，它要求个体能够在认识、珍爱生命的基础上，积极主动地探求生命的意义，创造生命的价值。这就要求个体做到：①认识生命价值的内涵与自我价值、社会价值的辩证统一，使自己的生命闪耀出人性的光辉；②在认识生命价值的基础上，树立起探求生命意义、创造生命价值的崇高理想；③了解实现这样的理想所需要的各种条件，如健康、有活力、不畏难、能执着、善协作等。

3. 实现个人与自然、社会的和谐发展

实现个人与自然、社会的和谐发展是最高层次的目标，它要求个体能够在积极探求生命意义、创造生命价值的过程中，正确认识和处理个人、集体、社会与自然之间的关系，认识到个体并不是孤立存在的，而是与社会、他人及自然息息相关、休戚与共的。有价值的生命、有尊严的个体都是在勇于担当的过程中实现生命价值的升华的。个体的生命价值是在树立自尊、自信、自立、自强的精神，不断提升自身的生命价值的层次的基础上，最终实现个人与社会和谐发展的崇高目标的。

二、生命教育的理论基础

(一)西方的生命思想

西方的生命思想源于古希腊时期。在古希腊时期，哲学家就开始关注人的生命，把对人的生活、生命的关注和重视作为一个重要的哲学理念。毕达哥拉斯是古希腊时期最早明确主张重视人的生命、关切人的生命、倡导"生命和谐"的哲学家。这种"关切人的生命"的思想在古希腊的发展史上具有重要的意义。苏格拉底是第一个把人们的眼光从天上拉到了地上，从自然引回到人世的哲学家。苏格拉底认为，外部的物质世界只是人的生命得以形成和发展的条件，而生命的真正意义和最高价值却

在于人自己的心灵，在于内心的丰富和安宁。苏格拉底认为真正有意义、有价值的生命在于道德上的"善"，并且强调反思人生。"未经省察的人生没有价值"，他的这句名言充分强调了人要对自己的人生、自己的生命不断地进行反思，以寻求生命的意义和生活的价值。西方的生命思想发展于文艺复兴。近代西方人文主义的传统使人的生命、人的尊严、人的价值得到了前所未有的重视和尊重。笛卡儿、帕斯卡从人们心中最深处的困惑和不安出发，开始从根本上思考人的生命本质问题。"人的尊严就是思想""人显然是为了思想而生的"，要求人要活得清楚、活得明白，"活着却不知人是什么，这真是糊涂得不可思议"。继帕斯卡之后，法国启蒙思想家卢梭从自然主义思想出发，强调要对人的生命进行自然的对待。卢梭强调要把人的天性归还给人，要尽力使人真正成为人的可能性发掘出来，展示在世人面前。卢梭认为教育理论的核心思想就是引导和促进儿童自身已有的善良天性能够得到良好的发展，教育他们从自身的要求出发去生活，按照自己的能力掌握他们所拥有的一切，学会保护自己的生命，完善自己的生命。

西方的生命思想繁荣于近代。近代各派学说林立，对人的生命的研究呈现出百家争鸣的景象。存在主义生命观的代表人物维克多·弗朗克、罗洛·梅认为人的生命的意义和价值在于对现实生活中的人的本真生命的关注与呵护，在于摆脱理性加于人身上的束缚，在于使自己过一种真诚的生活；叔本华主张非理性主义生命观，认为世界的本质就是生命意志，生命从本质上讲是一种强大的、不可遏止的生存冲动，是一种神秘的生命力，它既存在于盲目的自然力之中，也表现在人的自觉的行为之中，意志就是最大限度地延续生命的愿望。非理性主义生命观的另一代表人物法国哲学家柏格森则把整个宇宙间万事万物的进化都归结为"生命冲动"和"生命意识"。柏格森靠直觉以及直觉和知性的互补而达到对生命的"生成"与"创造"的深刻把握；人本主义生命观的代表人物马斯洛和罗杰斯等人倡导符合人的生命本性的生活，尊重人的生命与尊严，强调生命的自由精神，认为每一个人都有自己独特的价值，只有每个人都实现了自己的价值，其生命才能不断地得到发展和完善。人本主义更加关注生命存在、生命意义和生命价值。

(二)中国的传统生命思想

在我国，从中华民族珍爱生命的道德文化传统可以看出，几千年的中华文明蕴含了丰富的生命哲学思想。

儒家强调对生命的敬畏和终极关怀，儒家文化是围绕人而展开的，儒学即人学。儒家强调人在宇宙间的崇高地位，认为人是万物之灵，人是天地之心。孔子在《孝经·圣治章》指出"天地之性人为贵"，生命是宝贵的，必须给予重视。孟子继承了孔子的"杀身成仁"的思想，在《孟子·告子上》提出："生，亦我所欲也；义，亦我所欲也。二者不可得兼，舍生而取义者也。"生命是人所珍惜的，但不该用卑鄙的手段去苟且偷生；

死是人所厌恶的，但为了正义也不能用卑鄙的手段去躲避。以仁为贵的思想强调人的生命价值在于它的社会意义，人的生命只有在其社会价值实现的过程中才有意义。儒家的思想把效忠国家的死亡看成人的生命及人格的升华，体现了中华民族的精神品格是维护民族与国家利益的高尚行为。儒家虽然强调生命的社会价值，但并没有忽略对人性的考察，《三字经》中讲到"性相近，习相远"。孟子强调人性本善，认为仁义礼智这些是人所固有的，认为教育是"扩充善性"的过程。荀子则强调性恶论，认为人的本能中不存在道德和理智，认为教育是对人加以改造的过程，孔子所推崇的"启发式教学""因材施教"，以及孟子所推崇的"内发式"教育方式，其实质是一种人本主义教育的思想。孔子的"德才兼备的君子"，荀子的"贤能之士"皆体现了儒家思想提倡人生命的社会价值的特点。道家宣扬个体的生命价值，认为在世界万物中，个体生命是一种最高贵的存在。其生命哲学思想集中体现为贵己重生、轻物重生。道教认为，无论是人类，还是遍布山川空间的禽兽鱼虫，它们都是大自然的杰作，都是大道至德的显现。道教要求人爱及昆虫草木鸟兽，爱及山川河流，爱及日月天地，不要无辜伤害任何生命。道教使人们对生命满怀敬畏，从而懂得应该珍惜生命，重视生命的存在价值。老子提出"无为""无欲""无私""无争"，将名利得失看作外在的、无足轻重的，唯有生命才是最重要的、最值得珍视的。庄子继承了老子尊重生命的原则，崇尚"全生""保身""逍遥"，认为生命的价值高于一切名声、利禄、珠宝，乃至天下。

■ 练一练

(1)金钱能否代表人生的价值？

(2)如果成为名人是你的人生价值，请说出你一直崇拜的人是谁。

(3)如果对人类有贡献是你的人生价值，请说出你想成为怎样的人。

想要达成以上所说的成就，对于我们而言，任何一方面都是极其困难的，都需要付出极大的努力，绝对不是偶然的。

三、什么是有价值的人生

(一)有工作可以做

一所养老院公布的一项调查研究的结果，让我们对于工作有了更深入的认识。院方将老人分为两组：一组老人，每人负责照顾一盆花；另一组老人，什么事都不必做，纯粹只是休息养老。长期下来，观察所得的数据显示：在身体状况相似的前提下，负责照顾花的老人心态更加积极。由此可知，一个人有工作可以做，哪怕只是照顾一盆花，也会激发更强的生命力。

(二)有人可以关怀

弗朗克认为：只要有人可以关怀，人生就是有意义的。说得清楚一些，有人可以关怀兼指两面：一是有人可以被我关怀；二是有人可以关怀我。这两者虽有主动与被动之别，但效果是相似的。总之，有人可以互相关怀，就足以肯定自己具有某些价值。有价值的人生，是值得活下去的，因而也是有意义的。

(三)有痛苦可以受

有一名学生因为口吃，成为同学嘲笑的对象，产生很深的自卑感。高二那年，他在一位老师的鼓励下参加了口吃矫正班，历经 2 个月每周 3 个晚上的训练，终于可以勉强上台说话了。此外，这名同学为了减轻自卑心理还拼命念书。除了念书成绩不错之外，他还拥有很多人生知己。他的改变主要有以下两点：一是永远不会嘲笑别人，培养同理心，从别人的角度来设想问题；对生活没有过高的要求，知足常乐。二是珍惜说话的机会，并且总要设法让人听得懂。

任何一种或大或小的痛苦，都提供了机会让我们提升、转化。因此，我们不必奢望无灾无难的人生，要能够在面临痛苦的挑战时主动而积极地以改变自我来展现生命的不同面貌。

第二节 大学生生命教育及其意义

一、大学生生命意识的缺乏

(一)生命认知粗浅，不能理性面对冲突和危机

一直以来，由于并没有系统的、专门的生命教育课程，大学生对生命的认知普遍缺乏客观的认识和深入的探究，对于生命的存在、生命的价值、生命的意义、生命的潜能、生命的终结等问题仍处于粗浅的认知阶段，也不能深刻理解生命的独特性、有限性、宝贵性、唯一性、创造性等特性。在面对诸如生死问题、亲情与爱情的冲突、理想与责任的矛盾、激情与现实的差异时，往往感情用事，不能理性地面对和处理；在遇到危机和挫折时容易消极对待，采取逃避甚至极端的手段。甚至有些大学生因而沉迷于网络游戏、虚拟世界，肆意挥霍宝贵的光阴。

(二)生命意义的迷失

随着物质资料的日益丰富，我们缺乏对"为何而生"等生命本身内涵的实质性问题

的正确认识和深刻思考。进入大学后，以往身上耀眼光环的消失让大学生一时无法适应，加上生活理想与现实之间巨大的落差等问题的出现，严重地干扰了其心理适应能力。在残酷的现实面前，有的大学生企图逃避现实，呈现出消沉、颓废、苦闷、忧郁等状态，甚至产生严重心理问题。有的大学生在自身的精神世界里迷失了方向，不懂得生命的宝贵，更不懂得珍惜生命、呵护生命的意义。

(三)情绪的焦虑

焦虑在某种程度上是人类生存所必需的，适度的焦虑是心理对所承受压力的正常的防御反应。它能使人们调动一切防御器官应对刺激，充分发挥生命潜能。但是过度焦虑则会使人陷入与环境极不相称的痛苦的情绪体验之中，对任何一件微小的事情都会做出可怕的联想。大学生被很多人认为是最没有理由抱怨或谈及"不幸福"的一代人，可事实却是，由于学业压力、交往困惑、青春萌动等因素的影响，有的大学生经常会陷入焦虑之中，失落、迷茫、悲观、抑郁等情绪时常环绕在他们中的一些人周围，有的人为了摆脱负面情绪的困扰，往往会选择消极应对的方式。

(四)幸福感的缺失

有的教育者认为只要给学生灌输的知识越多，能够让学生记住的越多，教育也就越成功，而根本不管这些知识是否与学生的兴趣爱好相符合。这样的教育基本上不会关心学生创新精神的培养和创新能力的激发，不会注意这些知识是否已经被学生内化为生活的智慧，更不会关注学生幸福感的培养。当道德教育成为训练学生死记硬背能力的时候，人的生命也将在道德教育中变得越来越模糊。道德教育无法承担起守护学生精神价值、追寻生活意义的使命，个体生命的幸福感也就无从谈起。

(五)情感世界的荒芜

情感是个体生命的重要内涵。情感生活是人类精神生活的重要组成部分，是人们生命力量的重要体现。当今社会，学习、工作等方面的竞争压力不断增大，变化日益加剧，这就造成了部分大学生情感的不稳定性和无助性；各种通信工具、网络、新闻媒体的迅速发展使得人与机器之间的关系在一定程度上替代了人与人之间的关系，部分大学生沉迷于虚拟的空间中不能自拔，以此来寻找情感上的慰藉。时代呼唤着教育对大学生情感世界的关注。

(六)轻视生命现象严重

近年来，大学生践踏生命的悲剧不得不引起我们的深思。这些现象归结起来主要表现在两个方面：一是不尊重与伤害他人或其他生命的暴力事件。二是大学生自我伤害与自杀。无论是伤害他人的生命还是伤害自己的生命，都是对生命的不尊重、不珍惜，都是缺乏生命意识的表现。

1. 分析与诊断

一些大学生心理问题的产生源于他们强烈、压抑的情绪特点，扭曲的人生观，荒芜的精神家园，以及他们对他人生命的漠视。他们在面对挫折、压力及人际关系紧张时不懂得如何调整心态，在一点小事的刺激下积郁爆发、心理崩溃，甚至做出极端行为。

2. 调节对策

①在日常生活中，人人都做了大量的扬善抑恶的努力，但在一些刺激环境下消极情绪难免会爆发，最简单的就是立刻脱离刺激环境，绝不在情绪冲动时做决定。

②珍惜生命，常怀悲悯之心。一个人常常是因为不懂得珍重自己的生命，轻视别人的生命，并最终毁掉了自己。生命是最可贵的，任何理由在生命面前都显得苍白无力。

③把持做人的伦理底线。具备伦理底线有助于形成道德焦虑，也就是会使人在考虑是否伤人的时候产生强烈的担心、害怕和不安，这种感觉往往可以有效地阻止一个人的冲动。

④寻求社会支持系统。每个人从客观上都存在一些天然的社会支持系统，如父母、教师、领导等，他们都会为我们提供支持。当大学生遇到困难时，无论是关于生活中的实际困难还是心理上的困惑都应该懂得寻求帮助。

(七)生命缺乏责任感，习惯以自我为中心

一些大学生在家庭的呵护中长大，逐渐形成了凡事以自己为中心的个性，较少顾虑他人的感受和需求，自我意识强，自信心也极强，过分强调个人利益，社会责任意识差。他们在面对现实困难时，缺乏独立面对、解决问题的能力，甚至推卸责任或逃避责任。甚至一些大学生认为生命是属于自己的，与亲人、朋友、社会、国家等没有联系，一旦遇挫，他们就自伤或者自寻短见，没有想过这会给那些关心和爱护他们的人带来悲伤与痛苦。

(八)生命体验单一，遇到挫折缺少弹性

不少大学生在学业和就业的重负下，一味埋首于理论知识的学习，生命体验非常单一，习惯于在顺境下成长，喜欢享受生活。一些大学生由于较少知心的、可倾诉心声的伙伴，缺少化解压力、解决危机的方式，所以抗压能力非常低，在失意的情况下，往往不能正视困难，克服不了心理上的障碍与生活上的挫折，一旦碰壁就失去信心、自暴自弃。

二、大学生生命意识缺乏的原因

(一)家庭不和谐因素的影响

1. 家庭成员间的关系不和谐

在家庭中，父母与孩子之间的关系最为密切。在幼年时期所受到的家庭教育、家庭环境的影响直接关系到孩子的心理状态，尤其是他们早期的心理创伤，如父母早亡或离异、父母关爱太少、受父母或他人虐待等，对其以后的世界观、人生观、价值观的发展会带来十分不利的影响。现实也充分表明，家庭关系和谐的大学生，性格大多外向，待人真诚，生活态度积极乐观。这类家庭中的大学生即使在生活中遭遇挫折，多数也能正确对待，积极调适，一般不会采取过激行为。而在不良家庭环境中成长起来的大学生往往性格孤僻、自我封闭，在现实中一旦遇到挫折，就很容易唤起以前的创伤性记忆，产生消极情绪和过激行为，严重的会做出极端行为，甚至自杀。由此可见，不良的家庭教育环境会导致大学生出现情绪危机。

2. 父母教育观念偏颇、教育方式不当

部分家长对孩子的期望过高，将自己的理想、希望完全寄托在孩子的身上。他们只注重孩子的学习成绩，亲子间的话题只有考试、分数。一些大学生因此背负过重的心理负担，当他们的表现没有达到父母的期望时，就会感到自己没用，愧对父母，甚至会因此走上绝路。溺爱的教育方式也会给孩子带来诸多消极的影响。家长很少对孩子进行挫折教育，只要求孩子一心学习，其他问题则由家长替孩子解决。长此以往，很容易使孩子形成懦弱、依赖性强、以自我为中心等性格特点，大大降低了他们应对挫折的能力。进入大学后，面对一系列新情况、新问题时，他们就会感到无所适从，人际关系越来越淡化，心理问题也随即产生。

(二)学校不和谐因素的影响

1. 应试教育的弊端

以应试教育占主导的学校教育，过分看重知识传授、文化学习，忽视对学生其他方面素质的培养，尤其缺乏引导学生对生命价值和生命意义的深入思考。教育过多地关注升学率、考试分数等，给学生造成了巨大的精神压力，致使他们中的很多人生活在紧张和恐惧中，无暇思考与生命密切相关的问题，不懂得珍惜自己及他人的生命，更无法享受生命带给他们的幸福和快乐。大学生目前最大的压力是学习与就业。尽管他们考上了大学，但是他们并没有感到如释重负，过上自己想象中的惬意生活，相反，很多大学生觉得大学其实就是高中教育的延续，大部分时间都在忙于各种各样的考试，有的人甚至觉得上大学比上高中的压力还要大。对于有的大学生来说，考试吞噬了他

们的兴趣、爱好、个性和理想，给他们带来的只有厌恶的情绪和恐惧的心理，在学习的过程中很难体会到汲取知识的乐趣。

2. 技术教育的主导

在市场经济的影响下，技术教育在当代大学教育中显得越来越重要。教育带给学生的只是有用的知识、赚钱的技能，而培养大学生的综合素质、实现人的全面发展在学校的实际教育活动中却得不到很好的实施。其实，对知识的学习、对技能的掌握、对技术的训练在教育中至多只能看作最基础的一部分。然而，现代教育的问题在于它把这些追求当作教育的唯一的含义。而当"人"这一主体在教育中消失的时候，教育也就蜕化为训练。忽视学生生命的存在，缺乏人文关怀的教育，往往导致学生不能对身体与生命做出正确阐释，不懂得热爱和珍惜生命，导致许多漠视生命的现象出现，有的学生甚至走上极端之路。

(三)社会不和谐因素的影响

1. 转型期社会剧变的影响

社会剧变必然会对大学生的生命观产生影响。例如，就业竞争压力加大，使得部分大学生失去安全感；自由主义、拜金主义以及其他一些社会消极现象的出现，使得部分大学生的价值观发生扭曲；人际关系复杂化和生活节奏快速化，使得部分大学生很难适应，这就致使他们在社会生活中产生茫然失措、焦虑沮丧等消极心理。此外，社会剧变还造成一定程度的社会凝聚力的松散和人际关系的冷漠，部分大学生没有归属感，在内心深处感到世态炎凉、人情冷漠，独自承受着孤寂、焦虑不安等心理压力。当他们深陷困境而自己又无力解决时，他们一般不会向社会求助，部分心理脆弱的大学生便倾向于自杀。

2. 不良文化和意识的熏陶

随着互联网应用技术的飞速发展，一种以信息为标志的崭新的生活方式业已开始。网络是一把双刃剑，它在给人类带来巨大便利的同时也带来了深重的灾难。大学生在面对变幻无穷的、虚拟的网络世界时，一些不良诱惑很容易对他们的身心健康造成不利影响。网络上传播的消极信息很容易对大学生产生暗示作用，影响大学生健康生命观的形成。

(四)个体内在不和谐因素的影响

1. 情绪稳定性差

大学时期可以说是人一生中情绪最丰富、最复杂的时期，处于该时期的部分大学生不能足够冷静地思考，情绪容易冲动，加上自身缺乏社会经验且控制情绪的能力较差，他们较容易选择过激的行为，给自身、他人或社会造成伤害。冲动性的情绪在群体中往往会变得更加激烈，大学生的群体认同感较强，比较容易受到各种气氛的感染、鼓动，身边一旦有不良事件发生，他们就可能做出比平时更大胆的举动，且容易出现极端行为。

2. 挫折承受力差

大学生活中的许多事情都可能给大学生带来挫折感，如成绩不佳、恋爱受挫、人际交往不畅、就业困难等。不同的人在相同情境中经受同一强度的挫折会表现出不同的反应。那些挫折承受力差的学生，不能做到积极地应对挫折、寻求解决问题的方法和途径，往往一遇到困难就唉声叹气，陷入不良情绪的困扰中而不能自拔。对于一些心理承受能力极差的大学生来说，很多在别人看来无足轻重的挫折和打击，在他们的眼里却成为灭顶之灾。他们无力应对或不知所措，最终意志消沉、自暴自弃，对人生失去信心，有的甚至误入歧途。

■ 练一练

对你生活有意义的人?

(1)请说出 2 位对你的学习有帮助的教师(各方面的帮助都可以，不一定只局限于课程学习)。

(2)请说出 2 位在你急需帮助时会对你伸出援助之手的人(愿意无条件付出，不求回报的好朋友)。

(3)请写出 1~2 位你认识的、觉得特别值得尊敬的人(你写出来的这 1~2 人也要认识你)。

(4)请说出 2 位你愿意和他们共度人生中最美好时光的人(最美好的时光由你自己去设想)。

■ 知识链接

梦想的天空

多年前，一个穷苦的牧羊人领着两个年幼的儿子替别人放羊。一天，他们赶着羊来到山坡，一群大雁鸣叫着从他们的头顶上飞过，很快消失在远处。牧羊人的小儿子问父亲："大雁要飞往哪里?""它们要去一个温暖的地方，在那里安家，度过寒冷的冬天"，牧羊人说。他的大儿子眨着眼睛羡慕地说："要是我们也能像大雁一样飞起来就好了，而且我要飞得比大雁还高，去天堂，看妈妈是不是在那里。"小儿子也对父亲说："做个会飞的大雁多好啊! 那样就不用放羊了，可以飞到自己想去的地方。"牧羊人沉默了一下，然后对儿子说："只要你们想，你们也能飞起来的。"

两个儿子试了试，并没有飞起来，他们用怀疑的眼神看着父亲。牧羊人说，让我飞给你们看。他试了两次，也没有飞起来，但他肯定地说："我是因为年纪大了才飞不起来，你们飞不起来是因为年纪还小，只要不断努力，就一定能飞起来。"儿子们牢记着父亲的话，不断努力，等他们长大后果然飞起来了。他们发明了飞机，他们就是美国的莱特兄弟。

有人说，一个人能飞多高和多远在于他能够想多远和多深。目标和信念是一支火把，它能最大限度地燃烧一个人的潜能，指引人飞向梦想的天空。作为大学生，不仅仅要有文化知识，还要有对生活的信念、对人生的追求和对理想的执着。

（参见邱开杰：《自制力》，北京，中国纺织出版社有限公司，2020。）

第三节　发现与成就生命教育

有一次上哲学课，老师问大家：你究竟为什么而活？你的生命意义是什么？学生们的回答有：

"为了明天生活得更好！"

"生命的意义就是好好活，好好活就得让自己做些有意义的事情，让生命放出光芒！"

"我想生命的意义也许是当你将要死的时候能够对自己说：'我没有什么遗憾，我可以安心快乐地去了。'"

"为了活着而活着，有吃，有穿，有住，有生命。"

"为了活得好些，吃住好，享乐好，心里满足。"

"每个人对生命的看法都不同，而我认为人活着是为了去做自己想做的事，是为了自己而活着，并不是为了别人。"

"我们是为了心中的期待而活着。"

"为爱我们的人而活着，为需要我们帮助的人而活着，为看见自己最灿烂的笑容而活着。"

"活着是为了追求，是为了拼搏，是为了证明自己，是为了诠释生命。"

"为了寻找我的山林小木屋以及陪伴我一生的另一半而存在。"

"为了活着而活着！"

"生命的意义就是将生命继续传递下去。"

"生命的意义是什么？"很多人都曾在人生的某些阶段思考这个问题，其中绝大部分人是在思考"生命有何目的"这个问题。大学阶段正是人对生命充满迷茫、好奇和探索的阶段。找到自己生命的意义，可以使自己的生活更为充实和丰盈。

存在主义心理学家维克多·弗兰克尔（Viktor Frankl）认为发现生命的意义的途径如下。

第一，创造和工作。创造和工作会带来价值感，也是成就感的获得途径。职业的存在意义，尤其在失业时最容易表现出来。

第二，体认价值。经由体验某个事件和人物，如工作的本质或文化、爱情等来发现生命的意义。

第三，经历苦难。当痛苦被发现有意义时，人们便不再痛苦了。通过认识人生的悲剧性和克服困境，促使人深思，寻找自我，最终发现人生的意义，达到自我超越。

一位患了严重抑郁症的年老的全科医生来找弗兰克尔。两年前这位医生深爱的妻子去世了，他一直无法克服丧妻的沮丧。弗兰克尔问他："如果您先离世，而尊夫人继续活着，那会是怎样的情境呢？"医生答道："哦！对她来说是怎样的痛苦啊！"于是，弗兰克尔说："您看，现在她免除了这种痛苦，那是因为您，才使她免除的。而现在您必须付出代价来偿付您心爱的人免除痛苦的代价。"医生一言不发地紧紧握住弗兰克尔的手，之后静静地离开了。他在发现痛苦的意义时，就不再感到痛苦了。

想一想你自己身上发生的痛苦的事情，试着思考它的意义，看看结果怎么样。

一、人生三问

我们一方面需要思考自己的生命价值，另一方面需要付出行动去实践。下面的三个问题，便是将我们的思考与行动相结合，直接影响我们的生命意义与价值的"人生三问"。

（一）"我为什么活着？"

肯定活着具有的意义与目的，乃是人生中的第一个基本问题。固然，我们每一个人都有选择自己人生目标的权利，但是，这并不等于说，我们的任何选择都是好的。所以，我们必须要问："我为什么活着？""活着的目的和意义是什么？""什么才是我愿意追求与珍惜的终极目标，值得我们一生去为之努力奋斗？"或许这便是人们期望的人生幸福与至善境界。

（二）"我应该如何生活？"

"我应该如何生活"这个问题涉及我们在现实生活中点点滴滴的"有所为"与"有所不为"，既与我们的为人处世有密切关系，也涉及生命意义的实现与生命目的的达成。我们生活的方式与"我为什么活着"这一问题是有关系的，因为我们走的道路一定是根据目的地而确定的。尽管通往目的地的道路有很多，但是在众多选择中，我们仍然要思考其中的对错、好坏，选择一条我们自己认为最好的道路。不过，我们在思考与选择时还必须同时注意相关问题，因为生活中的每一件事情几乎都涉及待人、处世。我们应该如何生活，才能够让自己和他人都有可能达到幸福与至善，这是我们必须面对的。

（三）"我如何能活出我应该活的生命？"

前面两个问题，一个重在理解，另一个重在方法，但我们还需要"知行合一"。讨论生命的学问，不能只停留在人生目标的建立与实践方法的探讨上，还必须进一步探究知与行之间为什么会有一段漫长的距离？这段距离有怎样的内涵与形态？有怎样的根源？更重要的是，有什么样的方法可以让我们缩短这个距离，在知与行之间搭起一座桥梁？进而帮助我们的生命不断觉醒，促进我们生命内在的整合，从而活出我们应该活出的生命。

我们能够通过"人生三问"寻找生命的价值，时时刻刻在生活中反省，不断对自己发问，并检视自己的现实生活，我们便是走在自己的人生大道上。

二、升华与成就生命意义

丰富的生命，必须要有好的人生观、正向的价值观及意义赋予能力。这需要有合乎理性的生命信念的确立，即正确的生命意识和生命态度的确立。一切现实的活动，都是建立在生命的存在基础上的，因此我们必须先确立珍爱生命的意识与信念；而一切现实的活动存在的价值，又是在升华和成就每一个人的生命，因此我们必须确立升华与成就生命的意识与信念。

(一)珍爱生命，学会求助

生命是神圣的、唯一的，这表明每一个个体都有其独一无二的价值体现。生命存在本身就是有价值的，是值得被珍爱的。珍爱生命就是每个人都必须为自己的生命负责；珍爱生命在于我们能够尽可能充分地利用好我们有限的生命，认真活在当下。

我们都生活在具体的生活环境中，每个人的能力和天赋都是有限的，每个人都可能遇到无法解决的问题、无法承受的痛苦、无法化解的心结。因此，珍爱生命还包括学会求助，学会利用外在资源帮助自己成长。

求助是智慧的体现与发挥，是人类合作的表现。求助可以使我们顺利地解决问题，可以使我们快乐地生活。当遇到困难、遭遇危机时，我们可以向家长、同学、朋友、教师求助，也可以向先贤、书本求助，还可以求助于专业人员。求助有利于我们维护心理健康，帮助我们走出危机，实现生命的意义。

(二)升华生命，成就生命

意义治疗创始人维克多·弗兰克尔认为，人们对于生命意义的追寻是生活的基本动力，或者说是第一位的动力。世界上没有任何东西比生命中的存在意义更能够帮助人在最恶劣的环境下生存下来。如果我们感悟到了生命的意义，生命就会充满活力，就能充分体验到生活的幸福，否则，就会觉得心灵空虚，就会感到精神苦闷甚至绝望。

生命的意义既不能模仿也不能引进，它只能由每个人在各自不同的存在环境中寻找和发现。在意义治疗的理论架构下，弗兰克尔认为，我们可以通过三种途径、行动去发现生命的意义：借着创造与工作发现意义；借着体认价值发现经验性意义；借着受苦发现态度性意义。换言之，我们可以在应对各种人生境遇的挑战中、在生命力的发挥及创造中思考和发现生命的意义。

即使是在痛苦和绝望中，我们仍然有机会发现生命最深刻的意义。一个有充分意义感的人，就能够感受到人生和现实世界的价值，就能够体验到人生的快乐和幸福，同时也必然是一个积极乐观、心理健康的人。

■ 阅读材料

学会三句话

"算了吧！"——生活中有许多事，可能我们付出许多努力都无法达到目标，因为一个目标的实现会受到各种条件的限制，只要我们努力过、争取过，就会有成长，结果并不是最重要的。

"没关系！"——不管发生什么事，没有过不去的坎。上天在关上一扇门时，必定会为你打开一扇窗。

"会过去的！"——不管雨下得多大、持续多长时间，它终究会停下来，我们要对天晴充满信心。因为一切都会过去的。不论何时，以积极的心态去面对生活，事情就会有改变的机会。

三、生命的态度与立场

生命的意义是需要我们以一颗真诚的心去发现和实现的。同时，为了充分实现生命的意义与价值，我们还必须有相应的生命意识和生命态度。

（一）以爱心对待自己

不要拿自己的错误惩罚自己。泰戈尔说：如果错过太阳时你流了泪，那么你也将错过群星。人生苦短，不必执着于过去的遗憾，我们需要用行动和希望来代替悔恨与自我折磨。生活中的很多烦恼都源于自己同自己过不去，因此我们需要原谅自己的过失，将"如果"所包含的遗憾改为努力与坚持。

不要拿别人的错误惩罚自己。人生旅途总会遇到伤害自己的人和事。既然已经对自己造成了伤害，就不应该再对此耿耿于怀，沉浸在愤怒与痛苦之中，反复伤害自己。学会宽容别人的过错，使自己保持快乐的心情；原谅别人从根本上是善待自己。我们控制不了别人的行动和发生的事情，但是我们完全可以控制自己的态度，做自己心情的主人。

不要拿自己的错误惩罚别人。迁怒是我们在遭遇挫折时容易产生的错误做法之一。每个人都有内在的自尊，为了掩饰伤疤、维护自尊，我们往往会将自己的过错归咎于别人，或者迁怒于别人，怨天尤人。伤害我们身边真正关心自己的人，只会让生活更加不幸。我们需要学会承担自己的过失，取得自己和别人的宽恕与谅解。

(二)以爱心对待他人

学会"看到别人的需要"并"付诸行动"，是极为重要的生命意识与态度。首先是要学会"看到别人的需要"，如果我们是自私的，对别人缺乏关心，我们就不可能看到别人的需要。其次是"付诸行动"，因为即便我们看到了别人的需要，如果缺乏热情，缺乏对爱的体认，我们就不可能付出行动。但是，我们又总是希望别人多体谅我们，我们也总是需要别人付出行动来帮助我们。爱是双向奔赴。爱，就是在别人的需要上，看到自己的责任，用心看见别人的需要，并且付出行动。

(三)维护心理健康，提升生命品质

心理健康是我们生命品质得以保障的基础，而正确的生命意识与生命态度又会提升我们心理健康的水平。

一个心理健康的人，能够在现实中，既认识到自己作为人的特殊价值和追求，又充分适应外在环境，利用环境来实现自己的人生目标。

一个心理健康的人，不会因为遭遇现实生活中的挫折就轻言自杀，而是充分领悟到生命与死亡的神圣与尊严，让困难与挫折成为自己成长的动力，让现实中的"危害""危险"成为自己成长的机会与机遇。

一个心理健康的人，不会纠结于自己无法把握的过去或者漫无目标的未来，而是既能够担待过去又能够直面未来，充分活在当下，做好每一件事，过好每一天。

一个心理健康的人，具有积极向上的人生观，懂得人生的意义，并努力去丰富自身、提升自我，让生活更加美好、人生更有价值、生命更加灿烂。

■ 心理活动与体验

人生倒计时

"人生倒计时"是一个想象的活动，通过这个活动大学生可以更好地体会生命的意义，了解生命的真谛。

假如现在你得了一种疾病，目前没有药能够医治你的病，医生告诉你，你的生命只剩下一个月，你会在这一个月的时间里做什么？请将你要做的事情写下来。

5分钟后继续：现在告诉大家一个好消息，新研制出来一种药，可以延长你的生命，医生说你还可以活半年，如果你的生命只剩下半年，你会做什么？请将你要做的事情写下来。

5分钟后继续：宣布一个好消息，新研制出来的药的效果很好，可以将你的生命延长两年，你会在这两年的时间里做些什么？请写下来。

5分钟后，5～6人为一组，分享在生命剩下一个月、半年和两年的时候各自的想法和感受。

活动总结：人在觉得自己有大把时间的时候，通常会不珍惜，也经常会为一些不重要的事情而烦恼，在有限的生命时间里反而更能够了解自己生命的价值和意义，在整个过程中注意引导学生分享自己的感受，升华对生命的认识。

■ 阅读材料

在纳粹集中营里生还的心理学家——维克多·弗兰克尔

维克多·弗兰克尔是享有盛誉的存在主义心理学家。他所提出的意义治疗（logotherapy）是西方心理治疗的重要流派。

弗兰克尔出生于奥地利，1930年在维也纳大学获得医学博士学位，1949年获得哲学博士学位，是美国国际大学的著名教授，并任哈佛大学、斯坦福大学、迪尤肯大学和南卫理公会大学的访问教授。

他身为犹太人，在第二次世界大战期间和他的家人同样没有躲过劫难，都被德国纳粹抓进了集中营。在集中营里他的父母、新婚7个月的妻子及兄弟姐妹全部遇难，只有他生还。第二次世界大战结束后，他被救出来，创立了意义治疗的方法，以他自己的亲身经历，指导人们怎样获得生命意义。

人不可避免地受到环境的影响。但是，人的自由权呢？在人的行为和对任何既定环境的反应中，存在着任何精神自由吗？一种使我们相信人只不过是许多条件的、环境的因素——如果它们在性质上是生物的、精神的或社会的——产物的理论，是正确的吗？人仅仅只是这些因素的偶然产物吗？最重要的是，囚徒对于集中营单一世界的反应能够证明人不能逃避环境的影响吗？在面对这样一种环境时，人真的没有选择吗？

集中营生活的经历表明，人确实具有一种行为的选择。这方面的例子可谓不胜枚举。有时在性质上是英雄性的，它证明冷漠可以克服、易怒可以压制。甚至在精神和物质严重压迫的环境中，人仍然可以保留精神自由、思想独立的痕迹。

而且，选择总是存在的。每时每刻提供机会做出决定，一种将决定你服从或不服从那些将剥夺你的自我、你的内心自由的决定；决定你是否将成为环境的玩物，放弃自由和尊严而成为典型的囚徒。

从这一角度来看，集中营囚徒的精神反应远远超出了对于某种物质的、社会的环境的表达。尽管诸如睡眠不足、食物匮乏和各种各样的精神紧张等环境可能表明囚徒将以某种形式做出反应，但是，最后的分析清楚地表明，囚徒成为什么样的人是一种内在的自我决定的结果而不仅仅是集中营影响的结果。因此，从根本上看，甚至在这样的环境中，任何人决定他将成为什么——在思想上和精神上。甚至在集中营中他也可能保持人的尊严。他们在集中营的生活，他们的受难和死亡，证明了一个事实：不能失去最后的内心自由。可以说，他们的受难是有价值的，他们承担痛苦的方式是一种真正的内在成就。正是这一精神自由——它不能被剥夺——使得人的生命有意义、有目标。

　　一种积极的生活将赋予人们在创造性的工作中实现价值的机会，而一种消极的享受性生活将给他带来在体验美、艺术或自然等方面的满足。但是，具有意义的不只是创造和享受。如果生活中确实存在着意义，那么，这一意义也必然存在于痛苦之中。痛苦是生活中不可或缺的组成部分，甚至就像生和死一样。没有痛苦和死亡，人的生命就是不完整的。

　　人们接受命运及其所带来的所有苦难的方式，以及他们选择生活道路的方式，使他们获得足够的机会——甚至在最困难的环境中——给他们的生活增添更深刻的意义。他可能保持勇敢、自尊和无私。或者，在激烈的自我保护斗争中，他可能忘记了人的尊严。在这里，存在着或者利用或者放弃，一种困难形势可能赋予他的、赢得道德价值观的机会。并且，这决定了他的受难是否具有价值。

　　（参见［奥］维克多·E.弗兰克尔：《追寻生命的意义》，何忠强、杨凤池译，北京，新华出版社，2003。）

第八章　大学生健全人格培养

　　心理健康是健康的重要组成部分，关系广大人民群众幸福安康、影响社会和谐发展。加强心理健康服务、健全社会心理服务体系是改善公众心理健康水平、促进社会心态稳定和人际和谐、提升公众幸福感的关键措施，是培养良好道德风尚、促进经济社会协调发展、培育和践行社会主义核心价值观的基本要求，是实现国家长治久安的一项源头性、基础性工作。

——《关于加强心理健康服务的指导意见》

■ 学习目标

　　1. 知道什么是人格，它与个性、气质与性格等概念的区别；

　　2. 能够描述人格的五种特质；

　　3. 能够说出五种常见的人格类型；

　　4. 知道人格的发展阶段；

　　5. 懂得大学生培养健全人格的具体方法，能够结合自身的生活与学习加以具体地说明。

■ 导入案例

　　文文今年考上了大学，从未体验过集体生活的她对大学生活充满了期待，一心想和室友好好相处。然而事与愿违，她在宿舍住了还不到一个月，就开始打电话回家诉苦。原来文文所在宿舍的四名同学都有着迥异的性格特征：文文细心、仔细，事事追求完美；莉莉活泼、开朗，点子很多；茜茜温和、谨慎，没有主见；洋洋充满活力，行事果断；茜茜温和得像个大姐姐。刚开始的时候，全宿舍其乐融融：莉莉常常会以夸张的表演为大家带来欢乐；洋洋充满活力，常带给大家新奇的点子。这让文文觉得集体生活真是幸福。可是随着交往的深入，文文对宿舍的其他同学渐渐不满起来：先是发现茜茜做事拖延没有效率，耽误了宿舍活动的进程；后来觉得莉莉平时话多得让人心烦，有时还会被莉莉的话伤到；洋洋不和大家商量就擅作主张，行事武断……感受到舍友们身上的个性特点后，文文越来越苦恼甚至失望。她觉得别人为什么不能都像她一样为人处世呢？对某些事件的看法为什么不能协调一致呢？当她感受到与舍友间的差异后，随之觉得自己向往的集体生活的幸福也变得不太确定。如何跟不同性格特点的人相处，看来的确是大学生活的一门学问。

第一节　人格理论概述

什么是人格呢？人格是一个由多种不同含义和属性构成的极为抽象的模糊概念。人们在日常生活中经常会运用到人格一词。在本节，我们将对人格的来源、人格的定义、人格的基本特征进行阐述，以及对几个易与人格一词相混淆的概念进行辨析，来厘清这个概念的内涵。

一、什么是人格

英语中的"personality"一词源于拉丁文的"persona"，原意指的是古罗马演员在演希腊戏剧时所戴的面具。所谓面具（mask），就是演戏时应剧情需要所画的脸谱，它表现剧中人物的角色和身份。古罗马演员戴的面具表明一种角色或用来给别人看的一种装扮的外观。若将人格界定为个体的外观，这种说法当然不会得到认可。我国京剧有大花脸、小花脸等各种脸谱，表现各种角色及其性格。把面具指义为人格，实际上包含着两层意思：一是指个人在生活舞台上表演出的各种行为；二是指个人蕴藏于内的特点，即被遮蔽起来的真实的自我。我国古代汉语中没有人格这个词，但是有人性、人品、品格等词。例如，孔子曾说过"性相近也，习相远也"。他认为素质是基础，个体差异来自环境和教育。人性、人品、品格等词虽然与人格一词在内容上有联系，但它们毕竟是不同的术语。因此从字源上来看，人格就是我国古代学者所说的"蕴蓄于中，形诸于外"。

人格理论家出于对人性的不同理解，从各自的参照系中提出了多种独特而有生命力的人格理论。例如，有人把人格看作习惯化的行为模式；有人则把人格看作一种控制行为的内部机制，如自我、特质等；还有人把人格看作个人在社会中扮演的角色等。

人格定义的不同，反映了心理学家对人格研究的侧重点不同以及他们所采用的研究方法不同。例如，如果以个体的生物和生理方面的操作来界定人格，那么他们所关注的便是个体的生物和生理方面的特点，采用适合于该领域的研究方法。如果以直接观察到的个人特征来界定人格，那么他们所关注的便是个体行为的差异性，采用的是对外显行为进行观察的方法。如果以潜意识过程来界定人格，那么他们所关注的便是个人的潜意识过程，采用根据有关行为进行间接推论的方法。例如，对压抑（repression）的研究，人们不能直接观察到事件因令人感到痛苦而被遗忘，一些心理学家便通过间接推论的方法来研究这一过程的发生。

虽然目前在人格研究领域存在各种研究范式或研究取向，一时难以统一，但是各种观点走向融合的趋势同样是存在的。由此我们可以从中提炼出以下观点。

人格（personality）是相对持久的特质和独有的特征模式，它使人的行为既有一致性又有独特性。它是个体在遗传素质的基础上，通过与后天环境的相互作用而形成的相对稳定的和独特的心理行为模式。对于这一定义，我们可以这样具体地理解。

第一，人格是一个人的心理行为模式。这是说，人格是由内在心理特征与外部行为方式构成的。它不仅仅是一个个单一的心理特征和行为方式，而且是这些一个个心理特征和行为方式相互联系形成的一定组织与层次结构的模式。

第二，这种心理行为模式是独特的。这是说，每个人的人格都是独特的，这种独特性不仅仅表现在某些个别的心理或行为特征上，更主要是表现在整个模式上，从而使得人与人之间相互区别开来。当然，我们并不否认人与人之间在某些心理或行为特征上有共同性；但从整体上来讲，每个人的人格都是独一无二的。

第三，这种心理行为模式是相对稳定的。这是说，一个人的人格及其特征在时间上具有前后一贯性，在空间上具有一定的普遍性。人格的相对稳定性也并不意味着它是一成不变的，人格具有可塑性和可变性。

第四，人格不是生下来就有的，而是在先天遗传素质的基础上通过与后天环境相互作用而形成的。遗传素质是人格形成与发展的重要基础，但它不是人格的唯一决定因素。离开了后天的环境教育，遗传素质不可能自发地演化为人格。同样，后天环境教育对一个人的人格形成也起着十分重要的作用，但离开了遗传素质的基础，它的作用就无法表现出来。当然，一个人从受精卵开始，遗传素质与环境作用就不可分割地联系在一起，它们共同对人格的形成与发展发挥作用。并且，它们的作用不是简单相加，而是复杂地相互作用。一方面，环境教育使遗传素质的作用得以发挥和表现；另一方面，一个人的遗传素质也制约着环境教育的作用。它们双方相互制约、相互作用，共同影响着人格的形成与发展。

■ 小贴士

藏不住的人格

小强在同学眼中是个比较急躁的人。进入大学的第一天，他就因为排队和同学发生了争执。第一学期的期末考试让小强焦躁不安。他告诉室友，自己特别想赶紧考完试回家，以至于发挥得特别不好。而急躁的特点不仅表现在他的学习中，在班级活动中也是如此。学院举行的足球比赛，同学们都担心他可能在比赛现场和对方球队发生争执，就提前提醒他注意克制自己的情绪。同学们的反馈让小强意识到自己的急躁，在理性层面，他也不断地提醒自己要更加沉稳、克制与温和，然而一旦遇到什么突发事件，他却总是难以做到。为了让自己改掉这个毛病，小强给自己制订了具体的目标，承诺达成目标就给自己一个巨大的奖励。坚持了 3 天以后，他的室友都觉得奇怪，这人是咋啦？是出了什么事情吗？小强的变化让同学们感觉他变得不像他本人了。

二、与人格有关的几个概念

人们在生活中经常提到个性、气质、性格这三个概念。它们与人格的概念关系密切且容易混淆。为了进一步理解人格的概念，我们有必要对这些概念进行简要的阐释。

(一)个性

个性与人格的区别主要在于：人格概念比个性具有更多的内涵和外延。第一，人格是对一个人总的描述或本质的描述。不仅仅表现个人，又在说明和解释这个人的心理倾向与行为方式；个性是指人的个别差异(individual difference)，即区别于他人的特点，每个人在很多方面都有着独特性，如从感知到思维等都有个别差异。从这个意义上讲，个性仅表达人格的独特性，但人格还有整体性等特点。第二，个性与共性是相对而言的，但人格只是对人而言的，其他事物和动物显然不能用人格来描述。人格是由某些共同的或相似的特征以及完全不同的特征复杂地交织而成的，其中既有个人所独有的，也有与他人相似的或共同的。

(二)气质

气质与人格的区别在于，气质仅属于人格中的先天倾向；而人格的形成除了气质、体质等先天禀赋做基础外，社会环境的影响同样起着决定性的作用。气质是人生来就具有的心理活动的动力特征，类似于我们平常所说的"禀性""脾气"。气质与人格有密切的联系。气质是先天禀赋，即依赖于生理素质或身体特点的人格特征。人格的形成不可能离开气质。气质作为人格形成的一项变量在新生儿阶段就表现出来。有些婴儿安静，有些婴儿好动好哭，这些气质特征必然会影响其父母或哺育者与他们的互动关系，因而影响其人格的形成。气质不仅表现在一个人的情绪活动中，而且也表现在智力活动等各种心理活动中。它仿佛使个人的全部心理活动都染上了独特的色彩。

■ 小贴士

四种气质类型的来源

古希腊医生希波克拉底认为气质取决于人体内的四种液体，即血液、黏液、黄胆汁、黑胆汁的混合比例。后来罗马医生盖伦将四种体液进行种种配合而产生十三种气质类型。这便是气质这一术语的来源。现在看来，用四种体液来解释气质是缺乏科学依据的。但对气质分类的术语"多血质、黏液质、胆汁质、抑郁质"仍被一些心理学家用来说明自己的学术观点。

■ 心理测试

气质自评量表

对下面 60 个题目的回答，没有对错之分，只要把每个题目的意思弄明白，然后将题目所说的和你的真实思想情感与下面的 5 种情形相对应。注意做题时不要累计加分，应分别计分。

完全一致　　　　　　（2分）

比较一致　　　　　　（1分）

一致与不一致之间　　（0分）

不太一致　　　　　　（－1分）

很不一致　　　　　　（－2分）

1. 做事力求稳妥，不做无把握的事。

2. 遇到使你生气的事就怒不可遏。

3. 宁肯一人干事，不愿意和很多人在一起。

4. 到一个新环境后很快就能适应。

5. 厌恶那些强烈的刺激，如尖叫、噪声、危险镜头等。

6. 和人争吵时，总想先发制人，喜欢挑衅。

7. 喜欢安静的环境。

8. 善于和人交往。

9. 羡慕那些善于克制自己感情的人。

10. 生活有规律，很少违反作息制度。

11. 在多数情况下情绪是乐观的。

12. 一碰到陌生人就觉得很拘束。

13. 遇到令人气愤的事，能很好地自我克制。

14. 做事总是有旺盛的精力。

15. 在遇到问题时常常举棋不定，优柔寡断。

16. 在人群中不觉得过分拘束。

17. 情绪高昂时，觉得什么都有趣；情绪低落时，又觉得干什么都没意思。

18. 当注意力集中于一件事时，别的事很难放到心上。

19. 理解问题总比别人快。

20. 碰到危险情况时，有极度恐怖感。

21. 对工作、学习、事业有很高的热情。

22. 能够长时间做枯燥、单调的工作。

23. 对于符合兴趣的事，干起来劲头十足，否则就不想干。

24. 一点小事就能引起情绪波动。

25. 讨厌那种需要耐心细致的工作。

26. 与人交往不卑不亢。

27. 喜欢热烈的活动。

28. 喜欢看感情细腻、描写人物内心活动的文学作品。

29. 工作学习时间长了，常感到厌倦。

30. 不喜欢长时间谈论一个问题，愿意实际动手干。

31. 宁愿侃侃而谈，不愿窃窃私语。

32. 别人说我总是闷闷不乐。

33. 理解问题常比别人慢。

34. 厌倦时只要短暂地休息就能精神抖擞，重新投入工作。

35. 心里有话宁愿自己想，不愿说出来。

36. 认准一个目标就希望尽快实现，不达目的，誓不罢休。

37. 学习、工作一段时间后，常比别人更困倦。

38. 做事有些鲁莽，常常不考虑后果。

39. 在老师讲授新知识时，总希望他讲解得慢些，多重复几遍。

40. 能够很快地忘记那些不愉快的事情。

41. 做作业或完成一项工作总比别人花的时间多。

42. 喜欢运动量大的剧烈体育活动，也喜欢参加多种文艺活动。

43. 不能很快地把注意力从一件事情转移到另一件事情上去。

44. 接受一个新任务后，就希望把它迅速解决。

45. 认为墨守成规比冒险强些。

46. 能够同时注意几件事物。

47. 当我烦闷的时候，别人很难使我高兴起来。

48. 爱看情节起伏跌宕、激动人心的小说。

49. 对工作认真、严谨，持始终一贯的态度。

50. 喜欢复习学过的知识，重复做已经掌握的工作。

51. 和周围的人的关系总是相处得不好。

52. 喜欢变化大、花样多的工作。

53. 小的时候会背的诗歌，我似乎比别人记得更清楚。

54. 别人说我"出语伤人"，我自己并不觉得这样。

55. 在体育活动中，常因反应慢而落后。

56. 反应敏捷，头脑机智。

57. 喜欢有条理而不甚麻烦的工作。

58. 兴奋的事情常使我失眠。

59. 对于老师讲的新概念，我常常听不懂。

60. 假如工作枯燥无味，我马上就会情绪低落。

把各小题的得分填入下表，计算各项总分。

胆汁质	题号	2	6	9	14	17	21	27	31	36	38	42	48	50	54	58
	得分															
多血质	题号	4	8	11	16	19	23	25	29	34	40	44	46	52	56	60
	得分															
黏液质	题号	1	7	10	13	18	22	26	30	33	39	43	45	49	55	57
	得分															
抑郁质	题号	3	5	12	15	20	24	28	32	35	37	41	47	51	53	59
	得分															

如果某一项得分超过20分，其他三项得分相对较低，则为典型的该气质类型；

如果两项得分超过20分，则为典型的混合型气质；

如果得分均在20分以下，则为弱某一类型气质或弱混合型气质。

多血质：活泼好动，乐观大方，反应敏捷，喜好交际，注意力易转移，情绪、兴趣多变，缺少持久力，善于适应环境变化，偏外倾性。此种气质类型的人，应着重发扬其热情活泼、机智灵活的长处；尽量避免自由散漫、见异思迁等短处。

胆汁质：反应迅速，果断直率，精力旺盛，脾气急躁，情绪兴奋性高，容易冲动，情绪变化剧烈，控制力差，具外倾性。此种气质类型的人，具有豪放、开朗、果敢、进取的优点；但容易任性、粗暴、清高、孤傲。

黏液质：安静少动，沉着稳重，多思慎行，反应缓慢，沉默少言，情绪不易外露，注意力稳定持久不易转移，善于忍耐，具内倾性。此类气质特征的人，优点在于坚定、稳重、踏实、诚恳；不足之处往往是谨小慎微、因循守旧。

抑郁质：深沉寡言，孤僻胆小，兴趣少，不活跃，行动迟缓，情绪体验深刻，细致敏感，富于幻想，温顺柔弱，偏内倾性。此种气质类型的人，应发挥其机警、细心、感觉敏锐等优势；注意克服孤僻、自卑、忧郁、多愁善感等弱点。

(三)性格

性格(character)是指个人的品行、道德和风格。在日常生活中，人们常常把人格和性格混同起来使用，如形容一个人说"他天生是个懦夫和坏蛋"或"阴险刻薄是他的天性"。我们通常所说的性格，表现为对一个人外向、开朗、活泼、谦卑、正直、诚实、坚贞、奸险、乖戾等风格的描述。它是人格结构中的一个重要组成部分，是个人有关社会规范、伦理道德方面的各种习性的总称，是不易改变的、稳定的心理品质。

当代美国心理学文献中不常用性格"character"这一术语。在西欧的心理学文献中，性格"character"这个术语常与人格"personality"混同使用。而在我国的心理学研究中，性格与人格则是两个不同的概念：性格包含于人格之中，它是人格结构的一个主要成分；但有的人格特征，如气质，是生而俱有的，但性格是后天形成的。因此，我们有必要把性格和人格这两个概念区别开来。

总之，个性、气质和性格这三个概念都属于人格所包含的内容。其中，个性是指人格的独特性，气质是人格发展的先天基础，性格乃是个人后天形成的道德行为特征。因此，这些术语的概念是有区别的。

三、人格的基本特征

人格具有整体性、稳定性、独特性及社会性四个基本特性。

(一)整体性

人格的整体性(unity of personality)是指人格虽有多种成分和特质，如能力、气质、性格、情感、意志、认知、需要、动机、态度、价值观、行为习惯等，但在人们身上它们并不是孤立存在的，而是密切联系，综合成一个有机组织(organic organization)。人的行为不仅是某个特定部分运作的结果，而且是与其他部分紧密联系、协调一致的结果。正像汽车那样，它要顺利运行，各部分必须协调一致朝着一定的目标，作为一个整体而运作。

以精神分裂症为例，我们可以从反面来理解人格的整体性。精神分裂症是一种常见的精神疾病。患有此类疾病的人，他们的感觉、记忆、思维和习惯这些心理机能虽不至丧失，但已经是乱七八糟的了，在某种程度上丧失人格的整体性。精神内部分裂瓦解，人的心理和行为就像是一个失去指挥的管弦乐团。因此对于普通人而言，人格是多样性的统一，是有机的整体。这种整体性保证了人的心理健康程度。

（二）稳定性

人格的稳定性（stability of personality）表现为两个方面：一是人格的跨时间的持续性；二是人格的跨情境的一致性。这两个方面是密切联系的。

在人生的不同时期，人格的持续性（continuity of personality）首先表现为"自我"的持久性。每个人的"自我"，即这一个"我"，在世界上不会存在于其他地方，也不会变成其他东西。一个人可以改变自己的职业，变穷或变富，幸福或不幸；但是他仍然是同一个人。这就是自我的持续性。持续的自我是人格稳定性的一个重要方面。

人格的稳定性还表现在人格特征跨情境的一致性。例如，一个外倾的大学生不仅在学校里善于交际，喜欢交朋友；在校外活动中也喜欢交际，喜欢聚会。他在中学时如此，在大学时也是如此。所谓人格特征是指一个人经常表现出来的稳定的心理和行为特征。那些暂时的、偶尔表现出来的行为则不属于人格特征。例如，一个外倾的人经常表现为善交际、喜欢聚会和聊天；但他偶尔也会表现出安静、与他人保持一定距离的状态。在这里，善交际、喜欢聚会和聊天是他的人格特征；而安静、与他人保持一定距离则不算是他的人格特征。古罗马哲学家西塞罗曾把焦虑气质与焦虑状态加以区分，把易怒特征和发怒状态加以区分：前者是个体稳定的行为方式，后者则是个体在一定情境中的短暂表现。也就是说，前者属于人格特征，而后者是个体在不同情境和事件中的应对方式。

人格特征的稳定性源于孕育期，经历婴儿期、童年期、青少年期、成人期以至老年期。随着年龄的增长，儿童的人格特征变得更加巩固。由于人格的持续性，因此我们可以从一个人在儿童时期的人格特征来推测其成人时的人格特征以及将来的适应情况；同样也可以从成人的人格中来推论其早年的人格特征。

人格的稳定性并不排除其发展和变化的可能性。人格的稳定性并不意味着它是一成不变的，而是指较为持久的、一再出现的、定型的东西。人格变化通常有两种情况。第一，人格特征随着年龄增长，其表现方式也有所不同。例如，同样是特质焦虑（trait anxiety），在少年时代可能表现为对即将参加的考试或即将考入新的学校感到忧心忡忡；在青年时代可能表现为对即将从事的一项新工作感到忧虑、烦恼；在老年时代可能表现为对死亡和疾病的排斥与恐惧。也就是说，人格特征以不同行为方式表现出来的内在秉性的持续性是有其年龄特点的。第二，对个人有决定性影响的环境因素和机体因素也可能造成人格的发展与变化。例如，移民、患严重疾病等都有可能影响人格的某些特征，导致自我观念、价值观等的改变。譬如，"5·12"汶川地震的亲历者就曾表示，灾难让他们更加珍视与家人的关系，或者让他们倾向于选择医生、战士等助人的职业，这些都是灾难事件对亲历者人格发展产生影响的体现。不过应当注意的是，人格改变与行为改变是有区别的。行为改变往往是表面的变化，是由不同情境引发的；

人格改变是比行为更深层、更根本的内在特质的改变。所以，行为改变不一定都是由人格改变导致的；而人格改变则一定会有行为方面的变化。

(三)独特性

人格的独特性(uniqueness of personality)是指人与人之间的心理和行为是不相同的。人格结构组合的多样性，使得每个人的人格都有自己的特点。人心不同，各如其面。在日常生活中，我们随时随地都可以观察到每个人的行为方式都异于他人，每个人各有其能力、爱好、认知方式、情绪表现和价值观等。

每个生命从形成和发展的过程来讲都是与众不同的。回溯生命最初，每个人都从父母身上继承了特定的基因素质。基因素质仅是一个遗传蓝图，它与形成后的人格特征并不是一一对应的关系。人格的形成和发展是环境与基因素质交互作用的结果。即便是非常相同的基因素质，在不同环境的作用下所表现出来的特征也是不同的。人的遗传特性只提供潜在的发展范围，通过遗传和环境的作用，在这个潜在范围内形成和发展出行为的特点。换言之，人的遗传素质限定了发展的界限，环境只能在这个界限范围内发挥作用，决定人格的发展结果。总之，除同卵双生子外，每个人的基因型都是独特的，每个人所处的环境又都是千变万化的，因此每个人的人格都是独特的，世界上的每个人都是不相同的。

我们强调人格的独特性，并不排除人们在心理和行为上的共同性。人类文化造就了人性。同一民族、同一阶级、同一群体的人们具有相似的人格特征。文化人类学家把同一种文化陶冶出的共同的人格特征称为群体人格(group personality)或众数人格(modal personality)。例如，许多研究表明，受传统儒家文化的影响，在国外生活的华人都有相似的人格特征，譬如重视人情、面子，强调和谐性，看重家族观念等。这些人格特征在不同地区的华人身上具有跨文化的一致性。

(四)社会性

人格的社会性(sociality of personality)是指社会化把人这样的动物变成社会的成员，人格是社会人所特有的。所谓社会化(socialization)是个人在与他人交往中掌握社会经验和行为规范，获得自我的过程。

婴儿具有一种与生俱来的对社会生活的需要，以及适应此种社会生活的能力。学会使用语言，用概念进行思维，将学得的经验加以抽象、沟通和传递的能力，这些都是为人的社会化做准备的。但如果出生后某种原因导致婴儿的社会接触被剥夺，他就不可能成为真正的社会人。印度有一位牧师辛格在狼窝里发现了两个小女孩，小的约2岁，大的约8岁。辛格将她们带到孤儿院抚养，大的起名叫卡玛拉，小的叫阿玛拉。起初她们用四肢爬行，像狼一样生活。阿玛拉2年后死去；卡玛拉2年后学会直立，3年后才艰难地学会行走，4年中只学会了6个词，7年才学会457个词。卡玛拉17岁左右死去。据辛格估计，她的智力相当于三四岁的幼儿。卡玛拉的故事恰好说明了，如果缺失了早期养育环境的社会化过程，社会剥夺将会使人丧失人性，不能形成健康的人格。

社会化的内容，就像人类社会本身那样复杂多样，涵盖了从自然环境到文化传统的方方面面。社会化与个人所处的文化传统、社会制度、民族、家庭等有密切的关系。通过社会化，个人获得了自我观念等人格特征。

人格的社会性并不排除人格的自然性，即人格受个体生物特性的制约。人格是在个体的遗传和生物性基础上形成的。从这个意义上也可以说，人格是个体的自然性和社会性的综合。但是人的本质并不是所有属性或者几种属性相加的混合物。构成人的本质的东西，是人所特有的因素，这种因素就是人的社会性。人的生物性需要和本能，也是受人的社会性制约的。例如，人满足食物需要的内容和方式也受具体的社会历史条件制约。

四、人格特质

什么是特质呢？在回答这个问题之前请你想一想，如果有人问你："你的某个朋友或你的某个同班同学是怎样的一个人？"你将如何回答呢？你大概会像大多数人那样，一一列出符合那个人的一些人格特质。例如，"某人乐观、在生活中积极向上、办事认真""某人努力勤奋、富有进取精神""某人懒惰、做事没精打采、意志薄弱"。这些形容都是人格特质的范畴，特质论是以特质概念为基础建立起来的一种人格理论，该理论认为人格是由许多不同的特质构成的。目前心理学界普遍接受大五人格理论，该理论认为人格特质主要由神经质、外倾性、宜人性、尽责性和开放性五个因素构成。

(一)神经质

神经质反映个体情感调节过程，反映个体体验消极情绪的倾向和情绪不稳定性。高神经质个体倾向于有心理压力、不现实的想法、过多的要求和冲动，更容易体验到诸如愤怒、焦虑、抑郁等消极的情绪。他们对外界刺激的反应比一般人强烈，情绪的调节、应对能力比较差，经常处于一种不良的情绪状态下，并且这些人思维、决策以及有效应对外部压力的能力比较差。所以他们往往是焦虑、喜怒无常、自怜、神经过敏、易激动的，容易产生与应激有关的心理障碍。相反，神经质维度得分低的人较少烦恼，较少情绪化，比较平静。他们往往是比较平和、镇定、自我满足和不易激动的。

■ 人格画像

吴萍很在意他人对自己的评价。他人的一个眼神、一句不经意的评语，往往会在她的内心中激起很大的波澜，并且久久难以平复。在一次表演活动开始之前，吴萍担心自己的表演出现差错，她越想越烦躁，坐立难安。毫不意外的是，在表演活动中她真的出现了重大失误，没有发挥出平时训练的水平。吴萍因自己的失利而伤心痛苦，她感到自己是一个难以取得成功的人。

（二）外倾性

外倾性由热心、乐群、果断、活跃、寻求刺激及积极情绪等因素组合而成。外倾性也与寻求刺激及与他人交往有关。外倾性得分高的人往往是重感情、快活、健谈、合群和好玩乐的人；相反，外倾性得分低的人可能是冷淡、安静、孤独、被动的，缺乏表达强烈情绪的能力。外向的人喜欢与人接触，充满活力，经常感受到积极的情绪。他们热情，喜欢运动，喜欢刺激和冒险。在一个群体中，他们非常健谈、自信，喜欢引起别人的注意。内向的人比较安静、谨慎，不喜欢与外界过多接触。他们不喜欢与人接触不能被解释为害羞或者抑郁，这仅仅是因为与外向的人相比，他们不需要那么多的刺激，更加喜欢一个人独处。这种特点有时会被人误认为是傲慢的或者不友好的，其实一旦和他们接触，人们会发现他们非常和善。

■ 人格画像

墨影与红岚从进入大学的第一天就意识到，她俩是不太相同的两种人。墨影安静而内敛，平时话不多，在人群中她更多是倾听者。她安安静静地处在人群中，对谁都报以温和而礼貌的笑容。跟她在同一寝室的红岚则相反，她总是热热闹闹、风风火火的。只要有她在的地方，总是充满了声响，有时是欢声笑语，有时是高声讨论。她跟谁都是自来熟，在很短的时间里就能够认识许多新朋友。虽然墨影和红岚是性格迥异的两种人，但奇怪，她俩偏偏能凑得到一块儿。墨影欣赏红岚身上的活力与激情，喜欢听她讲话；红岚喜爱墨影身上的沉静与平和，觉得跟她待着能够调和自己身上太过"跳跃"的部分。

（三）宜人性

宜人性是指人际关系的质量，考察的是个体对其他人所持的态度。这些态度一极表现为亲近人、有同情心、信任他人、宽容、心软、慷慨、大方、接纳与和善等；另一极表现为敌对、愤世嫉俗、爱摆布人、复仇心重、冷酷、无情、多疑、吝啬、易怒和挑剔等。宜人性代表了人格特质中有关"爱"的部分，显示出一个人对合作和人际和谐是否看重。宜人性高的人是善解人意、乐于助人的，愿意为了别人放弃自己的利益。宜人性低的人则把自己的利益放在别人的利益之上。他们不太关心别人的利益，也不乐意去帮助别人。有时候，他们对别人是非常多疑的，怀疑别人的动机。

■ 人格画像

正南越来越感觉到自己是一个很难信任别人的人。不知道是不是受自己成长经历的影响，他总是对身边的人充满了怀疑。他不太愿意相信如果对方没有任何好处的话，会真心诚意地帮助自己。相反，他常常潜在地认为别人只要有机会就会占自己的便宜，所以要时刻小心提防。期末考试即将来临，正南和其他同学一样开始了突击复习工作，每天早出晚归到图书馆上自习。在自习室里，坐在他旁边的学习委员见他在复习最难的专业课时仿佛遇到了麻烦，就把自己的笔记和思维导图递了过去，给他做参考。正南觉得很奇怪，对方要干吗呢？为什么对自己这么好？明明是没有深交的两个人呀。虽然接过了学习委员的笔记，也礼貌性地致谢，但事后正南还是觉得这件事令他费解。未来几天，当他听说近期班级要评选奖学金的时候，正南才猛然间联想起，莫不是学习委员是在故意向自己示好，好为自己拉票？

(四)尽责性

尽责性与我们控制、管理和调节自身冲动的方式有关。它评估的是个体在目标导向行为上的组织、坚持和动机情况。在这个特质上，它把可信赖的、讲究的、自律的个体与懒散的、马虎的、冲动的个体做出比较。尽责性得分较高的人往往勤奋、认真、守时和持之以恒。可以想象，这类人的学业平均分往往偏高，工作绩效也高于平均水平。他们通常让人感觉踏实、可靠。当然，在极端情况下尽责性太高的人也可能是一个完美主义者或工作狂。极端谨慎的特征也可能让人觉得这类人单调、乏味和缺少生机。相反，尽责性得分较低的人往往做事缺乏条理、粗心大意、懒惰、没有目标，当遭遇挫折和困难的时候，他们很可能会选择放弃。冲动的行为方式常常会给这类人带来麻烦。虽然可能给个体带来暂时的满足，但从长期来看却容易产生不良后果，如攻击他人和成瘾行为等。但是我们也要看到，这类个体有时也被认为是快乐和有趣的玩伴。可见，假如这种打破常规的情况不是那么经常出现的话，那么偶尔不拘一格地打破规则，才能够体现出人格特质的弹性部分。

■ 人格画像

练石和如风是同寝室的两名男生。练石是寝室室长兼班级学习委员，性格沉稳、做事可靠。他习惯做事之前有计划、有准备，总是能够游刃有余地从容应对各种问题。选择他作为室长，正是全寝室男生共同决定的。大家觉得，他的性格特点和处事方式能够把寝室中的各种事宜办得妥帖稳当。稳，是室友对练石的总体印象。如风是寝室的开心果。他平时是个大大咧咧的人，做事很随性，往往想一出是一出，不按常理出牌。而且，他在做事情时总是缺乏安排，从开学到现在，忘带书本、忘带钥匙、丢失饭卡的情况总有发生。大家对他的总体印象是个冒失鬼的形象。但他的性格中也有室友很喜欢的部分，他突发奇想地给大家带来的欢乐是非常宝贵的。譬如，前几天他听说隔壁某大学的银杏叶逐渐变黄，就风风火火地带着大家一起秋游。虽是兴之所至，但是大家的确也玩得非常愉快。

(五)开放性

开放性描述的是一个人的认知风格。对经验的开放性被定义为，为了自身的缘故对经验的前摄(proactive)寻求理解，以及对陌生情境的容忍和探索。这个因素将那些好奇的、新颖的、非传统的以及有创造性的个体，与那些传统的、无艺术兴趣的、无分析能力的个体做比较。对经验的开放性把那些喜欢变化的人与需要封闭自己、只对熟悉的人和事物才感到舒适的人区别开来。那些不断寻求不同变化经历的人，会在对经验的开放性上得高分。例如，他们在饭店喜欢尝试菜单上的新品种，或者喜欢寻找新的、令人兴奋的餐馆。相反，对经验不开放的人总是点熟悉的东西吃，点他们知道自己会喜欢的东西。开放性高的人也往往会对传统的价值观念提出疑问，而开放性低的人往往支持传统的价值观念，保持着固定的生活方式。开放性得分较高的人偏爱抽象思维，兴趣广泛，一般有创造性、富于想象、好奇心强，喜欢无拘无束，喜欢变化。对经验开放性低的人通常讲究实际、遵循传统、偏爱常规、偏向保守。

■ 人格画像

云歌和安心是一对性格迥异的好朋友。云歌对新鲜的人、事、物充满了好奇。她总是向往外面那个更大的世界，期待去更广阔的世界遨游。不仅对外面的世界，对心灵的世界她也充满了探索的好奇之心，总是愿意和同学们聊各种各样有趣的话题，无论是人生哲学，还是心灵体验。安心和她相反，更加喜欢传统的物件、熟悉的关系和已知的世界。她对那些外面的世界和陌生的事物没有那么大的好奇心，自己周围的世界足以让她感到确定和安全。眼看大学毕业在即，两个朋友对于未来就业的选择也是风格迥异的。云歌打算去上海工作。她对大都市充满了好奇心，想去经历前所未有的经验。安心打算回老家工作。回到她从小生长的地方，延续父辈的生活，对于她而言这是一种幸福的体验，好像生命充满了连续感。安心对云歌说："你替我去看这个万千世界吧，我替你守着故园旧梦。"两个好朋友约好，无论各自身处何地，毕业两年之后，她们仍旧在大学校园里再相聚。

■ 自测题

你是什么类型的人？列出最能描述你的特质。

_____

_____

_____

■ **小贴士**

常见的人格测试量表

想要进一步了解自己吗？人格测试量表有助于大学生进一步认识自己。常见的人格测试包括：明尼苏达多相人格调查表、艾森克人格问卷、卡特尔16种人格测验、爱德华个性偏好测验。

明尼苏达多相人格调查表包括10个临床量表，4个效度量表。测验信度和效度较高，对于精神科临床诊断有较高的参考价值。目前还用于心理门诊、心理咨询、综合性医院以及一般的人格研究。

艾森克人格问卷从三个维度对个体的内外倾向、情绪稳定与否等做出区分，题量适中，操作省时，适用于不同性别、不同年龄、不同职业、不同文化背景的人群和各种精神病患者和心理卫生调查(测验兼有成人版和儿童版)。

卡特尔16种人格测验从人的16种最基本的特征表现对个体的人格特点做出分析，评价个体的发展潜力，适用于就业咨询、人才选拔、各种职业人格研究以及心理卫生调查研究。

爱德华个性偏好测验是以美国心理学家默瑞(H. A. Murray)在1938年提出的人类15种需求为理论基础编制的。量表对个性评价的实际意义较大，无论在临床和研究中，量表都得到广泛运用，尤其在选拔人才、组织合理的团队方面有其独到之处。

第二节　人格类型

心理学家把集中于个体身上比较突出的一组人格特质进行提炼和概括之后，会抽象出不同类型的人格，并为之命名。将某个特定的人归类到某种人格类型中去，有助于帮助我们简化和加深对人的理解。但人是复杂的生物。无论是通过测验还是其他途径，将某人归入特定的类型，都不能简单地将其限定其中，而否认具有其他人格类型的特征。在大多数情况下，人们并不单纯地隶属于某一种人格类型，而是兼具两种甚至多种人格类型的特征。同时，每种人格类型都具有各自的优势或者劣势，没有完美的人格类型，也没有绝对异常的人格类型。人格由个体生命的成长经历和应对方式沉淀而成。每一种独特的人格类型，都是个体适应其人生经历的独特呈现。在此认识上，我们不妨这样理解：每一种人格类型都有其特定的优势与局限性；越是心理健康的个体生命，意味着他越能够意识到这些特定之所在，并且最大限度地发挥其优势，克服其局限性。生命的自我超越，大概说的就是这个意思吧。

一、强迫型人格

强迫型人格的人具有条理分明、固执己见和躬行节俭的特征。他们追求完美、注重细节、勤俭节约、喜好较真。当然，也有人认为在一些极端的情况下，他们显得冥顽不化或者锱铢必较。从积极的角度讲，他们一丝不苟、严守规矩、坚持己见。他们通常务实、精准、足以信赖、踏实可靠。从消极的角度讲，他们也容易展现出严苛、刻板、缺乏适应的特征。另外，当遭受压力或极端要求时，这类人的人格特征可能会转变为行为方式，继而衍生出某些特定的仪式化症状。而之所以出现这些症状，是因为这类人总是习惯于思虑甚多、苛求完美、注意细节；要么过于严肃、认真、谨慎，缺少创新与冒险精神，要么容易犹豫不决，因着意于小处而忽视全局。

强迫型人格的人给他人的感受是，似乎他们心里总笼罩着一种不安全感，他人常常明显地觉察到他们处于紧张和焦虑的情绪之中，似乎很难真正放松。他们自身的感受多是对自己做的事没把握，总认为没达到要求，别人一旦产生怀疑就感到惶惶不安。在应对生活的变化方面，强迫型人格处理事情有秩序、好规划、整洁、有序、守时，但他们对新事物的接受速度相对较慢，面对突然到来的变化或者快节奏的事情常常显得不知所措，很难适应。他们循规蹈矩、恪守规范，但也会给人以刻板、僵化的印象。人们很容易有种印象——要是他们再灵活一些就再好不过了。

二、表演型人格

表演型人格的关键特征是情绪起伏明显和寻求外界关注的行为。对于这些个体来说，他们那种生动的、戏剧性的以及外向的风格通常能吸引他人的注意。如果不是注意的中心，他们可能会感到自己不受重视。为了吸引别人的注意，表演型人格的外表和行为往往比较戏剧化与情绪化，其言谈风格可能是富于戏剧色彩的。在情绪上的饱满和外放，使得他们相对比较容易与他人建立起关系，展示出他们温暖热情、精力充沛、善解人意和喜好表现的一面。戏剧风格的擅长和对表演的谙熟，使得他们容易从事需要获得他人关注的职业，如演员、教师和政客等。

从另外的角度看，表演型人格的人由于一贯的情绪亢奋、精力充沛和具有舞台色彩，也可能使得他们的丰富情感在别人看来有肤浅、浮夸或虚假之嫌。而这种感觉，可能在建立稳定而深入的关系时，成为表演型人格的人际关系瓶颈。要克服人格中那种自我中心，甚至是爱慕虚荣的部分，对他们的自我成长来讲是一个巨大的挑战。

■ 人格画像

璐璐大学毕业后在一家外企工作。她的各方面条件都不错，衣着得体、善解人意。

就是有一点不好：总喜欢高谈阔论，同时有意或无意地标榜自己。在大学的时候，她就爱听同学赞美的话。与人交谈时，她似乎总在不经意间谈及自己的才华与能力。即便是一群人聊天，她也会自然而然地将话题转向自己。这一点总让旁人感到她对别人的讲话内容漫不经心，总是在做自我表达。每当她穿上新买的漂亮衣服上班的时候，她总爱从办公室最引人注目的走廊上走过。这时往往会得到许多女同事的溢美之词。但有时，大家也埋头忙于各自的工作，无暇顾及她。每每这时，璐璐会感觉内心有一种怅然所失的情愫在悄然滋长。

三、自恋型人格

自恋型人格的核心特征是以自我为中心。有时候这类人拥有比较好的天赋，从小就处于被关注的中心，自信心与自尊心都较强，缺乏失败的生活经历与亲身体验，因而大部分情况下他们生活在理想的世界中。这种对自我充满强烈信心的状态，在某些情况下能够增强他们做事情的效能感，增加成功的可能性。所以有时自恋型人格的人往往拥有比较成功的人生经历，反过来他们的成就也强化了其内在的自信与自尊。假如不过度的话，这会极大地促进个体不断追求成功和卓越的人生。

但从另一个角度来看，他们有时对自己的才能夸大其词，坚信自己关注的问题是世界上独有的，不能被某些特殊人物了解；或者认为自己应享有他人没有的特权；或者对无限的成功、权力、荣誉、美丽或理想的爱情有非分的幻想。因为确信自己相对他人具有优越感，他们喜欢指使别人，要求他人为自己服务。而当这种优越感受到现实检验的质疑，即遭到他人的批评、否定时，他们的反应是愤怒或者羞愧，有时也表现出强烈的嫉妒心。在一些极端的情况下，自恋型人格很难直面挫折或者失败。失败的体验会直指他们内心深处最脆弱的部分，促使他们从对自我的过度高估中直面现实，有些人会因难以面对现实世界而出现心理崩溃。

■ 人格画像

云天出身于一个知识分子家庭，他的父母都是科研人员。从小，父母亲就对云天要求严格，希望他什么事情都要做到最好。如果没有达到父母的期待，云天会被严肃地批评。这让他感觉自己非常差劲。为了得到父母的赞赏，成为他们那样成功的人，云天在很小的时候就知道做事情需要非常努力，要力争完美。在他的观念里，只有"好"与"不好"这两种标准，没有中间状态。在他的努力下，他的学习和其他各方面表现都超越了身边的同学。这让他看起来比同学们更加优秀、更加卓越。他也很喜欢跟比自己优秀的人交往，认为他们能够启迪自己，而那些平凡的同学则不值得自己浪费时间去了解。这让云天看起来没有多少亲密的伙伴。但他认为，这并不重要。与成功的人生相比，跟一群平凡的人融合在一起并没有多少意义。云天自小就喜欢拥有最好的东西，认为自己的学习用品、衣服都是最好的，似乎这样才配得上他。高考的时候，云天填报了国内最好的大学，但不知为何，他没有考到很高的分数，所以来到了现在就读的大学。这让他感觉非常不舒服，总觉得自己不属于这里，被埋没了。他贬低任课的老师，瞧不起身边的同学，他孤傲地独自穿梭于校园中，筹划着考研时一定要离开这所学校，去高考时就向往的那所大学攻读研究生。

四、抑郁型人格

抑郁型人格的主要特征是思想敏锐、心思缜密、想象力丰富和情绪体验深刻。这种人具有较高的感受性和较低的敏捷性，他们的内心体验丰富、细密，而心理反应速度缓慢、动作迟缓、说话慢吞吞。从积极的角度来看，这种类型的人高度敏感、善于发现、精确自律，他们虽看起来沉默寡言，却能够专注于自己内心的世界。比如，在学生时代，这类人更加能够专注于学习，这使得他们可能更容易取得好成绩。同时，这种类型的人也要比其他人更加敏感、细致，能够感觉到他人不经意间的情绪变化，所以他们擅长察言观色。在观赏艺术作品、电视电影或者阅读文学作品的时候，他们也更加能够感受到作者于作品中的隐晦的情感。这些都是其他人很难具备的能力。

从消极的角度来看，多愁善感、心思凝重的人格特征也可能让这一类型的人更多地体验到心情低落、郁郁寡欢、情绪压抑和精神不振。他们往往会以比较悲观的眼光看待事物，对外部事物兴趣不高，喜静不喜动，在一定程度上缺乏活力。抑或因为一些小事看不开，有时认为自己是世界上最悲情、最孤独的人。他们倾向于过低地评价自己，对周围环境的困难估计过高，对自己缺乏信心，容易体验到内疚、自责的情绪，往往将原因归咎于自己，自我责备。

■ 人格画像

小雨是一个安静沉稳的大一新生。虽然室友夸她稳重，但小雨不喜欢这样的自己，她感到自己是沉闷的，渴望自己更加活泼、外向。小雨知道自己的这种性格特征跟她的成长经历有关。作为农村家庭里的长女，妈妈生下她后，就跟爸爸一起外出工作了，为了给小雨和这个家创造一个更好的生活环境。从三个月大一直到高二，她都由爷爷奶奶抚养，妈妈在她高三的时候终于回来陪读和照顾她。尽管爷爷奶奶也爱小雨，但是他们太忙了，家里的农活总是那么多，小雨总是独自玩耍、独自长大。到小学的时候，小雨去到了镇上的学校，开始了住校生活。她记忆中一个抹不去的画面就是，每周日下午去学校的时候，奶奶在村口的山坳里送她。每当回想起这个画面，小雨就感到非常的悲伤，眼泪就会抑制不住地倾涌而出。那种感觉很奇怪，仿佛她不属于这个世界，是没有人爱的。小雨听话、懂事、爱学习、喜欢读书、喜欢思考。这让她很受学校里的老师喜爱。老师的夸奖对于小雨而言是珍贵的，她希望自己可以做得更好，永远不让老师失望。所以她不拒绝老师布置的任务，总是尽力承担。每次被老师表扬的时候，她都能够体验到一种久违了的被爱的感觉。而每当任务出现差错，不管是不是自己的原因，小雨都会长时间地耿耿于怀，仿佛自己是罪魁祸首。她感到都是自己的失误造成的。进入大学后，室友们都很喜欢小雨，觉得她安静、平和、体贴、勤劳和善良。但同时大家也感到，她的内心似乎总有一块旁人走不进的区域，她似乎总是难以快乐。

五、分裂样人格

分裂样人格的人的主要特征是喜好幻想、独自活动、内省性、沉默寡言和情感退缩与社会退缩。他们常常在人群中形单影只，孤单、冷淡、沉默，不介入日常事务，不交际，不关心他人。他们享受独自的状态，所以给人的感觉往往是缺乏温情的，难以与别人建立深切而亲密的情感联系。因此他们的人际关系一般很差。但显然他们不会受困于此，他们享受特立独行，缺乏那种表达人类细腻情感的能力。由于这样的特点，他们一般对别人的看法和意见漠不关心，无论是赞扬还是批评，他们都显得无动于衷。在他人看来，他们似乎过着一种孤独寂寞的生活。

分裂样人格最具有适应性的能力在于他们具有高度的创造性。他们从社会中退缩回内在世界，常常对与人无关的事物颇感兴趣，如数学、天文等。他们回避交往，倾向于从幻想中寻求满足，并排斥现实。他们在将自己的兴趣应用于艺术创作、科学探索、理论革新的时候，往往能够体现出较高的独创性和成就感。这种类型的人最容易被吸引进入哲学、灵学、理论研究和艺术创作等行业。他们的爱好多是阅读、欣赏艺术、思考之类安静的活动，一部分人还可能在某专业领域沉醉其中，做出较高的成就。他们更加擅长适应那些较少与人打交道的工作，相对难以适应人员众多的场合和需要交际的工作。

■ 人格画像

炜一是哲学系本科三年级学生。进入大学以来，他很少和室友们一起吃饭、上自习，甚至连聊天谈话的机会也很少。他总是独来独往，很少有同学或者老乡来找他。在浪漫的大学生活中，室友们纷纷有了爱慕的异性，但唯独他是个例外，似乎对男女交往一点兴趣也没有。同学们都在背后戏称他为哲学系的"神人"。

炜一整天独自一人。他对人冷漠，又很怕羞、敏感，从不肯在公众场合抛头露面。课间休息时，如果偶尔不得不和同学们交谈几句，他总是很快就岔开话题。同学们跟他也说不到一块去，他嘴里叨叨的都是大家听不懂的各种"玄学"，令人费解。

最近一段时间，他突然着迷于气功。为此他经常逃课外出去参加某些"气功大师"

的培训班，学习"功法"。回到寝室后，他每天早晚都要面壁练功，让室友们觉得很奇怪。同时，他还遵循着各种奇怪的生活禁令，如禁食某种食物，让大家觉得匪夷所思，总担心他会误入歧途。但无论室友们怎么规劝，他都听不进去，依然我行我素。

除了上述对人格类型的分类标准以外，心理学家通过对不同社会历史、不同社会结构中的人群进行观察和总结，还从其他的角度提炼出一些具有代表性的人格类型。我们将在这里列举部分，供同学们参考。

■ 扩展阅读

我们时代的神经症人格

美国心理学家和精神病学家卡伦·霍妮（Karen Horney）在其经典著作《我们时代的神经症人格》中提出，神经症人格表现出对自己缺乏信心、对他人表示怀疑、对环境充满忧虑与不安的特征。它出现的原因来自真实自我、现实自我和理想自我的脱节。霍妮指出，真实自我是我们自身存在的活跃的、独特的人格中枢，是唯一能够而且希望发展的部分。真实自我的发展依赖三个良好的外部条件：在温暖的氛围中能将真实情感和意愿自由表达；对儿童个体需要的善意满足；儿童意愿、意志与周围人意愿、意志存在良性冲突。但是，神经症人格生长的环境从一开始就阻碍了真实自我的顺利发展。由于真实自我发展受阻，他们往往将现实自我扭曲。他们的全部生活基于这样假设——现实自我是卑贱的、可鄙的；理想自我与真实自我和现实自我相脱节，理想自我是虚伪的、无法实现的、不可能的自我。霍妮从个体行为指向性的角度将神经症人格划分为三种类型：依从型、攻击型和逃避型人格。

依从型人格。依从型人格的人对他人特别顺从。他们表现得有爱心、善良、同情、谦恭、软弱、无私和慷慨，憎恶自负、冷酷、野心、无道德。以顺从作为工具达到控制他人的愿望，希望用自己的顺从换取他人的喜欢、想念、期望和爱慕，希望用顺从来换取他人的承认和欢迎、赞许和赏识；希望因顺从而使他人感觉到自己存在的价值，自己是别人所需要的人；也希望用顺从来换取别人对自己的帮助、指导、保护和关心。之所以顺从是人格中最重要的特质，是因为他们的生活哲学是"如果我顺从，那么你就爱我；你爱我，你就不会伤害我"。但在现实生活中，他们的生活哲学经常遭到摧残，往往因谦恭和顺从反而引来了他人的粗暴对待。对此，依从型人格不是对自己遭受的不公和暴力进行对质与反抗；而是采用压制、掩饰的方式调节自己的愤怒，避免产生对他人的敌意，由此带来无尽的焦虑。

攻击型人格。攻击型人格的人对他人普遍存有敌意。他们的生活哲学是"如果我有力量，那么谁也不能伤害我"。攻击型人格崇尚成功、声望和对他人的主宰，表现为自恋、自傲和自大、争强好胜、睚眦必报、征服、占有。以攻击作为工具来获得他人的认可，以权力、声望和财富作为获取安全感的筹码。他们对周围环境充满怀疑、不信任、敌意，反抗一切他人施加的影响。但他们的生活哲学同样在现实生活中受到摧残。因为敌意和攻击显然会造成人际关系的紧张、他人的疏远和反攻击。对此，攻击型人格不是调整自己的敌意和攻击，而是采取更为严重的敌意和更强烈的攻击，换取的则是更严重的人际关系紧张和强烈的焦虑。

逃避型人格。逃避型人格的人对他人采取逃避的策略，生活哲学是"如果我离群索居，我后退，那么什么都不能伤害我"。逃避型人格的人内心强烈要求与别人保持距离，在任何情况下不与别人发生情感上的联系，既不和他人合作友好，又不与人对立竞争。他们对一般世俗的成功感到不屑，害怕失败和成功的恐惧。因为对失败的恐惧基于避免侮辱，担心失败会导致别人的嘲讽和幸灾乐祸；对成功的恐惧基于避免别人的嫉妒，因而退出竞争，不冒风险，不做自我努力。以逃避和与世无争为工具来换取安全感，他们既不追求爱慕，也不渴求权力和控制，向往自由、和平和自给自足。但逃避他人是这种人格中具有强迫性的特征，是"鸵鸟式"的自我保护。

需要指出的是，为了安全、喜爱和重视，对他人的依从、攻击和逃避本来是人们正常的态度与行为反应。正如本书作者霍妮所言，从正常人的角度来看，三种态度没有理由相互排斥，一个人应该既能向他人让步，又能奋起反抗，又能洁身自好。三种态度在人格结构中的关系应当是能够互为补充、达成协调的统一体。但神经症人格的人不顾环境、不管场合，恪守某一种刻板的方式，或依从、或攻击、或逃避，所以难以有效地处理日常学习、生活和工作问题。

（参见［美］卡伦·霍妮：《我们时代的神经症人格》，郭本禹、方红译，北京，中国人民大学出版社，2013。）

权力型人格

心理学家艾瑞克·弗洛姆提出了"权力型人格"的概念，指一个人强烈渴望别人顺从自己的意志，一旦不顺从就会令他怒火中烧、暴跳如雷。与我们通常的认识不同，权力型人格并不是简单地遵循"命令—服从"逻辑，它的真实逻辑分为两种。第一种是"投入—回报"逻辑。也就是说，他把对你的命令视作投入，把你的顺从看作对他的回报。譬如，父母可能认为自己花费了巨大的金钱和时间成本让孩子练琴，那么作为孩子应该给予的回报就是好好练琴。第二种是"贬损—听从"逻辑。也就是说，他对你永远不满意、永远否定，你永远还"差得远"，所以应该听从于他的安排。譬如，在亲密关系中一个人总是评价对方做得差、不努力、不争气，即便是当对方取得成功的时候，他也以"防止翘尾巴"或"还不够成功"的理由进行鞭策，在这种人面前，人们会感觉自己总是被打击，总是不够优秀。

（参见［美］大卫·C. 范德：《人格谜题》（第4版），许燕等译，北京，世界图书出版公司北京公司，2009。）

■ 扩展思考

权力型人格养育出的人如何建立亲密关系?

让我们尝试想象这样一类父母,尝试理解他们的人格特征,以及在家庭教育中对子女的养育方式。

有一类父母认为自己对子女的成长倾注了全部的心血,所以要求子女对他们做到绝对的服从。从这个角度来看,他们的确在现实层面付出了许多的时间、精力和金钱,他们感到自己是非常爱子女的。但是从另一个角度来看,这类父母对子女充满了贬低和批评,他们很少认为子女有做得好的地方,很难轻易去表扬子女、看到子女的优点。在家庭教育中,这样的父母多以惩罚、刺激和贬低的方式对待子女。

那么,这种人格类型的父母可能养育出何种人格类型的子女呢?最常见的可能性有两种。第一种是子女认同了父母的权力型人格,自身也成长为这种类型的人。他们也以控制、命令和要求作为人际关系的核心,总是将自身的意志凌驾于他人之上,很难感同身受地站在对方的角度感受和思考。第二种是子女认同了父母的控制,形成顺从、讨好的人格特征。他们以克己、顺从、忍耐和回避作为人际关系的核心,总是避免冲突、忍耐他人,将他人的感受和利益放置于自身的感受与需求之上,倾向于先考虑他人,相应地忽略自己。

接下来,让我们想象一下,这两种类型的人在后来的亲密关系中将如何与恋人相处呢?不难理解,对于第一种类型的人来说,他们要建立起一段稳定、信任的亲密关系可能是困难的。大多数人难以忍受这类型的人的操纵和控制,这会在亲密关系中带给人一种被束缚的、被贬低的体验。人们也许会不自觉地远离这一类型的人。相比之下,第二种类型的人可能更容易建立亲密关系。因为他们总是擅长替他人着想,总是考虑他人的感受,总是隐忍和讨好,看起来他们似乎更加容易建立亲密关系。但是,在这种表象背后我们不免发问:难道一个人可以无止境地总是委曲求全吗?有没有可能以极其隐蔽的方式表达自己的愤怒和攻击性,或者,总是迁就他人会不会导致自己内心感到巨大的委屈和冲突呢?的确,在很大程度上这些担忧都可能是现实的。无法妥帖地安放自己需求的人,尽管看起来和颜悦色,却难以在亲密关系中获得一种互惠双赢的局面。

■ 扩展阅读

九型人格

尽管尚未被主流心理学界普遍认可,但九型人格是通俗读物中甚为流行的与人格类型相关的心理学读本。对它的了解,能够帮助大学生从一定程度上理解人格理论。

九型人格将人分为九种类型,分别是1号完美型、2号助人型、3号成就型、4号自我型、5号理智型、6号忠诚型、7号活跃型、8号领袖型、9号和平型。同经典的人格理论一致的是，它同样认为没有哪一种人格类型比较好，哪一种比较差。事实上，每一种人格类型的人都各有其优缺点。

1 号完美型

欲望特质：追求不断进步。

基本困思：我若不完美，就没有人会爱我。

主要特征：有极强的原则性、不易妥协、常说"应该"及"不应该"、黑白分明、对自己和别人要求甚高、追求完美、不断改进、感情世界薄弱；希望把每件事都做得尽善尽美，希望自己或这个世界都更加进步。时时刻刻反省自己是否犯错，也会纠正别人的错误。

2 号助人型

欲望特质：追求服侍。

基本困思：我若不帮助人，就没有人会爱我。

主要特征：渴望别人的爱或良好关系、甘愿迁就他人、以人为本、要别人觉得需要自己，常忽略自己，很在意别人的感情和需要，十分热心，愿意付出爱给别人，看到别人满足地接受他们的爱，才会觉得自己活得有价值。

3 号成就型

欲望特质：追求成果。

基本困思：我若没有成就，就没有人会爱我。

主要特征：好胜心强烈，喜欢权威，常与别人比较，以成就衡量自己的价值高低，注重形象，工作狂，惧怕表达内心的感受；希望能够得到大家的肯定；是个野心家，不断地追求成效，希望与众不同，受到别人的注目、羡慕，成为众人的焦点。

4 号自我型

欲望特质：追求独特。

基本困思：我若不是独特的，就没有人会爱我。

主要特征：情绪化，追求浪漫，惧怕被人拒绝，觉得别人不理解自己，占有欲强，我行我素的生活风格；爱讲不开心的事，易忧郁、妒忌，生活追寻感觉好；很珍惜自己的爱和情感，所以想好好地滋养它们，并用最美、最特殊的方式来表达。他们想创造出独一无二或与众不同的形象和作品，所以不停地自我察觉、自我反省及自我探索。

5 号理智型

欲望特质：追求知识。

基本困思：我若没有知识，就没有人会爱我。

主要特征：冷眼看世界，孤僻，喜欢远离人群，抽离情感，喜欢思考分析，想知道的很多，但缺乏行动，对物质生活要求不高，喜欢精神生活，不善表达内心感受；想努力获取更多的知识来了解环境。他们想找出事情的脉络与原理，作为行动的准则。

有了知识，他们才敢行动，也才会有安全感。

6号忠诚型

欲望特质：追求忠心。

基本困思：我若不顺从，就没有人会爱我。

主要特征：做事小心谨慎，不轻易相信别人，多疑虑，喜欢群体生活，为别人做事尽心尽力，不喜欢受人注视，安于现状，不喜欢转换新环境；一方面相信权威、跟随权威的引导行事，然而另一方面又容易反权威，性格充满矛盾。他们的团体意识很强，需要亲密感，需要被喜爱、被接纳并得到安全的保障。

7号活跃型

欲望特质：追求快乐。

基本困思：我若不带来欢乐，就没有人会爱我。

主要特征：乐观，要新鲜感，追求潮流，不喜欢承受压力，怕负面情绪；想过愉快的生活，想创新、自娱及娱人，渴望过比较享受的生活，把人间的不美好化为乌有。他们喜欢投入快乐及情绪高昂的世界，所以他们总是不断地寻找快乐、经历快乐。

8号领袖型

欲望特质：追求权力。

基本困思：我若没有权力，就没有人会爱我。

主要特征：追求权力，讲求实力，不靠他人，有正义感；是绝对的行动派，一碰到问题便马上采取行动去解决；想要独立自主，一切靠自己，依照自己的能力做事，要建设前不惜先破坏，想带领大家走向公平、正义。

9号和平型

欲望特质：追求和平。

基本困思：我若不和善，就没有人会爱我。

主要特征：需要花长时间做决定，难以拒绝他人，不懂得宣泄愤怒；显得十分温和，不喜欢与人起冲突，不自夸、不爱出风头，个性淡泊。想要和人和谐相处，避开所有的冲突与紧张，希望事物能维持美好的现状。忽视会让自己不愉快的事物，并尽可能让自己保持平稳、平静。

（参见[美]海伦·帕尔默：《九型人格》，徐扬译，北京，华夏出版社，2006。）

第三节　人格发展阶段

人格的发展是逐渐形成的，其过程涵盖了一个人从生命的开始到结束的整个过程。心理学界普遍同意，在不同的生命时期，人格的发展是有重点区分的。每个不同的生命时期，都有不同的主要议题、关键任务或者核心品质。在心理学的学科分支体系中，发展心理学就是专门研究个体和群体心理发生与发展的学科，人格发展阶段就是其中的重要内容。在所有的人格发展理论中，心理学家弗洛伊德和埃里克森的理论主张最为大家所认同，他们将人格的发展划分为不同的阶段，并且指出了各自的重点在哪里。

一、弗洛伊德的观点

弗洛伊德认为，婴幼儿时期是人格发展最重要的阶段。一个人从出生之后直到6岁，其人格的基本模型就大致形成了，以后一直保持，没有太大的变化。他对生命早期经验重要性的强调，奠定了人格发展理论的基石。几乎所有的心理学家都同意，成年人在人格适应方面的困扰，往往可以追溯至他的童年生活。而这一思路，是所有临床心理学工作者共享的价值规范。

弗洛伊德的人格发展理论是以他的泛性论为基础的。在他看来，性心理发展和人格发展几乎是同义语。在我们的观念里，通常把性和生殖看作相互联系的事件，但弗洛伊德则不然。他主张性有广义和狭义之分。生殖活动是狭义的性；而广义的性不仅包括直接的生殖活动，而且包括许多以间接形式发泄性冲动的活动，如抚触、注目、接吻、肢体活动等。弗洛伊德将这种性冲动驱力命名为力比多，他用这个词语来泛指人类所有心理活动的能量。弗洛伊德认为，人的性心理发展也即人格发展需要经过五个阶段，每一个阶段都有其特点和特殊问题，阶段之间的先后顺序是固定的，这种固定的发展顺序是由成熟过程决定的。

(一)口腔期

口腔期又叫口唇期、口欲期。口腔期出现在生命的第一年，这个时期的性欲区是嘴。在口腔阶段的初期，即0～8个月，快感主要来自唇与舌的吮吸活动。吮吸本身可产生快感，婴儿不饿时也有吮吸手指的现象就是例证。在现代育儿方式中，安抚奶嘴的广泛使用遵循的就是这一理论假设。一个人格发育停滞在口腔阶段初期的人，在其成年以后可能会从事大量的口腔活动，如沉溺于吃、喝、抽烟与接吻等，这种人的人格被称为"口欲综合型人格"。在口腔阶段的晚期，即8个月至1岁，快感体验的感受部位主要是牙齿、牙床和颌部，快感主要来自撕咬活动。一个人格发育停滞在口唇阶段晚期的人，会喜好从事那些与撕咬行为相等同的活动，如挖苦、讽刺与仇视。这种人的人格被称为"口欲施虐型人格"。

(二)肛门期

肛门期出现在生命的第二年。这个时期的性欲区在肛门区域。在这一时期，儿童必须学会控制生理排泄，即大、小便事宜，使之符合社会的要求。也就是说，这一时期的儿童必须形成卫生习惯。在肛门期，快感主要来自对大、小便的排出与克制。如果这一时期出现停滞现象，可使人格朝着慷慨、放纵、生活秩序混乱、不拘小节或者循规蹈矩、谨小慎微、吝啬、整洁两个不同的方向发展。通常将前一种情况命名为"肛门排泄型"人格，将后一种情况命名为"肛门滞留型"人格。

(三)性器期

性器期出现在生命的第 3～5 年。这个时期的性欲区在生殖器区域。这个阶段也是弗洛伊德人格发展理论中最复杂和争议最大的阶段。在这个阶段里，最显著的两个现象是出现恋亲情结和认同作用。恋亲情结因儿童性别的不同，有"恋母情结"和"恋父情结"之分。一方面，根据弗洛伊德的说法，男孩到了这个阶段，开始对自己的母亲产生一种爱恋的心理和欲求，同时有消除父亲以便独占母亲的心理倾向。另一方面，男孩因自己产生的这些想法而出现阉割焦虑。为了应付由此产生的冲突和焦虑，男孩必须学会抑制自己对母亲的占有欲，同时对自己的父亲产生认同，学习男性的行为方式。这就是性器期的恋母情结，以及由此相应的认同作用。与此类似的心理过程和行为反应也发生在女孩身上，即所谓"恋父情结"。女孩最终需要克服此情结，认同母亲，开始习得女性的行为方式。适当地处理性器期的矛盾冲突是影响人格健全发展的重要因素，这个过程对人格的成长和社会化极为重要。因为对父母亲的认同不仅是人格结构中超我形成的开端，同时也是两性行为方式的基本学习历程。用简单的话语来表述，就是一个人总是需要向相同性别的父/母亲学习如何成为一名男性或女性。此时期的矛盾冲突若得不到解决而产生停滞现象，则会为日后的侵略性人格或异常性行为埋下伏笔。

(四)潜伏期

潜伏期出现在生命的 6～12 岁，涵盖了儿童的整个学龄阶段。在这一时期，儿童对生殖器的兴趣逐渐消失。他们的兴趣不再局限于自己的身体，而是对外在环境充满了更多的探索倾向。他们的力比多冲动处于暂时潜伏的状态，性兴趣被其他兴趣，如探索自然环境、知识学习、文艺体育活动以及和同伴交往等所取代。在这段时间里，随着生活范围的扩大和在学校系统学习文化知识，儿童人格结构中的自我和超我部分获得了更大的发展。潜伏期的出现意味着不同性别儿童之间的关系较疏远，在大部分情况下，男女生各自跟同性别的伙伴成为朋友，男女出现泾渭分明甚至互不来往的情况。同桌同学在桌椅上划分"三八线"，是这种情况的典型案例。

(五)生殖期

生殖器出现在青春期到成年阶段。这是弗洛伊德理论体系中人格发展的最后阶段。进入这一时期，由于性器官的成熟，儿童时期的性冲动再次萌发，青年人开始对异性产生浓厚的兴趣，渴望与异性建立亲密的关系，喜欢参加由两性组成的集体活动。在这一时期，人格发展的重点是从一个追求快感的孩子转变成具有爱的能力的、社会化的成人。这时期的个体开始逐渐摆脱对父母的依赖，作为一个独立的成员参与社会生活。他们确定职业，选择恋爱对象，生育和抚养后代。弗洛伊德认为，这一时期如果不能顺利发展，人就可能出现性犯罪、性倒错，甚至罹患精神病。

总而言之，在弗洛伊德的人格发展理论体系中，个体生命的每个时期都有与性相关的某种特殊的主题或矛盾冲突，人格的形成与发展与这些冲突的解决方式有关。如果某阶段的矛盾没有顺利解决，力比多的要求没有得到满足或者被过度满足，人格就会在以后保持这个时期的某些行为性质，即出现停滞现象。这意味着，当个体在成年后的生活中遭遇挫折或体验焦虑时，就会返回到早期发展的这一阶段，出现该阶段典型的行为特征，如哭泣、抽烟、酗酒、暴食等。而这样的行为特征，很显然相对于一个成年人而言是相对幼稚、退行和社会适应不良的。

■ 心理故事

俄狄浦斯王与恋母情结

在希腊神话中，俄狄浦斯是底比斯国王拉伊俄斯的儿子。因妻子伊俄卡斯忒婚后久未生育，拉伊俄斯在向特尔斐的阿波罗神庙请教时，得到一则神谕，说他将会死在自己亲生儿子手上。因惧怕神谕实现，国王夫妻俩在孩子出生后三天就令人将其处死。被执行命令的牧羊人救下了孩子，这个孩子先是流落异乡，后被科任托斯国王波吕玻斯和妻子墨洛博收养，并待他犹如亲生。长大后，他无意间知道自己并非现在的父母亲生，遂向特尔斐的神庙求助。阿波罗不但没有帮助他走出困惑，反而更加残酷地预言他会"杀父娶母"。极度惊恐的俄狄浦斯害怕预言成真而伤害到爱他的波吕玻斯和墨洛博，再也不敢回去。在流浪中，由于一场误会，在双方均不知情的情况下，他杀了自己的生父拉伊俄斯。不久，底比斯城门口出现了带翼的妖怪斯芬克斯，挡住过往路人，要求人们回答她的问题，答不出来就会被她撕碎吞食，城中居民屡遭杀害，就连王后伊俄卡斯忒的兄弟、当时的执政者克瑞翁的儿子都未能幸免于难。无奈的克瑞翁只能贴出告示，说谁能除掉斯芬克斯，就能成为底比斯的国王，并迎娶王后伊俄卡斯忒。俄狄浦斯到了底比斯城，破解了斯芬克斯之谜，成了底比斯的国王，娶了母亲伊俄卡斯忒。两条残酷的神谕都实现了，而所有人都还毫不知情。

在母亲兼妻子伊俄卡斯忒的辅佐下，俄狄浦斯逐渐成为一位民众爱戴的国王。一段时间之后，神给这个地区降下瘟疫，整个城市陷入了巨大的灾难中。俄狄浦斯派遣克瑞翁去神庙求助，得到的神谕是，只有驱逐底比斯城内一位谋杀了前国王拉伊俄斯的罪孽之徒，灾难才会平息。由此，俄狄浦斯开始追查杀害前国王的凶手，却从盲人占卜者提瑞西阿斯口中得知自己就是那个凶手，并由此知道了全部事实的真相。伊俄卡斯忒悬梁自尽，极度的绝望和羞愧让俄狄浦斯刺瞎了自己的眼睛，离开了底比斯，和大女儿开始了放逐式的流浪，以赎回自己的罪孽。

虽然俄狄浦斯的父母想尽办法，竭力避免神谕的实现，但终究不能违背神的意愿，俄狄浦斯犯下了"杀父娶母"这样违背人性和伦常的大罪。对俄狄浦斯本人来说，他并非有意如此，只是命运的安排让他无法逃脱，他"不应遭殃而遭殃"，不得不承担这种悲剧的命运。由此，俄狄浦斯成为恋母情结的代名词，恋母情结因此也被称为"俄狄浦斯情结"。

（参见汪向东：《心理学的 100 个故事》，258～259 页，北京，新华出版社，2008。）

二、埃里克森的观点

埃里克·埃里克森（Erik H. Erikson）的人格发展理论强调人的发展是一个进化过程。这个过程以个体自我为先导，按自我的成熟顺序将内心生活与社会的和个体历史的任务结合起来，形成一个连续而有阶段性的心理社会发展过程。埃里克森特别强调社会文化因素在人格发展中的作用，指出人格的不同发展阶段都有其特定的、带有普遍意义的心理社会任务。依照发展的内部规律，每一个任务的解决，都意味着人格得到了不断的发展。因此人们一般把埃里克森的人格发展理论称为"心理社会发展"观。

在埃里克森的人格发展理论中，人格发展在人的整个生命周期里是一个持续变化的演进过程。他将人的一生划分为 8 个既彼此联系又各不相同的发展阶段，包含婴儿期（0～1 岁）、儿童早期（1～3 岁）、游戏期（3～6 岁）、学龄期（6～12 岁）、青春期（12～18 岁）、成年早期（18～25 岁）、成年期（25～60 岁）、老年期（60 岁以上）。每个阶段都锚定着人格发展特定的目标、任务和冲突。个体通过与社会环境互动，产生适应和满足，抑或产生冲突和危机两种结果。后一阶段发展任务的完成依赖于早期阶段任务的完成和冲突的解决情况。

(一)婴儿期：信任与不信任

婴儿期的主要任务是满足婴儿在生理上的需要，发展出对世界的基本信任感，克服不信任感。婴儿是否得到了充满爱的照料，他们的需要是否得到了满足，他们的啼哭是否得到了注意，都是其生命发展中的转折点。需要得到满足的儿童，会对世界产生基本的信任感。这种信任感既包括对他人的信任感，也包括对自己的信任感。对于那些受到适当关注的儿童来说，世界是美好的，人们是充满爱意的，是可以接受的。与此相反，一些没有得到关爱和照顾的婴儿，会对世界产生一种基本的不信任感。他们长大以后，对他人的态度会是疏远的、退缩的，既不相信自己，也不相信他人。

信任的获得在人格发展过程中形成了希望这一品质，它起着增强自我的力量。埃里克森把希望定义为，对自己愿望的可实现性的持久信念。具有信任感的人敢于希望，富于理想，具有强烈的未来定向。反之，不信任世界的人则不敢希望，不抱期待，时时担忧自己的需要得不到满足。凭借这种信念，个体能够在漫长的生命岁月中反抗压迫、对抗灾难，能够从若干可设想的挫折和困境中凭借希望的力量再度崛起。

(二)儿童早期：自主对羞怯和怀疑

在儿童早期这一阶段，儿童除了养成适宜的大、小便习惯和自我照料外，已不满足于停留在狭窄的空间之内，渴望探索新世界。在这一阶段，儿童会主动形成一种与外界的关联感。他们出现自我控制的需要和倾向，渴望自主、渴望探索。他们想知道自己能做什么、外界的哪些东西是自己能控制的、外界的什么东西控制着自己。在这个阶段，他们常常要试试看自己能力的范围和大小。所以，这一阶段的儿童需要学会"自主"，即自己独立地吃饭、穿衣、讲究卫生等。形成了自主性的儿童，觉得自己是独立的，他们善于自我表现，富于自信心。反之，父母的过度保护会阻碍这个年龄阶段的儿童的自主性的发展。不论是过度控制还是过度保护的原因，只要成年人不允许儿童自由探索外部世界，那么随之而来的影响就是儿童难以获得个人控制感，以及对外界施加影响的认识。这样，儿童就会产生一种羞怯和怀疑的感情倾向，并且怀疑自己的能力。

(三)游戏期：主动性对内疚感

在游戏期这一阶段，儿童的活动范围逐渐超出家庭，开始希望按照自己的意愿行动。这时如果成年人过多地干涉，儿童将在人格发展上缺乏尝试和主动性。埃里克森认为，个人未来在社会中所能取得的成就都与儿童在本阶段主动性的发展程度有关。儿童试图像成人一样做事，试图承担他们能力所不及的责任。有时，他们采取的目标或活动与成年人是相冲突的。这些冲突可能使他们感到内疚。成功地解决这些危机意味着需要达到一种平衡，也就是说儿童需要保持活动的主动性，但也要学会不侵犯他人的权利、权益和目标。而成年人既要鼓励他们的主动性，又要将他们的活动限定在适宜的范围。

(四)学龄期：勤奋对自卑

在学龄期，儿童生活的重心由家庭转向外部世界，许多人将来对学习和工作的态度源于本阶段的勤奋感。进入学校生活和学习，与别的孩子展开竞争，儿童希望通过自己的勤奋和努力获得成功，但不可避免地体验到失败。如果体验到成功，他们的竞争意识就会不断增强，这为他们以后积极进取打下基础，同时感到自信；如果体验到失败，就可能体验到一种无能感，对以后的生活期望不高，同时感到自卑。另外，如果儿童养成了过分看重学习的态度，对其他方面不管不顾，那么这种生活状态也是不可取的。

(五)青春期：同一性对角色混乱

青春期这一阶段的青少年更多地考虑"我是谁"的问题，并对此做出自己的回答。如果个体能够把自己的各个方面，如信念、性格、性别角色、未来职业选择等很好地整合起来并做出抉择，那么个体会获得较好的角色同一性。这意味着，他们能够理解自己是怎么样的人，能够接受并悦纳自己，能够为自己的人生做出选择。这种同一性的感觉也体现为不断增强的自信心，即那种在过去的经历中形成的内在持续性和连续感。相反，如果个体因为不断出现的社会冲突和角色需求而变得困扰与混乱，就会体验到角色混乱，对自己作为成年人的角色感到困惑。这种混乱的感觉让他们不知何去何从，也无法整合个体生命从过去到未来的连贯旅程。

埃里克森把同一性危机理论用于解释青少年对社会不满和犯罪等社会问题上。他认为，如果青少年感到他所处的环境剥夺了他在未来发展中获得自我同一性的种种可能性，他就将以令人吃惊的力量抵抗社会环境。在人类社会的丛林中，没有同一性的感觉，就没有自身的存在，所以，他宁做一个坏人，或干脆死人般地活着，也不愿做不伦不类的人，他自由地选择这一切。

(六)成年早期：亲密对孤独

成年早期这一阶段的主要任务是形成亲密的友谊关系，与他人建立恋爱或伴侣关系(或共有同一性)。如果个体发展得较为顺利，找到比较满意的伴侣，那么他将会在这一阶段体会到亲密感；相反，如果某些原因导致个体暂时还未找到合适的伴侣，那么将会体验到一种孤独感。这一阶段的主要任务推动人们更多地与亲密朋友、恋人、伴侣互动。

(七)成年期：繁殖对停滞

成年期这一阶段的主要任务是繁殖。如果一个人能很幸运地形成整合的同一性，过上富有成效的幸福生活，那么他就会力图把产生这些东西的环境条件传递给下一代。这时男女建立家庭，把兴趣扩展到下一代。繁殖不仅指个人的生殖力，还涉及那些关心和指导下一代成长的行为。就是说，繁殖的主题可以通过生产或创造以提高下一代生活水平的那些事物来实现。没有产生繁殖感的人表现为以"停滞和人际贫乏"为特征。

(八)老年期：自我整合对失望

在老年期，如果个体感到自己的一生很充实，没有虚度，就会产生一种完善感，认为自己的生命周期与新一代的生命周期融合为一体。如果没有这种感觉，则不免恐惧死亡，觉得人生苦短，对人生感到厌倦和失望。个体在暮年回溯自己的生命历程时，感到它是有意义的、成功的、幸福的，或者感到它是失望的、没有履行承诺的、没有实现目标的。个体的生活经验，尤其是社会经历，决定着一个人在生命最终阶段的生活危机。体验到失望并不像体验到满足感的个体那样敢于面对死亡，因为前者在一生中没有实现任何重大的目标。

■ 小贴士

合法的延缓期

埃里克森在其心理社会性发展理论中开创性地引入了"自我同一性"的概念，但他本人对自我同一性概念的界定并不十分明确。自我同一性一般被认为是个体对过去、现在、将来自我具有一致性、连续性的积极紧张感。在青年后期，自我同一性发展将出现停滞，作为进入社会的缓冲。在停滞期间，个体可以进一步探索自我、整合人格。如果缺少自我探索的缓冲期，个体的自我发展将遇到问题。因此，埃里克森将此时期称为合法延缓期或心理延缓偿付期，并呼吁社会应该为青少年提供延缓期并使之更好地发展。

（参见［美］埃里克·H.埃里克森：《同一性：青少年认同机制》，孙名之译，北京，中央编译出版社，2018。）

■ 心理测试

你是哪种依恋类型

请阅读下列语句，并衡量你对情感关系的感受程度。考虑你的所有关系（过去的和现在的），并回答有关你在这些关系中通常具有的感受的题目。如果你从来没有卷入情感关系中，请按你认为情感是怎样的来回答。

请在以下量表的每题之后选择与你的感受一致的得分（1～5）。

1代表完全不符合，2代表较不符合，3代表不能确定，4代表较符合，5代表完全符合。

1. 我发现与人亲近比较容易。（　　）

2. 我发现要我去依赖别人很困难。（　　）

3. 我时常担心情侣并不真心爱我。（　　）

4. 我发现别人并不愿意像我希望的那样亲近我。（　　）

5. 能依赖别人让我感到很舒服。（　　）

6. 我不在乎别人太亲近我。（　　）

7. 我发现当我需要别人帮助时，没人会帮我。（　　）

8. 和别人亲近使我感到有些不舒服。（　　）

9. 我时常担心伴侣不想和我在一起。（　　）

10. 当我对别人表达我的情感时，我害怕他们与我的感觉不一样。（　　）

11. 我时常怀疑情侣是否真正关心我。（　　）

12. 我对与别人建立亲密的关系感到很舒服。（　　）

13. 当有人在情感上太亲近我时，我感到不舒服。（　　）

14. 我知道当我需要别人帮助时，总有人会帮我。（　　）

15. 我想与人亲近，但担心自己会受到伤害。（　　）

16. 我发现我很难完全信赖别人。（　　）

17. 情侣想要我在情感上更亲近一些，这常使我感到不舒服。（　　）

18. 我不能肯定在我需要时，总找得到可以依赖的人。（　　）

计分方式

本量表包括 3 个分量表，分别是亲近、依赖和焦虑分量表，每个分量表由 6 个题目组成，共 18 个题目。其中，2，7，8，13，16，17，18 题为反向计分题目，在评分时需进行反向计分转换。先计算各个分量表的平均分数，再将亲近和依赖两个分量表合并，产生 1 个亲近依赖复合维度。

亲近分量表	题号	1	6	8	12	13	17	平均分
	得分							
依赖分量表	题号	2	5	7	14	16	18	平均分
	得分							
焦虑分量表	题号	3	4	9	10	11	15	平均分
	得分							

亲近依赖复合维度计算方法：亲近依赖均分＝（亲近分量表总分＋依赖分量表总分）÷12。

依恋类型的划分

安全型：亲近依赖均分＞3，且焦虑均分＜3。

痴迷型：亲近依赖均分＞3，且焦虑均分＞3。

拒绝型：亲近依赖均分＜3，且焦虑均分＜3。

恐惧型：亲近依赖均分＜3，且焦虑均分＞3。

安全型：这种类型的人认为自己是值得爱的，他人也是值得爱和信任的。安全型依恋是一种稳定和积极的情绪联系，以爱情关系中的关怀、亲密感、支持和理解为标志。这种类型的人认为自己是友好、善良和可爱的人，也认为别人普遍是友好、可靠和值得信赖的人。他们十分容易与其他人接近，总是放心地依赖他人和让别人依赖自己。一般来说，他们既不会过于担心被抛弃，也不怕别人在感情上与自己过于亲近。无论我们自己的依恋方式属于哪一种，找到一个安全依恋型的人做自己的伴侣对于我们来说都是一件好事。

痴迷型：这种类型的人依赖于他人的赞许来获得内心的安适坦然，所以他们过度地寻求认同，沉溺于人际关系。他们认为自己是不值得爱的和没有价值的，但是他人是可接受的，他们总是努力赢得他人的接纳，并以此支持消极的自我形象。

痴迷型依恋的特征是对人际关系怀着混合的情感，这就使人处于爱、恨、怀疑、拿不起、放不下的冲突情感中，导致一种不稳定和矛盾的心理状态。通常，痴迷型的人总觉得自己被误解和不受赏识，认为自己的朋友都不可靠，不愿意与自己建立持久的关系。充满矛盾的人担心他们的恋人并不真正爱自己，或者会离开自己。因此，他们一方面希望能与自己的恋人极为亲近，另一方面又对恋人是否可靠和可信满腹猜疑。

恐惧型：这种类型的人对自己和他人的态度都是消极的，这种类型的成人可能出于害怕被拒绝而极力避免和他人建立亲密关系。虽然他们希望有人喜欢自己，但更担心自己因此离不开别人，而一旦建立了亲密关系，又往往会过度担心伴侣会离开自己，整天提心吊胆。有时想到与伴侣亲密相处时他们就会感到恐惧。

拒绝型：这种类型的人对个人的看法相对积极（自己是有价值的），但是认为他人会拒绝自己，和他人建立亲密关系得不偿失。这种类型的成人会以避免与他人发生联系来作为保护自己不受伤害的手段。他们拒绝和他人相互依赖，因为他们相信自己能自力更生，也不在乎他人是否喜欢自己。他们会更关注替代选择，会留心任何可能的其他爱情选择，更容易被新结识的人所吸引。同时，他们往往希望将来的伴侣不给他们提供帮助，因为他们不打算反过来做任何报答。

（参见严燕、柳武妹、王雪枫：《留守的长期效应：童年留守对成年后消费偏好的影响》，兰州，兰州大学出版社。）

第四节　健全人格培养

一、健全人格的标准

健全人格作为表达人的本质存在状态的新概念，是指人的本性在充分发挥时所能达到的境界，是人应该追求的价值目标。它是一种在结构上和动力上向崇高人性发展的人格状态，是人的品行、内涵、修养、素质的厚积薄发和综合展示。具有健全人格的人，在生命过程中能有意识地控制自己的生活，能意识到自己的优缺点并客观地评价自我，认可并接纳现实生活中所面对的干扰、困难和挫折，能立足于现实发展自己和成全自己，保持人在生理、心理、社会、道德和审美等各要素之间统一和谐的完美状态。从不同的理论表述中，我们可以综合提炼出健全人格具有以下几方面特征。

(一)整合的内在世界

具有健全人格的人在需要和动机、兴趣和爱好、智慧和才能、人生观和价值观、理想和信念、性格和气质等方面都能够朝着整合的方向发展。他们内心世界的各要素、各层次之间能够保持协调一致，言行举止具有完整性和统一性，能够正确认识和评价自己的所作所为，能够及时调整内在世界与外部世界的关系。如果一个人失去人格的完整性和统一性，就会出现认知扭曲、情绪失常、行为失控等情况，严重时甚至出现人格障碍。

(二)和谐的人际关系

具有健全人格的人乐于与人交往，能够正确地处理和发展人际关系。在人际交往中能自我尊重和尊重别人，具有理解、信任、同情等心理品质和能力。在人际交往中，他们能做到既不随波逐流，也不孤芳自赏，能够使自己的行为与身处的情境协调一致。他们能够在保持个性与尊重他人之间保持平衡，能够与人友好相处并平等待人。他们不会委曲求全、一味讨好顺从他人，能够坚持自身恰当的利益和主张；但也能够换位思考、为人着想、宽以待人、慷慨助人，在必要的情况下通过做出某种程度的妥协来达成和解，从而避免不必要的摩擦和冲突。

(三)良好的社会适应

具有健全人格的人能够与社会保持良好和密切的接触。他们能够把自己的智慧和能力有效地运用到工作与生活中，能够在其中保有强烈的创造动机和热情，善于创造，有所建树。他们对社会生活不会有太多的抱怨、反感的情绪，能够理解和接受社会生活中的新变化与新情况。他们能够正视现实，即自身所处的时空状态，而不会从理智或情感上强烈地希冀自己生活在过去或者生活在他处。

(四)踏实的责任意识

具有健全人格的人能够对自己的行为所产生的影响做出充分的考虑，并且勇于承担由此引发的各种后果。责任感可以使一个人具有较强的自我约束力，能够要求人们在做出抉择的时候既考虑到自己又照顾到他人，既立足现实又着眼未来。脚踏实地的责任意识，意味着一个人能够审慎地抉择并坚定地执行。这使得他们能够被他人信任和依赖。

（五）适度的自省能力

具有健全人格的人能够恰当地对自身的言行进行反思，从而做出修订和调整。人只有通过自省，才能发现自身的缺陷，才能够自觉地自我调整，从而走向自我完善。没有天生完美的人格，只有不断认识自我并且不断推动自我成长的人。同时，自省并不一味强调将错误或责任归咎于自身，这样一种近似于自责的反思行为。它意味着人们能够从复杂的情况中分辨出哪些因素与自身有关，可以如何做出改变；哪些因素属于我们无力改变的范畴，需要妥协并接纳世界的不完美。

（六）蓬勃的创造能力

具有健全人格的人在学习、工作和生活中被强烈的创造动机与热情所推动。他们常常是这样的一类人：自身的能力与从事的活动能够有效地结合起来，从而使他们勇于创造、善于创造，时常能有所发现、有所发明、有所建树。创造性的成功能够使他们体验到满足和喜悦的成就感，并激发出新的动机和兴趣。弗洛伊德曾提出，健康的心灵指的是那些能够去爱、去工作的人。蓬勃的创造能力，无论在生活领域还是在工作领域，都将赋予个体生命澎湃饱满和激情满怀的存在体验。

当然，健全人格是一个相对的概念。以上各项标准只是一种理想目标的呈现，但在现实生活中恐怕没有人能够真正达到完美的境界。尽管如此，梳理这种标准也是必需的、有意义的。因为我们只有首先知道和承认这一目标，才能不断地努力去实现它，在生命的过程中践行人格的完善。

二、大学生健全人格的培养

当一个人的人格发展出现不平衡、不协调的情形时，我们需要对其加以补充、调整和纠正。这个过程就是健全人格的培养过程。健全人格的培养过程就是要促进人的个性特征的全面发展，以达到人格发展的平衡、和谐状态。健全人格的培养对于每一个大学生来讲，都是促进自身更加健康成长的事业。即便是放到生命全程的时间线索中，这也是我们每个人应当追求的目标所在。具体而言，我们可以从以下几方面进行探索。

（一）认识自我

健全人格的培养首先需要大学生具有认识自己的意识和能力，包括自己的优点和缺点。无论是寂寞地独处，还是身处于喧闹的人群中，我们都需要觉察和看到真正的自我。只要回归本心，我们会慢慢了解自己，了解自己的潜能和局限，了解自己的长处和软肋，进而明确自己的目标和即将为之付出的努力，不会因高估自己而妄自尊大，也不会因为低估自己而妄自菲薄。每个人的人格特征都存在美好的一面，也存在阴暗的角落。当代大学生要注意扬长避短，不断强化人格特征中优秀的一面，如正直、乐观、坚强、富有爱心等；同时逐渐克服人格特征中脆弱的另一面，如自卑、虚荣、悲观、怨天尤人等。

(二)追求乐观

健全人格的培养需要大学生养成一种追求乐观的心态。没有坏的事，只有坏的心态。凡事从好的方面去看，整个人生都会不一样。对前景、对未来的信心能够培育我们的复原力。即使正在经历挫折，只要我们认为自己的未来一片光明，困难就会迎刃而解。坚韧不屈的人坚信未来是充满希望的，这种信念不随日常困难而发生改变。因此他们总能积极面对当前的挫折，勇敢地解决一个又一个的难题。

澳大利亚人尼克·胡哲(Nick Vujicic)天生没有四肢，但他没有自暴自弃，不仅骑马、游泳、足球样样皆能，还拥有两个学士学位。他带着自身的经历和感悟访问34个国家，演讲1500余场。他的故事激励和感动了无数的人。他在夏威夷学习冲浪时说："我的重心非常低，所以可以很好地掌握平衡。看到自己的优势，不要放弃。每天向前一小步，你一定可以完成人生的目标。"一个残疾人尚能如此乐观，我们更要积极寻找自己的优势，相信自己的使命，在困境中保持乐观。

(三)体验幸福

健全人格的培养鼓励大学生提升体验幸福的能力。幸福是一种体验，幸福也是一种能力，幸福同时还是一种感受。如果人们能够体验到内心世界的各种喜怒哀乐，他们离幸福的体验就很接近了。从这个意义上讲，幸福跟其他所有情绪感受一样，都是生命之河中的浪花。假如我们不能回归内心去感受自己，而是试图屏蔽、回避和压抑所有的情绪体验，则不能拥有体验幸福的前提条件。

幸福是一种能力，大学生可以创造一种有利的情境来帮助自己提升幸福感。幸福是需要我们去创造的，它是考验我们能力的一种方式。而这种创造体现在生活和工作的方方面面，它可能是非常微不足道的。譬如，它可以是春日里与友人的一次饭后散步，可以是学习结束后跟同学约的一场酣畅淋漓的羽毛球，可以是独自一人挑选一部喜爱的电影慢慢赏析。

幸福是一种感悟，当你怀着感恩的心态时，它就会呈现出来。遇到所有的事情，不管是如意的还是不如意的，如果我们都能够接受它的存在甚至悦纳它的存在，幸福就会陪伴在我们的左右。有这样一个故事：一个富翁觉得自己不幸福，就将所有的贵重财产装入袋子，试图送给一个得道高僧，只求换来他告诉自己幸福的方法。高僧接过袋子，不说一语转身就跑。富翁在后面追啊追，一直没追上，垂头丧气地坐在地上大哭。高僧回来将袋子还给他，问他"此刻幸福"吗？富翁回答说："太幸福了！"高僧笑着说道："别等失去了才懂得自己拥有的。"的确如此，生命无非一场体验，起起落落是人生常态。看到半杯水的时候，是感慨空着的半个杯子，还是珍惜拥有的半杯水，就是一种心态，一种感悟。

(四)投身实践

健全人格的培养离不开亲力亲为的实践过程。实践是人格发展的必由之路。无论是知识的获取、能力的培养，还是意志的磨炼，都离不开实践。一个人的一言一行往往是其人格的外化，一个人日常言行的积淀成为历久弥新的习惯就是人格。对于大学生而言，和气地对待陌生人的询问、在公众区域不大声喧哗、遇到冲突耐心细致地沟通交流、每天跟寝室室友有交谈的机会，诸如此类的小细节，都反映出一个人具有良好的人际互动能力这一人格特质。因此，优化人格整合要从眼前小事做起。千里之行，始于足下。无数良好的小事可以"聚沙成塔"，最终搭建起优良的人格大厦。

(五)融入团体

健全人格的培养需要在团体互动中予以实现。人格的发展和塑造过程跟个体实现社会化的过程是一致的。这个过程充满了个体与他人、与团体、与社会的相互作用。人格是在社会化过程中被塑造的。健全的人格只有在与人交往的过程中、在各种各样的团体活动中，才能体现出来。因此大学生要培养健全的人格，需要有意识地发展良好的人际关系。作为当代大学生，我们要学习尊重社会习俗、关心他人的需要；在人际互动中真诚地赞美他人、学会欣赏他人；不做无建设性的批评、多与他人沟通意见；在人际关系中保持自身的独立和自尊，在和谐人际与自我个性之间保持一种必要的弹性。

(六)勇于挑战

健全人格的培养鼓励大学生养成勇于挑战的心态。逐梦人生的过程中并非总能一帆风顺。当遭遇挫折和困境时，人格健全的大学生能够迅速调整状态，从打击中恢复过来，冷静地处理并迎接挑战。有一句名言："勇敢不是不害怕，而是害怕的时候你还能坚持去做。"人生唯有不断向内突破自己，才能不断迎接挑战和突破樊篱，拓展人生格局。所谓挑战，就是制订高目标，在否定现状的同时不断创造新事物。挑战一词听起来似乎勇猛而豪爽，令人振奋，但在它的背后，必须有与困难正面对峙的勇气，必须有不辞劳苦的忍耐力，必须付出非凡的努力。挑战意味着对既有人格的自我超越。这种超越可以体现在很多细微的活动中。

比如，你第一次参加英语演讲，虽然感到紧张害怕，但通过认真准备后在比赛中不但博得了掌声，还获了奖，从此你对自己有了更多的信心，更加喜欢学习英语；你参加一次大学生志愿者社会服务活动，开展网络安全的现状调查，在活动中学到了社会调查方法，懂得了问卷设置和数据分析的具体途径；你参加大学生就业创业比赛，和师兄师姐共同研制一款新型洗涤剂，这让你对日化产品的制作和销售充满兴趣……去挑战一件对于自己而言相对困难的事情，尝试用各种办法去解决它，不仅能够帮助你收获进步和成长，还会让你感受到强烈的幸福感和意义感。人生没有终点，人格的完善需要每个人步履不停。保持高昂的斗志，勇于步入未知的领域，能够丰富大学生的人生阅历，完善大学生的人格特征。

■ 心理活动与体验

我是谁？

请在下列横线上真诚如实地写下自己具有的 20 个特征。

1. 我是＿＿＿＿＿＿＿＿＿＿＿＿＿＿＿＿＿＿＿＿＿＿的人。
2. 我是＿＿＿＿＿＿＿＿＿＿＿＿＿＿＿＿＿＿＿＿＿＿的人。
3. 我是＿＿＿＿＿＿＿＿＿＿＿＿＿＿＿＿＿＿＿＿＿＿的人。
4. 我是＿＿＿＿＿＿＿＿＿＿＿＿＿＿＿＿＿＿＿＿＿＿的人。
5. 我是＿＿＿＿＿＿＿＿＿＿＿＿＿＿＿＿＿＿＿＿＿＿的人。
6. 我是＿＿＿＿＿＿＿＿＿＿＿＿＿＿＿＿＿＿＿＿＿＿的人。
7. 我是＿＿＿＿＿＿＿＿＿＿＿＿＿＿＿＿＿＿＿＿＿＿的人。
8. 我是＿＿＿＿＿＿＿＿＿＿＿＿＿＿＿＿＿＿＿＿＿＿的人。
9. 我是＿＿＿＿＿＿＿＿＿＿＿＿＿＿＿＿＿＿＿＿＿＿的人。
10. 我是＿＿＿＿＿＿＿＿＿＿＿＿＿＿＿＿＿＿＿＿＿＿的人。
11. 我是＿＿＿＿＿＿＿＿＿＿＿＿＿＿＿＿＿＿＿＿＿＿的人。
12. 我是＿＿＿＿＿＿＿＿＿＿＿＿＿＿＿＿＿＿＿＿＿＿的人。
13. 我是＿＿＿＿＿＿＿＿＿＿＿＿＿＿＿＿＿＿＿＿＿＿的人。
14. 我是＿＿＿＿＿＿＿＿＿＿＿＿＿＿＿＿＿＿＿＿＿＿的人。
15. 我是＿＿＿＿＿＿＿＿＿＿＿＿＿＿＿＿＿＿＿＿＿＿的人。
16. 我是＿＿＿＿＿＿＿＿＿＿＿＿＿＿＿＿＿＿＿＿＿＿的人。
17. 我是＿＿＿＿＿＿＿＿＿＿＿＿＿＿＿＿＿＿＿＿＿＿的人。
18. 我是＿＿＿＿＿＿＿＿＿＿＿＿＿＿＿＿＿＿＿＿＿＿的人。
19. 我是＿＿＿＿＿＿＿＿＿＿＿＿＿＿＿＿＿＿＿＿＿＿的人。
20. 我是＿＿＿＿＿＿＿＿＿＿＿＿＿＿＿＿＿＿＿＿＿＿的人。

参考文献

布赖恩·卢克·西沃德（Brian Luke Seaward）．压力管理策略：健康和幸福之道[M]．许燕，等，译，北京：中国轻工业出版社，2020.

曹清．中专生解释风格对职业决策困难的影响及其归因训练的实践研究——以武汉市财贸学校为例[D]．武汉：华中师范大学，2016.

陈莉．大学生自我中心对抑郁的影响：领悟社会支持与孤独感的中介作用[D]．昆明：云南师范大学，2019.

陈琦，刘儒德．教育心理学[M]．2版．北京：高等教育出版社，2011.

崔诣晨．大学生心理健康：理论·案例·自测[M]．南京：东南大学出版社，2015.

戴维·迈尔斯．社会心理学：第11版[M]．侯玉波，乐国安，张智勇，等，译．北京：人民邮电出版社，2014.

段鑫星，程婧．大学生心理危机干预[M]．北京：科学出版社，2006.

段鑫星，赵玲．大学生心理健康教育[M]．北京：科学出版社，2003.

方平．自助与成长——大学生心理健康教育：本科版[M]．北京：教育科学出版社，2010.

高玮．大学生心理复原力与自我图式的关系研究[D]．成都：四川师范大学，2017.

韩丕国．大学生的自卑心理：基于社会比较的研究[D]．桂林：广西师范大学，2006.

何凡．女大学生自我客体化、自尊、外表焦虑与进食障碍倾向的关系研究[D]．昆明：昆明医科大学，2021.

胡卉栋．飞行员自我和谐特征及心理社会影响因素研究[D]．西安：第四军医大学，2009.

胡象斌，吴量．大学生心理健康教育——自我成长与发展[M]．西安：西北工业大学出版社，2017.

黄希庭．心理学导论[M]．北京：人民教育出版社，1991．

黄希庭，郑涌．大学生心理健康教育[M]．3版．上海：华东师范大学出版社，2020．

黄雅静．大学生自卑感及其与自我归因、社会支持的相关研究[D]．南京：南京师范大学，2003．

贾远娥，李宏翰．大学生的理想—现实自我差异及其与抑郁的关系[J]．天津市教科院学报，2007(4)：34-36．

江剑平．大学生性健康教育．北京：科学出版社，2006．

金润玉．父母教养方式、自卑与社交焦虑的关系研究：来自中韩大学生的比较[D]．成都：四川师范大学，2017．

孔燕．微笑成长：大学生心理健康教育案例[M]．合肥：安徽人民出版社，2003．

李敏．当代大学生自我意识现状及教育研究[D]．沈阳：沈阳航空航天大学，2013．

李琴义．大学生学习心理问题的个案分析[J]．现代交际，2018(11)：135-136．

李天鹰，张雅旭．高师学生幽默感、自卑感、乐群性与情绪稳定性的研究[J]．高等师范教育研究，1994(6)：38-41．

理查德·格里格，菲利普·津巴多．心理学与生活[M]．王垒，王甦，等，译．北京：人民邮电出版社，2003．

连榕，杨丽娴，吴兰花．大学生的专业承诺、学习倦怠的关系与量表编制[J]．心理学报，2005，37(5)：632-636．

刘建新．大学生常见心理问题及疏导[M]．广州：暨南大学出版社，2005．

鹿雯立．有话好好说：你的人生是你"说"出来的[M]．成都：四川文艺出版社，2020．

罗伯特·斯莱文．教育心理学理论与实践[M]．吕红梅，姚梅林，等，译．北京：人民邮电出版社，2016．

蒙家宏．大学生自卑心理研究[D]．重庆：西南师范大学，2005．

彭聃龄．普通心理学[M]．5版．北京：北京师范大学出版社，2019．

彭鑫．父母教养方式与自爱：共情和宽恕的链式中介作用[D]．长沙：湖南师范大学，2018．

钱铭怡，马悦．北京市大学生对心理健康的认知[J]．中国心理卫生杂志，2002，16(12)：848-852．

乔建中，朱晓红，孙煜明．学习焦虑水平与成败归因倾向关系的研究[J]．南京师大学报(社会科学版)，1997(1)：77-81．

任春华．大学生学习倦怠的调查研究[J]．铜陵学院学报，2010(6)：125-126．

沈莎．师范生自我和谐、生命意义和自杀态度的关系研究[D]．成都：四川师范大学，2014.

孙青青，郑丽军，郑涌．性客体化与女性自我客体化[J]．心理科学进展，2013，21(10)：1794-1802.

孙瑜．当代大学生自我意识研究[D]．秦皇岛：燕山大学，2015.

王鸿洁．心理咨询那点事[J]．农村青少年科学探究，2020(Z1)：92.

王凯丽．大学生学业压力研究[D]．青岛：青岛大学，2010.

王曼．H大学本科新生自我概念和心理健康状况的调查研究[D]．武汉：华中科技大学，2011.

王梅．大学生网络行动与自我意识——对华中科技大学428名大学生的调查分析[D]．武汉：华中科技大学，2004.

王玉楠．大学生学习倦怠与专业承诺、学习压力的相关性研究[D]．长春：吉林大学，2014.

文书锋，胡邓，俞国良．大学生心理健康通识[M]．3版．北京：中国人民大学出版社，2019.

俞国良．大学生心理健康[M]．北京：北京师范大学出版社，2018.

曾仕强，刘君政．人际关系与沟通[M]．北京：清华大学出版社，2004.

张本钰，林丽华．师范类大学生自我和谐、同伴信任的现状及其关系研究[J]．西南农业大学学报(社会科学版)，2012，10(10)：205-208.

张春兴．现代心理学——现代人研究自身问题的科学[M]．上海：上海人民出版社，1994.

张大均，吴明霞．大学生心理健康[M]．北京：清华大学出版社，2007.

张丽芳，王益民，李志军．大学生自我和谐与日常烦心事及其应对方式的关系研究[J]．河北农业大学学报(农林教育版)，2011，13(3)：252-255.

张日昇，陈香．青少年的发展课题与自我同一性——自我同一性的形成及其影响因素[J]．河北大学学报(哲学社会科学版)》，2001，26(1)：11-16.

张旭东，车文博．挫折应对与大学生心理健康[M]．北京：科学出版社，2005.

张翼．大学生人际交往心理素质训练手册[M]．北京：科学出版社，2019.

赵锦山．大学生就业压力与专业承诺——一个理性选择理论的视角[J]．科技和产业，2007，7(6)：4-6，28.

郑雪．人格心理学[M]．广州：暨南大学出版社，2007.

郑雪，严标宾，邱林，等．幸福心理学[M]．广州：暨南大学出版社，2004.

中共北京市委教育工作委员会组织编写．大学生心理素质教程[M]．北京：北京出版社，2002.

钟毅平，陈智勇，罗西，等．自我肯定对自尊及自我评价的影响[J]．中国临床心理学杂志，2014，22(3)：390-393，385.

周艳蕾．自爱的理论建构及其与积极心理品质、心理健康的关系研究[D]．北京：北京林业大学，2016．

朱林仙．大学生心理压力、社会支持及其与学习倦怠的关系研究[D]．杭州：浙江大学，2007．

CALOGERO R M，DAVIS W N，THOMPSON J K. The role of self-objectification in the experience of women with eating disorders[J]. Sex Roles，2005，52(1)：43-50.

CALOGERO R M，PINA A，SUTTON R M. Cutting words：priming self-objectification increases women's intention to pursue cosmetic surgery[J]. Psychology of Women Quarterly，2014，38(2)：197-207.

COUTURE S M，PENN D L. Interpersonal contact and the stigma of mental illness：a review of the literature[J]. Journal of Mental Health，2003，12(3)：291-305.

DUTTON D G ，ARON A P. Some evidence for heightened sexual attraction under conditions of high anxiety[J]. Journal of Personality and Social Psychology，1974，30(4)：510-517.

ELKIND D，BOWEN R. Imaginary audience behavior in children and adolescents[J]. Developmental Psychology，1979，15(1)：38-44.

FAIRCHILD K，RUDMAN L A. Everyday stranger harassment and women's objectification[J]. Social Justice Research，2008，21(3)：338-357.

HARRELL Z A T，FREDRICKSON B L，POMERLEAU C S，et al. The role of trait self-objectification in smoking among college women[J]. Sex Roles，2006，54(11)：735-743.

HENDRICK S S，HENDRICK C. Lovers as friends[J]. Journal of Social and Personal Relationships，1993，10(3)：169-174.

HOLMA K. The strict analysis and the open discussion[J]. Journal of Philosophy of Education，2009，43(3)：325-338.

HUEY M ，LAURSEN B，KANIUŠONYTĖ G，et al. Self-esteem mediates longitudinal associations from adolescent perceptions of parenting to adjustment[J]. Journal of Abnormal Child Psychology，2020，48(3)：331-341.

LUCKSTED A，DRAPALSKI A L. Self-stigma regarding mental illness：definition，impact，and relationship to societal stigma[J]. Psychiatric Rehabilitation Journal，2015，38(2)：99-102.

MAHOLMES V，LOMONACO C G. Applied research in child and adolescent development：a practical guide[M]. New York，Psychology Press，2010.

MERCURIO A E，LANDRY L J. Self-objectification and well-being：the impact of self-objectification on women's overall sense of self-worth and life satisfaction[J].

Sex Roles，2008，58(7)：458-466.

PEAT C M，MUEHLENKAMP J J. Self-objectification，disordered eating，and depression：a test of mediational pathways[J]. Psychology of Women Quarterly，2011，35(3)：441-450.

REUBEN E，VAN WINDEN F. Fairness perceptions and prosocial emotions in the power to take[J]. Journal of Economic Psychology，2010，31(6)：908-922.

ROSENTHAL S A，HOOLEY J M，MONTOYA R M，et al. The narcissistic grandiosity scale：a measure to distinguish narcissistic grandiosity from high self-esteem[J]. Assessment，2020，27(3)：487-507.

STRELAN P，MEHAFFEY S J，TIGGEMANN M. Brief report：self-objectification and esteem in young women：the mediating role of reasons for exercise[J]. Sex Roles，2003，48(1)：89-95.

TIGGEMANN M，WILLIAMS E. The role of self-objectification in disordered eating，depressed mood，and sexual functioning among women：a comprehensive test of objectification theory[J]. Psychology of Women Quarterly，2012，36(1)：66-75.